本著作受到河南科技大学博士科研启动基金的资助

"十三五"新常态下的旅游规划与建设研究

乔 静 著

中国水利水电出版社
www.waterpub.com.cn
·北京·

内 容 提 要

从2016年开始,我国经济和社会发展进入第十三个五年规划时期(简称"十三五"时期)。在这一时期,我国各个领域的发展都呈现出了一片新的气象。本书研究的内容主要涵盖了国内外旅游规划与开发的进展、新常态下旅游经济发展方式的转变、新常态下旅游规划与开发的发展趋势等。

总体来说,本书内容充实,结构分明,论述严谨,观点鲜明,语言流畅,集新颖性、科学性、实用性、可读性于一体。相信本书的出版能够为新时期旅游规划与建设的理论研究带来新的思路,同时也能够为旅游业的相关人士提供科学的实践指导。

图书在版编目(CIP)数据

"十三五"新常态下的旅游规划与建设研究/乔静著. --北京:中国水利水电出版社,2018.6 (2024.1重印)
ISBN 978-7-5170-6602-6

Ⅰ.①十… Ⅱ.①乔… Ⅲ.①旅游规划-研究-中国 Ⅳ.①F592.1

中国版本图书馆CIP数据核字(2018)第147561号

书 名	"十三五"新常态下的旅游规划与建设研究 "SHISANWU" XIN CHANGTAI XIA DE LÜYOU GUIHUA YU JIANSHE YANJIU
作 者	乔 静 著
出版发行	中国水利水电出版社 (北京市海淀区玉渊潭南路1号D座 100038) 网址:www.waterpub.com.cn E-mail:sales@waterpub.com.cn 电话:(010)68367658(营销中心)
经 售	北京科水图书销售中心(零售) 电话:(010)88383994、63202643、68545874 全国各地新华书店和相关出版物销售网点
排 版	北京亚吉飞数码科技有限公司
印 刷	三河市元兴印务有限公司
规 格	170mm×240mm 16开本 16.5印张 213千字
版 次	2018年10月第1版 2024年1月第2次印刷
印 数	0001—2000册
定 价	79.00元

凡购买我社图书,如有缺页、倒页、脱页的,本社营销中心负责调换

版权所有·侵权必究

前　言

　　从 2016 年开始,我国经济和社会发展进入第十三个五年规划时期(简称"十三五"时期)。在这一时期,我国各个领域的发展都呈现出了一片新的气象。作为改革开放以来发展起来的朝阳产业,旅游业自然也不例外。经过几十年的发展,我国旅游业已经取得了辉煌的成就。据统计,2016 年,国内旅游 44.4 亿人次,比上年同期增长 11.0%;出入境旅游 2.6 亿人次,增长 3.9%;全年实现旅游总收入 4.69 万亿元,增长 13.6%。

　　"新常态"是习近平总书记在 2014 年 5 月考察河南的行程中提及的一个概念。他说:"中国发展仍处于重要战略机遇期,我们要增强信心,从当前中国经济发展的阶段性特征出发,适应新常态,保持战略上的平常心态。"所谓"新",就是"有异于旧质",所谓"常态",就是固有的状态。新常态就是不同以往的、相对稳定的状态。进入"十三五"时期,我国旅游业处于黄金发展期,但同时也处于结构调整期和矛盾凸显期,机遇与挑战并存。因此,如何做好新常态思维下的旅游规划与建设就成为当前的一个重要话题。旅游规划,顾名思义,就是对旅游的规划,科学合理的旅游规划能够制定旅游发展的战略目标,协调各部门的工作,实现旅游资源的最佳配置,保障区域旅游的健康可持续发展。作者专门撰写《"十三五"新常态下的旅游规划与建设研究》一书,就是希望通过探索"十三五"新常态背景下旅游规划与开发的理论与实践,为旅游业的全新发展提供科学有效的指导,为旅游规划与开发的学术研究贡献自己的一份微薄之力。

　　本书内容由绪论、正文、结论三部分构成,正文共有十章。第一章是对国内外旅游规划与开发的进展的梳理;第二章探讨了新常态下旅游经济发展方式的转变;第三章审视了新常态下旅游规划与开发的发展趋势;第四章和第五章论述了新常态下旅游规划与开发的基础工作和新常态下旅游规划的内容体系;第六章至第九章则专门对新常态下生态旅游、智慧旅游、文化创意旅游、全域旅游的规划与开发要点进行了探索;第十章则对新常态下旅游扶贫的规划与建设进行了论述。全书内容充实系统,结构层次分明,论述严谨,观点鲜明,语言流畅,同时还鲜明地体现出了以下两个特点。第一,前沿性。本书聚焦"十三五"时期旅游业的最新发展情况进行研究,尤其对生态旅游、智慧旅游、文化创意旅游、全域旅游的规划与开发要点进行探索。第二,本书秉承"知行合一"的理念,在进行理论研究的同时,同步开展实践探索,密切结合我国旅游市场的实际情况进行分析,挖掘实用价值。

在撰写本书的过程中,作者不仅详细解读了国务院发布的《"十三五"旅游业发展规划》,而且充分搜集、整理、分析了大量有关旅游规划与开发方面的文献资料,并对其中一些学者的研究成果进行了一定的参考与引用,在此表示最为诚挚的感谢!囿于学术水平和其他方面的一些因素,书中难免存在一定的疏漏与不妥之处,还望广大读者批评指正,以便今后更好地完善本书。

作　者
2018 年 5 月

目　录

前言

绪论 …………………………………………………………… 1

第一章　国内外旅游规划与开发的进展 ……………………… 7
第一节　国外旅游规划与开发的发展历史 ………………… 7
第二节　国内旅游规划与开发的发展轨迹 ………………… 11

第二章　新常态下旅游经济发展方式的转变 ………………… 18
第一节　旅游经济发展方式转变的动因 …………………… 18
第二节　旅游经济发展方式转变的路径 …………………… 23

第三章　新常态下旅游规划与开发的发展趋势 ……………… 36
第一节　旅游资源的保护性开发与规划 …………………… 36
第二节　新常态下的智慧旅游发展趋势 …………………… 46
第三节　新常态下的文化创新与创意旅游开发 …………… 49
第四节　旅游业的全域化发展 ……………………………… 55
第五节　旅游精准扶贫的发展 ……………………………… 59

第四章　新常态下旅游规划与开发的基础工作 ……………… 67
第一节　旅游规划与开发的市场调研 ……………………… 67
第二节　旅游规划与开发的可行性研究 …………………… 76
第三节　旅游规划与开发方案的评审 ……………………… 82

第五章　新常态下旅游规划的内容体系 ……………………… 87
第一节　旅游战略规划 ……………………………………… 87
第二节　旅游形象规划 ……………………………………… 92
第三节　旅游空间布局规划 ………………………………… 99
第四节　旅游产品和营销规划 ……………………………… 101

第五节　旅游设施和保障体系规划 …………… 109

第六章　新常态下生态旅游的规划与开发要点 …………… 118
第一节　生态旅游发展的最新动向 …………… 118
第二节　旅游业发展的生态承载力衡量 …………… 121
第三节　旅游业发展的生态补偿机制 …………… 127
第四节　生态旅游发展的低碳旅游模式 …………… 131

第七章　新常态下智慧旅游的规划与开发要点 …………… 135
第一节　智慧旅游的发展脉络与建设现状 …………… 135
第二节　智慧旅游规划与建设体系 …………… 143
第三节　智慧旅游建设与应用系统规划 …………… 154
第四节　智慧旅游安全保障系统规划 …………… 168

第八章　新常态下文化创意旅游的规划与开发要点 …………… 173
第一节　文化创意旅游的需求及类别 …………… 173
第二节　文化创意景区的旅游运营 …………… 180
第三节　文化创意产业园区的发展与规划 …………… 190
第四节　文化创意旅游演艺产品的开发 …………… 196

第九章　新常态下全域旅游的规划与开发要点 …………… 206
第一节　全域旅游的发展重点及趋势 …………… 206
第二节　全域旅游规划的内容要点 …………… 211
第三节　全域旅游开发的内容体系 …………… 217
第四节　全域旅游建设的保障体系 …………… 220

第十章　新常态下旅游扶贫的规划与建设 …………… 228
第一节　旅游扶贫及其发展中存在的问题 …………… 228
第二节　旅游扶贫开发的背景与意义 …………… 233
第三节　旅游精准扶贫的主要模式 …………… 236
第四节　旅游扶贫开发的路径选择 …………… 238

结论 …………… 253

参考文献 …………… 255

绪 论

2016年,国家颁布了《中华人民共和国国民经济和社会发展第十三个五年规划纲要》,简称"十三五"规划(2016—2020)。自此,国内各个行业都在此规划的指导下开展活动,以切实推动国民经济的进一步发展。就"十三五"规划期间的旅游业来说,要想得到健康发展,必须遵循"认识新常态,适应新常态,引领新常态"这一大的发展逻辑,积极从传统旅游向新常态旅游转变。

一、"十三五"规划下旅游消费理念和方式的变迁

在当前,随着社会经济以及旅游业的进一步发展,我国旅游消费市场呈现出一些新的景象。在此形势下,有效把握旅游发展中的新消费理念和消费方式的趋势,将有益于"十三五"旅游市场消费需求与供给的均衡发展。

(一)"十三五"规划下旅游消费理念的变迁

旅游消费理念指的是"旅游者在旅游消费前、中、后的3个环节全过程中所产生的消费思想、消费导向和消费观念,反映了人们对旅游消费的一种较强的心理倾向性和价值评判,是一种深层次的比较稳定的旅游消费意识用研究"[1]。"十三五"规划期间,我国旅游消费理念表现出一些新特征,呈现出一些新趋势,具体表现在以下几个方面:

第一,"十三五"规划期间,旅游消费将继续呈现出以观光为主,以休闲旅游、度假旅游、专题旅游等为辅的市场格局,但休闲

---

[1] 童晓娇.浅析旅游黄金周时段的冲动性消费[J].世纪桥,2007(5).

旅游、度假旅游和专题旅游的市场比例将明显提升。

第二,"十三五"规划期间,消费者将更加看重旅游目的地能否提供舒适且高质量的服务、能否提供具有个性和独特性的旅游消费体验。也就是说,未来的旅游消费更加注重享受性和体验性。

第三,"十三五"规划期间,旅游消费将呈现出明显的支出超前化趋势,即越来越多的消费者会选择贷款旅游、分期付款旅游等。

第四,"十三五"规划期间,受中共中央八项规定和中国新的行政生态影响,公务旅游消费将更为务实化,消费水平将有所回落。

第五,"十三五"规划期间,旅游消费将变得定制化,即消费者可以根据自己的意愿制定能够有效满足自身旅游需要的旅游路线。

第六,"十三五"规划期间,旅游消费将呈现出情感回归化趋势,即消费者越来越倾向于以家庭的方式出游。

第七,"十三五"规划期间,旅游消费的后现代性将日益凸显,即消费者越来越注重旅游过程中人与人之间的互动与深层次交往。

第八,"十三五"规划期间,旅游消费将呈现出明显的分享化趋势,即旅游者越来越倾向于在旅游过程中和旅游之后在微信、微博等社交媒体上散布旅游的相关信息、分享自己的旅游经历和旅游心情等。

(二)"十三五"规划下旅游消费方式的变迁

伴随经济的发展、社会的进步、物联网和移动终端技术的更新换代,在"十三五"规划期间,旅游业将快速发展,旅游消费方式也将会变得越来越多元化,具体表现在以下几个方面。

第一,旅游消费的主体将会日益多元化,并会涵盖各个年龄层次、各种职业层次等。

第二,旅游消费者的出游时间将呈现出集中化与碎片化并存的局面。

第三,旅游消费的行动单位,"家庭、小团体、个人"出游明显增多,呈现出"小型化"和"灵活化"等特点。

第四,旅游消费者在选择旅游目的地时,由于受到集中休假制度的影响,多倾向于短途旅游和出境旅游。

第五,消费者在选择旅游交通时,可以依据出游距离进行多元化选择,还可以对多种旅游交通方式进行组合。

第六,消费者在设计、购买和支付旅游产品时,越来越倾向于在网上进行,呈现出明显的网络化倾向。

第七,旅游消费的内容呈现出明显的综合性,消费者期望对旅游目的地进行全方位的感知和旅游体验。

二、新常态下旅游业成为新的经济增长点

新常态就是一种与之前有所不同,但又相对稳定的、具有不可逆性的发展状态。在当前,新常态标志着我国的经济发展已经进入到一个新的阶段。当然,新常态并不仅仅停留在经济层面上,而是在其他方面如政治、社会、文化等各个领域都有各自的特征和特点。它为我国发展提供了相对稳定的环境,当然也是一个难得的机遇。

就经济领域的新常态来说,在我国社会经济发展中具有全局性战略意义的旅游业已经成为新常态下新的经济增长点。具体来说,这一观点是通过以下几个方面表现出来的。

第一,旅游业是资源消耗低、污染排放少,有利于保护生态环境的经济新增长点。旅游业是世界公认的无烟产业,现在我国改革开放进入攻坚期,经济面临着转型升级的压力,旅游业自身的能源消耗低、环境友好型以及生态共享型等特点使之成为新常态下新的经济增长点。

第二,旅游业是消费潜力大、消费层次多、持续能力强的新增长点。经过过去三十多年的发展,旅游已经从少数人的高端消费

方式,发展成为大众化、常态化的一种消费方式,且越来越受到人们的喜爱与欢迎。因此,在新常态下旅游业将会成为我国经济发展的新增长点。

第三,旅游业是兼具消费、投资、出口"三驾马车"功能的新增长点。在当前,我国居民国内旅游总花费占居民消费支出总额的比例不断增大,旅游投资的数量也不断增长,还有越来越多的旅游企业到国外收购改造酒店,投资建设度假村等。

第四,旅游业是就业容量大、吸纳劳动力的类型丰富多样、就业方式非常灵活的新增长点。旅游业在创造就业岗位方面的作用是不容小觑的,旅游业已然成为很多地方促进经济发展和就业的重要支柱。

第五,旅游业是带动开放、推进国际化发展的新增长点。我国已经形成了一批世界级的旅游城市、旅游企业、旅游目的地和旅游景区,打造了一批世界级的旅游品牌,塑造了国际化的形象,拥有显著的国际影响力。我国是全球第三大入境旅游接待国和第一大出境旅游客源市场,其国际旅游地位不断增强,是带动开发深化改革,推进国际化发展的新增长点。目前,国家正在大力推进"一带一路"建设、沿边开放、国际自贸区建设等宏观战略,构建更加主动、更具引领性的开放型经济新体制,旅游业在发展旅游经济、带动国际合作、开展旅游外交等方面大有作为。

第六,旅游业是增强国民幸福感、提升健康水平、促进社会和谐的新增长点。在旅游业进入休闲旅游时代,传统的纯粹的观光型旅游逐渐被个性化的旅游方式所取代,旅游更多的是为了满足大众休闲的需要,是一种有利于提升国民生活水平、保障身心健康、维护社会和谐的经济新增长点。

第七,旅游业是统筹城乡发展、促进新型城镇化、优化区域布局的新增长点。全民休闲时代已经到来,随着各地乡村旅游的不断成熟和特色旅游小镇的蓬勃发展,旅游业在促进优化产业布局、统筹城乡发展等方面发挥着越来越重要的作用。

第八,旅游业是促进脱贫致富、实现共同小康的新增长点。

在国家大力发展扶贫旅游的方针政策下,旅游业在促进脱贫致富,减小地方经济差距等方面发挥了应有的作用,在新常态背景环境下,这一作用将会得到更大的发挥。

三、以新常态思维构建"十三五"旅游发展规划

"十三五"规划期间将是我国旅游业从旧常态到新常态的转变期,也是旅游业改革开放的攻坚期和转型升级的关键期。在此期间,应积极以新常态思维构建"十三五"旅游发展规划,具体可从以下几方面着手。

(一)要更加注重旅游需求方面的消费分层

在当前,旅游在人们日常生活中的地位越来越重要,且呈现出鲜明的多元化发展趋势。与此同时,人们的旅游消费热点并不是一成不变的,而是随着社会经济的发展以及自身消费能力的提升而不断产生新的消费热点。因此,在传统的观光旅游、历史文化旅游依然受到众多消费者欢迎的同时,自驾游、养生保健游、探险游、游轮旅游、游学旅游等也呈现出蓬勃的发展趋势。在今后,还需进一步了解人们的旅游需求,继而开发出更为多样化的旅游消费方式。

(二)要更加注重旅游市场的供给侧改革

"从市场竞争特点看,过去主要是数量扩张和价格竞争,现在正逐步转向质量型、差异化为主的竞争。"[1]在当前,所有行业的发展都呈现出这一趋势,旅游业也不例外。而各地在发展旅游业的过程中,需要对本地旅游发展的供需关系进行理性分析,尽可能降低供大于求的比例。与此同时,各地的旅游发展需做好短缺服务项目的重点建设工作,切实推进行、住、食、购、娱等的合理、均衡配置。

---

[1] 王兴斌. 以新常态思维谋划"十三五"旅游发展思路[J]. 旅游学刊,2015(3).

(三)要更加注重旅游的可持续发展

在当前,国家积极推动可持续发展战略的实施与落实。在这一形势之下,旅游业也必须积极走可持续发展之路。为此,各地在对旅游业发展进行规划与布局时,不可仅着眼于眼前利益,而是要立足于长远发展,确保子孙后代也有充足的旅游资源进行开发。与此同时,各地还要做好对已开发旅游资源的保护工作,并积极探寻更为科学、有效的旅游资源开发方式。

(四)要更加注重旅游产业的竞争与合作

当前,旅游业蓬勃发展,旅游市场的竞争不断加剧,旅游电商的竞争甚至出现白热化的局面,具有明显开放性特征的在线旅游企业日益重视实施平台化发展的竞争策略。竞争性合作的格局也出现了一些新的变化,即旅游业同行以及跨行之间的合作不断增强。比如,旅游线下企业和线上企业之间的合作不断增强,形成多样化的合作模式;旅游业与娱乐业、房地产业、交通业、农业、工业、创意产业等跨行业之间的合作不断深入等。此外,国际旅行社、国际饭店集团、国际旅游演艺公司等跨国旅游企业不断涌入国内旅游市场,加大对国内旅游企业的兼并与投资;与此同时,国内旅游企业的海外并购、海外投资、海外业务拓展也在如火如荼地进行着。旅游市场竞争与合作的新格局、新常态要求国内旅游规划与开发工作必须更加遵循旅游市场发展规律。

第一章 国内外旅游规划与开发的进展

自20世纪30年代开始,旅游规划与开发从早期简单的市场评估和场地设计发展到如今高端的跨国旅游区的综合规划,经历了漫长的发展历程。本章将对国外旅游规划与开发的发展历史和国内旅游规划与开发的发展轨迹进行具体阐述。

第一节 国外旅游规划与开发的发展历史

一、国外旅游规划与开发思想的演变

(一)大众旅游开发

1. 背景

20世纪50年代后期,旅游活动不仅恢复到了第二次世界大战前的水平,而且还出现了前所未有的高速发展。国际旅游人数由1950年的2 500万人次增加到了1989年的4.2亿人次,增长了16倍。促使战后旅游在世界范围内迅速发展的原因主要有以下几方面。

①第二次世界大战后世界经济发展迅速。
②旅游者可自由支配的时间增加和带薪假期出现。
③人口结构的变化和人均寿命的增加促进了旅游活动的快速发展。
④科学技术飞速进步。

2. 大众旅游开发模式

由于以上这些推力的作用,第二次世界大战后的二三十年中,世界旅游市场形成了一批追求"3S"(阳光、沙滩、大海)的旅游者。这一时期的旅游市场特征是"大众化、标准化、团体化"。这是在社会经济欠发达时期,旅游业发展刚开始萌芽,旅游市场还未成熟的情况下国民的必然选择。虽然"二战"后到 20 世纪 80 年代,人们的收入已经得到很大提高,但相对今天而言,差距还是比较大的,人们的消费观念也比较落后,普遍满足于"到此一游"的走马观花式旅游。所以,大众旅游又被称为观光旅游。

(二)可持续旅游开发

1. 背景

人类频繁的经济活动对环境造成了极为不利的影响,环境状况并不乐观,进而对人类的生存和发展有所威胁。当今世界,各个国家都面临着一个非常巨大的挑战,那就是经济发展和资源利用以及环境保护所构成的矛盾,人们开始逐渐意识到在如今的发展态势之下,需要一种可以将经济发展、资源利用和环境保护协调起来的发展方式。挪威前首相布伦特兰夫人 1987 年在《我们共同的未来》报告中,提出了人类应该坚持可持续发展的战略,她所说的可持续发展是指:满足当代人类的需要,同时又不损害人类后代满足其自身需要的能力。可持续发展的观念提出后,立刻受到了各界的支持。在旅游开发领域,可持续旅游的概念也开始得到人们的关注。

2. 可持续发展观念对旅游开发模式的影响

可持续旅游发展,它的基本理念是代内的公平和代际的公平,注重旅游的发展对社区的影响,在进行旅游开发的时候,非常关注社区的利益。具体来说,可持续旅游发展的理念对旅游开发模式有以下几方面的影响：

①制止或控制建设性破坏发展旅游,就必须先解决交通、住宿等基础设施的建设,景区和旅游服务设施的建设。

②旅游发展的重点应在提高质量而非简单地增加数量。

③促进旅游可持续发展必须探索创新旅游模式。

④对于已经开发的旅游景区,必须按照可持续发展的原则进行改造。

(三)体验旅游开发

旅游本身就是旅游者的一种体验,因此在体验经济时代,体验旅游开发与体验经济有着天然的契合。体验旅游是以游客的参与和互动为主要特征,以人性化和个性化为目标的一种旅游产品设计,使游客不再局限于被动的、表面的观光和观摩,而是主动的、深度的体验和参与,从而获得全面的感官刺激和精神满足。

体验旅游主要讲究旅游和消费者之间的一种开放性互动。在体验旅游中,游客不再像以前一样只能作为产品的被动接受者,他们开始有了新的要求,要求参与到产品项目的设计当中,他们希望产品的设计和生产可以个性化一点,以满足自己独特的需求为主。

体验旅游与大众旅游不同,其关注的焦点是游客的需求,因此旅游产品的开发、设计和服务都是围绕游客的需求,强调游客的参与性与融入性,以满足游客对旅游目的地的文化、生活、历史等领域的体验需求。

二、国外旅游规划与开发的发展阶段

(一)旅游规划与开发的初始阶段

初始阶段的时间是20世纪30年代到50年代。旅游规划萌芽、起源相同欧洲,发展于美国。旅游规划的起源晚于旅游业的发展,一般认为,最早的旅游规划出现于20世纪30年代中期的英国、法国、爱尔兰等国。但最初的旅游规划实际上只是为一些旅游项目或旅游接待设施做一些基础性的市场评估和场地设计，如为旅游饭店或旅馆进行选址等。

(二)旅游规划与开发的发展阶段

在20世纪60年代中期到70年代初期,世界旅游业飞速发展,世界各地纷纷发展旅游业,需要编制旅游开发与规划的地区日益增多。其间,世界各国、各地区掀起了编制旅游规划的热潮,如马来西亚、斐济、加拿大、澳大利亚、美国、加勒比海地区都制定了不同区域范围的旅游规划。这个时期旅游规划主要着眼于旅游资源开发与利用、旅游区的开发与改造等。

(三)旅游规划与开发的观念转变阶段

旅游规划与开发的观念转变阶段是从20世纪70年代到80年代。其间,旅游规划在世界各地区得到了普遍的认同,许多国家和国际性组织对旅游规划给予了极大的关注。如世界银行等国际组织协同世界旅游组织,参与了菲律宾、斯里兰卡、尼泊尔、肯尼亚等国家的旅游规划编制工作,在技术、资金等方面给予了极大的帮助。

旅游发达的美国,旅游规划的研究和实践工作更是走在前列。较早介入旅游规划领域的是美国的地理学工作者。在从1970年开始迅速兴起的以州为单位的旅游规划工作中,地理学工作者依据学科优势充当了重要角色,成为美国旅游规划研究的主力军之一。

(四)旅游规划与开发的快速发展阶段

旅游规划与开发的快速发展阶段是20世纪80年代到90年代,到了20世纪80年代后,旅游规划在发达国家得到进一步深化的同时,也普及到许多发展中国家和地区。这一阶段的旅游规划主要是以满足游客的需求为目标进行旅游产品的开发和设计,同时,旅游规划也更多地以促进经济增长、保护生态环境、实现当地旅游的可持续发展为长期目标。

世界旅游发展迅速,人们对旅游的认识更加深入,旅游市场需求不断变化,加之对旅游规划本身的认识更为深刻,旅游规划研究不断深入,研究领域也日趋多样化,不仅涉及旅游规划的内涵、类型,还形成了著名的门槛理论、旅游地生命周期理论,这些理论研究对旅游规划的实际工作有较强的指导作用。

(五)旅游规划与开发的深入发展阶段

旅游规划与开发的深入发展阶段为20世纪90年代至今。1995年,联合国教科文组织、环境规划署和世界旅游组织共同召开了"旅游可持续发展世界会议",通过了《可持续旅游发展宪章》及《可持续旅游发展行动计划》,为可持续旅游提供了一整套行为规范,并制定了推广可持续旅游的具体操作程序。同时也确立了可持续发展的思想在旅游资源保护、开发和规划中的地位,并明确规定旅游规划中要执行该行动计划。同年,世界旅游理事会、世界旅游组织与地球理事会联合制定了《关于旅行与旅游业的21世纪议程:迈向环境可持续发展》。可持续旅游业作为其部门专题之一,首次将可持续发展的旅游业列入联合国可持续发展议程。由此,世界旅游发展也进入了一个"旅游新时代"的时期。

第二节 国内旅游规划与开发的发展轨迹

一、国内旅游规划与开发的发展阶段

(一)旅游规划与开发的萌芽及发展初期

我国旅游规划与开发的萌芽及发展初期是1979年到1989年。1978年中国社会发生的巨大变化,为旅游业带来了发展机遇。国际旅游者对中国的向往和中国百姓对旅游的渴望,形成了

庞大的旅游需求市场。1986年,国家正式确立了旅游业的经济型产业地位。旅游业作为中国的一个新兴产业,应该如何发展,战略发展方向的确定,旅游业如何适度超前发展,如何满足快速增长的市场需求等一系列问题,不仅是国家层面要解决的战略问题,也是旅游业界层面要解决的问题。在该时期,旅游学术领域尚未建立,一批富有热情的旅游学者们纷纷从各自的学术角度为我国的旅游规划建言献策。

这个阶段的旅游规划与开发具有以下特点。

第一,旅游规划与开发的学者来自各个学科领域,如以陈传康、郭来喜为代表的地理学界,以陈从周、冯纪忠等为代表的园林学界,以孙尚清等为代表的经济学界,以朱畅中、李道增等为代表的建筑学界等,均利用各学科专长对旅游规划理论与实践进行探索性地研究。

第二,旅游规划与开发没有固定的范式。旅游规划与开发在规划目的、规划主体、规划对象、规划方法、规划内容等方面并不规范,主观随意性较大,形成的规划与开发的理论成果差异较大。

第三,旅游规划与开发的理念基本上建立在认为旅游业是一个投资少、见效快、无污染的朝阳产业的基础之上。

该时期旅游规划与开发理论研究的热点之一,即对于旅游资源的研究成为旅游规划的一个基础理论问题,学者们对旅游资源的内涵和外延进行了研究,把旅游资源分为自然资源和人文资源两大类,提出了旅游资源层次结构理论,进行了系统的分析,并从美学、经济学的角度提出了评价旅游资源的方法。

(二)旅游规划与开发的快速发展时期

我国旅游规划与开发的快速发展时期是1990—2000年。1997年,国家又进一步明确旅游业发展的方针,即大力发展入境旅游,积极发展国内旅游,适度发展出境旅游。整个90年代,中国经济发展中旅游业得到特别的关注,先后有20多个省(自治区、直辖市)人民政府颁布了《加快发展旅游业的决定》,有24个省（自治区、直辖市）把旅游业定位为支柱产业、重点产业和先导产业，旅游业进入了快速发展时期，对旅游规划与开发提出了更高的要求，国内各地旅游规划与开发迅猛发展。

1992年，中科院地理所与国家旅游局资源开发司合作编制出版了《中国旅游资源普查规范（试行稿）》，使资源导向的旅游规划与开发依然保持规划的主流方向。但从1994年开始，对旅游市场的研究越来越得到各方面旅游规划专家、学者的重视。国家旅游局在制定"九五"规划中也突出了市场的地位，加重了市场部分的内容。加之旅游产品的单一与旅游卖方市场向买方市场的转化，旅游规划与开发在资源导向的基础上开始重视市场需求在规划与开发中的决策地位。该时期旅游规划与开发的特点表现在以下方面。

第一，旅游规划与开发出现了三种流派，即资源导向派、市场导向派和产品导向派。一部分学者依然坚持旅游规划应以旅游资源为导向和重点；坚持市场导向的学者认为，旅游规划应根据市场需求进行旅游项目的策划与创意；产品导向派的学者则认为，旅游规划应以旅游产品为中心，以资源为基础，以市场需求为方向，在充分把握市场需求方向和旅游资源现状的前提下，开发适销对路的旅游产品体系。市场导向旅游规划与开发被越来越多的学者和旅游业界所接受。

第二，旅游规划与开发方法向定性与定量化相结合的方向发展。

第三，旅游规划与开发文本规范化。规划文本主要包括旅游产业发展环境分析、旅游资源分析与评价、旅游市场需求分析与定位、规划总论、主要指标规划与产业定位预测、旅游形象策划与市场营销、旅游生产力布局与项目规划、旅游环境保育规划、旅游商品开发规划、旅游接待设施规划、旅游基础设施规划、旅游人力资源开发规划、投入产出分析、旅游业发展对策与措施。

第四，客观上，这个阶段的旅游规划成果虽然一定程度上被限制在旅游业是满足旅游者食、住、行、游、购、娱的经济产业的理念框架之中,但可持续发展的思想理念已经被引入到旅游规划的原则中,并作为其基本指导思想。

该时期旅游规划与开发热点之一,是对旅游市场的研究。陈传康是最早进行旅游市场研究的学者之一。他强调旅游规划与开发必须以市场为导向,按照旅游者的动机和类型建立旅游行为框架图,明确旅游产品开发方向和市场营销目标。一些学者对旅游目的地客源的时序分布规律进行分析,基于优选距离、经济发展程度、文化教育水平等因素指标,运用引力模型做出了相应的预测,对旅游者个体进行研究。一部分学者则从旅游者群体的地域流动规律——旅游流研究旅游市场时空规律,为旅游规划与开发奠定了良好的基础。对旅游市场的研究包括研究旅游者的特征、游客旅游方式、区内现存及其潜在的主要吸引物、距客源市场的距离、旅游开发的目标及与同类旅游地的比较优势等。此外,旅游市场还被应用到旅游资源的评价之中,从客源市场的需求评价旅游资源的价值性、可供性与可开发性。

旅游规划与开发热点之二,是规划与开发导向的研究。随着学者们对于市场导向理论研究的逐步深入、规划实践的日益丰富,旅游规划导向问题引起了专家学者的重视。

(三)旅游规划与开发的成熟时期

我国旅游规划与开发的成熟时期是2001年至今。2000年国家旅游局正式颁布的《旅游规划通则》和《旅游发展规划管理办法》,以及2005年颁布的《旅游规划设计单位资质等级认定管理办法》3个政策性文件,不仅制定了旅游规划的类型、内容和评审办法,而且对旅游规划的编制单位和项目委托形式进行了规范,从政策层面、技术层面上规避了旅游规划的不规范化现象。由于政府的强力介入和学者们的努力,在旅游开发中"规划先行"已成为人们的共识和管理原则,对我国旅游规划与开发的发展成熟起到了积极的战略推动意义。

这一时期的旅游规划与开发无论在战略指导思想上,还是在技术路径、文本规范上,都体现了旅游规划与开发开始步入成熟期的特点。

第一,以人为本的旅游规划与开发理念。就整个规划学界考察,从世界上先进国家的规划学科的发展经历来看,并不是将市场经济的适应性当成规划的最高境界,而是将人文关怀作为一种终极关怀。发达国家的旅游规划开始关注旅游发展问题中的社会学、人类学现象,弘扬人本主义的基本理念,应该说旅游规划渐渐地步入了"人本导向"阶段。"以人为本"的理念主要是突出对人类自身的关注,是一种人本主义的思想观念,主张人性的张扬。

第二,旅游规划与开发走向规范化与市场化。

第三,技术方法方面不断改良创新。

第四,形成了以市场分析为导向、以资源分析为基础、以经济分析为核心、以文化分析为升华、以促进社会全面发展为目的的旅游规划的总体特征。

二、国内旅游规划与开发的发展趋势

(一)由产业规划向系统规划发展

由于旅游活动的复杂性,涉及多个学科领域,旅游规划从严格意义上讲并非仅仅是一种产业规划,所以,国家旅游局在《旅游发展规划管理办法》中称其为"旅游发展规划"而不称为"旅游业发展规划"。旅游涉及政治、经济、社会、文化、环境、心理、审美活动等诸多方面,是一个复杂的系统,所以旅游规划应是"整合规划"或"综合规划"。旅游规划要考虑自然、生态、经济、社会文化和社会管理等因素,因此在旅游规划的实践中,必然要将旅游规划与交通规划、城市规划、环境规划、绿化规划、国土规划、土地利用规划等专业规划和综合规划相结合,遵循上述有关规划成果或将旅游规划的成果纳入上述规划之中。

(二)由规范化向多样化发展

国家旅游局颁布的《旅游发展规划管理办法》《旅游规划通则》中对规划进行了规范,这是近期内我国旅游规划的发展方向。首先,在景区规划的内容上,旅游规划也是一种旅游系统可持续发展的规划,其内容中既有经济效益目标,也有环境效益目标和社会效益目标,其目标是既要获得经济效益,又要使本地的社会和文化得到全面的发展,使规划区域居民的生活环境更加美好。一方面,旅游系统是一个非常复杂的系统,影响要素众多,而且涉及部门极广,因此,旅游规划未来的趋势会在内容上更加规范化、细致化;另一方面,随着旅游的不断发展,未来的旅游规划在内容上不仅有所规范,而且还会根据各个地方的实际情况,形成规划当中的特色内容,发挥其特色优势。其次,在规划的语言上将根据所规划的旅游资源的特点而更加生动形象。

(三)由领导规划、专家规划向参与性规划发展

目前,我国旅游规划主要是由专家组成的规划编制组和由地方政府有关部门领导或旅游景区管理当局组成的规划领导小组或协调小组,其主要职责是协调地方或景区各部门之间的关系,以便为规划编制的专家组提供更多的资料和考察上的方便以及当地的一些实际情况;规划编制组主要是进行规划的编制工作。未来的旅游规划将更多的是一种旅游的整体性规划,应当全面考虑到企业、政府和目的地社区三方面的利益,因此,除了规划编制专家组和政府有关的部门以外,本地的旅游专家、政府有关的部门、当地的社会文化名人、社区居民代表和企业家、投资商等方面的人员也应参与在内,这也体现了旅游规划由领导规划、专家规划向参与性规划发展的趋势。

参与性旅游规划的过程既是一种充分考虑当地实际情况、挖掘地方文化内涵、集思广益的过程,也是一种交流思想、统一思想、提高当地对发展旅游的认识、调动各方面积极性的过程,同时

也是一种宣传的过程,这也使得参与规划的人员对当地旅游有更深刻的认识和了解,便于旅游规划的各种准确的定位。参与性旅游规划将是未来我国旅游规划的主要方法。

(四)由开发规划向保护规划和管理规划转化

在旅游业发展的起步时期,人们更需要旅游规划理论的指导,确保旅游开发和建设的方向性。近几年,我们在为各地编制旅游发展规划或旅游区总体规划的过程中,就发现有大量的景区出现了资源的不充分利用或破坏性利用、景区超饱和接待、景区建设无序和失控、自然景观和文化遗产没有得到良好保护等问题,正在逐步丧失旅游业发展所依托的环境背景和资源优势。这些地区旅游发展中所面临的问题已经不是起步时期的如何开发的问题,而是要考虑如何整合现有的旅游资源,兼顾保护好旅游景观资源和环境,使旅游业能够走向可持续的发展道路。因此,对于起步较早、已经经历了多年的旅游开发的区域,其旅游发展规划或旅游区总体规划应更加注重资源的可持续利用和旅游环境的保护、整治,注重旅游发展过程中的系统管理。

第二章 新常态下旅游经济发展方式的转变

伴随着世界旅游业的空前繁荣,各种因旅游目的地过度开发而产生的消极效应也开始出现,并逐渐显示出其巨大的潜在威胁,如对旅游资源的过度甚至掠夺性开发,旅游景区的粗放式经营,旅游设施建设的病态膨胀,环境质量急剧恶化等。所有这些都不同程度地威胁着旅游业的可持续发展。经历了世界旅游业的重大变革,可持续发展的观念日益为人们所接受,并在旅游业中得到广泛应用,转变旅游经济发展方式也已成了当前旅游理论界与业界普遍关注的现实迫切问题。本章即对旅游经济发展方式转变的动因以及路径进行研究。

第一节 旅游经济发展方式转变的动因

传统旅游经济发展方式实际上是以牺牲生态环境为代价换取经济增长,以危害长远发展为代价换取当前发展,以损害全局利益为代价换取局部利益,以剥夺他人的发展资源换取自身的发展。因此,失去了健全的生态基础和协调的经济关系而难以持续而使旅游经济发展不具有可持续性。当前转变传统的旅游经济发展方式无论在理论界还是业界都是迫切需要解决的问题。本节将对旅游经济发展方式转变的动因进行考察分析。

一、旅游经济发展方式转变的政治动因

(一)科学发展观的提出

科学发展观是胡锦涛同志提出的,科学发展观的提出与环境

经济理论的发展密不可分,是对可持续发展观和现实资源环境挑战的积极回应。而要使科学发展观真正落到实处,必须进一步转变发展观念和经济增长方式。首先,在观念上,不能把"发展是硬道理"简单地理解为"增长是硬道理",更不能把"以经济建设为中心"视为"以速度为中心";其次,要大力推进经济增长方式向集约型转变,要以节约资源、保护环境为目标,加大实施可持续发展战略的力度,大力发展循环经济,形成有利于低投入、高产出、少排污、可循环的政策环境和发展机制,并完善相应的法律法规。基于此种认识,在科学发展观战略思想的指导与作用下,有效促进生态外生型传统旅游经济发展方式向生态内生型可持续旅游经济发展方式的转变成为当前一项迫在眉睫的任务。

树立科学发展观是建设中国特色社会主义事业的根本指导思想,也是促进旅游经济发展方式转变的重要思想保证。

(二)构建和谐社会、"两型"社会的要求

和谐社会,是2004年9月19日中国共产党在第十六届中央委员会第四次全体会议上正式提出的一种社会发展战略目标,指的是一种和睦、融洽并且各阶层齐心协力的社会状态。"两型"社会指的是"资源节约型、环境友好型"社会。资源节约型社会是指整个社会经济建立在节约资源的基础上,建设节约型社会的核心是节约资源,主要包含了探索集约用地方式、建设循环经济示范区、深化资源价格改革。环境友好型社会是一种人与自然和谐共生的社会形态,其核心内涵是人类的生产和消费活动与自然生态系统协调可持续发展,囊括了建立主体功能区,制定评价指标、生态补偿和环境约束政策以及完善排污权有偿转让交易制度等。

无论是构建和谐社会还是构建"两型"社会,都对经济转型提出了明确的要求,反映到旅游行业中,就是要推进旅游经济发展方式的转变。具体而言,就是要促进旅游地社会经济系统对物质性资源在时间、空间、数量等方面的最佳利用,并强化社区与居民的协同受益和进化发展。在旅游资源利用方式上,使旅游经济增长建立在旅游产品人本含量提高、环境效益提高、企业效益提高和社区生活水平提高的基础上。[①]

二、旅游经济发展方式转变的经济动因

(一)旅游自身发展面临升级转型

我国的旅游业经过多年发展,从弱到强的壮大发展,经历了高资源代价、高环境代价的高速增长阶段,基本达到了旅游经济发展的"过程状态",通过其自身的组织功能也已积蓄了较强的向旅游经济发展"理想状态"转变,实现升级转型的动能。

1. 旅游环境驱动

旅游与环境之间的作用关系是一个双向的交互过程,两者相互依赖且相生相克。旅游开发以旅游目的地的环境为依托,同时又以人为因素对环境的影响为代价。伴随着旅游业的蓬勃发展,旅游环境质量问题也日益突出。在旅游业为满足旅游者住、食、行、游、娱、购等需求而进行旅游产品生产的时候,必然会引起程度不统一的环境污染和生态破坏。只有以切实保护旅游环境为前提,转变旅游经济发展方式,才能实现旅游业的可持续发展。

2. 旅游竞争力驱动

在市场经济条件下,竞争是所有企业都必须直面的挑战。随着经济全球化和信息技术的飞速发展,市场竞争也日益激烈。尤其是2001年中国正式加入世界贸易组织(WTO)之后,我国旅游企业所面临的外部竞争压力空前加大。实际上,在我国服务贸易的大门完全向国外打开之前,由于对国外旅游企业准入门槛的限制,国内旅游企业是在一种相对受保护的状态下进行的内部不完

---

① 邓鹏,何金泉,何慧琳.我国经济发展方式的转变及路径选择[J].重庆交通大学学报(社会科学版),2008(5).

全竞争,在这种竞争状态下,旅游经济并非是最具效率和活力的;而随着《服务贸易总协定》的签订,与国外大型旅游企业集团在同一起跑线上赛跑立刻成为一种现实,国内外旅游企业将在资金、资源、人才、效率等诸多方面进行全方位比拼。此时,如果不转变旅游经济发展方式,就不能从根本上提升旅游经济的整体实力,就会直接影响我国旅游经济的国际竞争力。

(二)旅游市场生态需求不断升温

世界旅游组织将2002年定为"国际生态旅游年",并同联合国环境规划署(UNEP)、国际生态旅游协会(TIES)于同年5月在加拿大魁北克省召开的世界生态旅游峰会上发表了《魁北克生态旅游宣言》,大力推动了生态旅游在世界范围内的大发展,全球很多机构、学术团体、公司企业、政府和非政府组织都把生态旅游作为协调经济发展与环境保护的最佳选择。

作为21世纪兴起的一种全新的旅游形式,生态旅游在遵循可持续发展原则的过程中,需要建立一系列相应的规范和标准来实现其对自然和社会负责的承诺。生态旅游观则在很大程度上对原来的旅游经济发展观起到了重要的修正作用。作为旅游市场的重要组成部分,生态旅游的勃兴和逐渐走向深入,构成旅游经济发展方式转变的市场动因。

(三)旅游循环经济正在逐步推广

20世纪90年代以来,面对全球人口剧增、资源短缺、环境污染和生态蜕变的严峻形势,循环经济的概念及模式一经提出便被各国所重视,进而引申出建立循环社会的宏伟目标。进入21世纪后,我国明确提出了要走科学发展的道路,发展循环经济是我国未来社会经济可持续发展的最佳模式。[①] 在2005年出版的《中国旅游目的地发展研究报告》中,"发展旅游循环经济是实施旅游

---

① 邵蕾. 旅游循环经济与可持续发展研究[J]. 才智,2008(11).

可持续发展战略的重要载体和最佳模式,是21世纪旅游资源开发保护的战略选择"作为一项命题在国内首次提出。

旅游循环经济严格遵循"3R"原则,即减量化(Reduce)、再利用(Reuse)、再循环(Recycle),模拟自然生态系统运行方式,运用生态学规律指导一切旅游经济活动,通过预防和再利用代替"末端治理",全方位地节约资源和保护环境,在旅游开发和旅游运营中实现旅游景区的可持续开发、旅游资源的环保型利用、旅游产品的生态设计和旅游者的可持续消费,使旅游经济的发展从数量型向质量型转变,同时还拉长了旅游产业链,推动了环保产业和其他新型产业的发展,增加了就业机会,促进了社会发展。可以预见,旅游循环经济代表了我国旅游业未来发展的方向,它也构成了旅游经济发展方式转变的内生动力。

三、旅游经济发展方式转变的社会动因

(一)社会环保意识的觉醒

2009年12月7日,在丹麦首都哥本哈根召开的全球气候变化峰会上,全世界再次将目光聚焦于环境保护问题,各国都以较为积极的姿态参与其中,集思广益,献计献策。可以说此次会议是全人类对当前生产和生活方式的一次集体而深刻的反思。人类已经达成了共识,意识到生产和消费过程中出现的过量碳排放是形成气候问题的重要因素之一,因而要减少碳排放就要相应优化和约束某些消费活动和生产活动。"低碳族"作为追求低碳生活方式的族群,已经悄然兴起,其规模不断扩大,他们不仅自己主动在衣、食、住、行等方面厉行节约,而且还积极地去影响周围的人,纠正身边各种浪费资源的行为。与"低碳族"类似,"乐活族"也是进入21世纪后兴起的一个倡导环保和绿色生活理念的族群,他们崇尚义利合一、天人合一与身心灵均衡发展的价值观,树立离苦得乐、与自然和他人共乐的人生观,主动放弃违背道德、健康、环保与可持续原则的思想与理念,树立人与自然、人与社会、

第二章 新常态下旅游经济发展方式的转变

传统与现代、国内与国际都能和谐共生的发展观。随着"乐活族"的异军突起,"乐活"市场也随之应运而生,包括持续经济(再生能源)、健康生活形态(有机食品、健康食品等)、另类疗法、个人成长(瑜伽、健身、心灵成长等)和生态生活(二手用品、环保家具、节能汽车、生态旅游等)。

不论是在"低碳族"还是在"乐活族"身上,都贴上了鲜明的环保标签,他们对环保生活方式的不懈追求与恳切要求,直接构成了旅游经济发展方式转变的强大动力。

(二)旅游方式的绿色转变

21世纪,"绿色"被视为文明的标志。在人们生产生活的各个领域纷纷刮起"绿色风暴",旅游业也不例外,"绿色旅游"方兴未艾并逐渐成为一种新的社会潮流。绿色旅游是由全球最大的非营利性环保组织——保护国际等环保机构在近年来提出的一种出游新方式,希望游客在旅游时既能放松身心又可以保护环境,并可以用简单易行的方法减少自己对环境带来的影响。以这种方式旅游的游客则被称为"绿色游客"。

绿色旅游的兴起源于旅游经营者和旅游消费者基于社会发展趋势把握的理念革新。就旅游经营者而言,经济效益、社会效益与环境效益的和谐统一,引导以绿色环保为宗旨的健康消费时尚成为其终极目标。就旅游消费者而言,绿色审美理念、绿色行为理念逐渐深入人心,旅游景观中的原生形态美成为审美的最高理想。

毫无疑问,人们旅游方式向绿色转变,也将在很大程度上推动旅游经济发展方式与时俱进,实现由生态外生型向生态内生型的转变。

第二节 旅游经济发展方式转变的路径

旅游经济发展方式的转变应该建立在生态内因论的基础之

上,从理论路径、技术路径和市场路径方面谋求突破和转型,以新经济学理论的生态重构取代传统经济学理论的生态缺失,以旅游生态经济系统的复合承载力取代旅游经济系统的单向承载力,以旅游市场主体的社会生态经济人假设取代经济人假设,以旅游经济发展方式的经济理性、社会理性和生态理性取代传统旅游经济发展方式的单一经济理性,通过政策保障、法制保障、社会保障实现旅游经济可持续发展的理想目标。

一、旅游经济发展方式转变的理论路径

(一)从"空的世界"到"满的世界"的经济理论变革

现在我们已经进入了以生态经济和知识经济为特征的生态文明时代,要真正实现和谐社会的发展目标,要从根本上消除旅游经济乃至整个国民经济不可持续发展的生态环境危机,首先就必须对传统西方经济学的思想根源进行全面的变革与创新。也就是说,我们的经济发展观必须从"空的世界"走向"满的世界"[①]。

传统经济学提出的"空的世界"的理论形态,是工业文明时代的产物,也是工业文明时代经济发展的理论表现,旅游业发展过程中的大众旅游发展阶段正是这种经济理论的具体体现。当我们面临着旅游经济不可持续发展的困境和危机时,由于指导理论的错误,使这一极具特色的绿色产业也面临着严峻的现实考验,旅游经济发展的现实状况实际上已经与其初衷发生了背离。所以,旅游经济的发展,必须建立在全新的以生态经济、可持续发展理论和循环经济为指导的新经济学平台之上。

"满的世界"经济学发展观的核心理念就是生态文明时代的经济发展绝对不能超越地球或本国、本地区生态系统承载力极限的发展。旅游经济的发展,毫无疑问应该以生态文明时代的新兴

---

① 刘艳梅."空的世界"和"满的世界"——循环经济的经济学基础[J].学习时报,2017(10).

经济学为理论指导。其对于旅游经济持续发展的指导意义主要体现在3个方面:"一是将生态因素从旅游经济发展的外生变量转化为内生变量,有利于促成对脆弱的生态旅游资源的保护及独具特色的文化的传承。二是揭示了经济发展与可持续性的内在统一。旅游经济的发展与可持续性之间确实是存在矛盾的,但是,只要旅游经济系统的开发、经营和管理活动,对旅游资源的利用强度不超过自然生态系统的再生能力,不排放污染或排放量在自然生态系统的自净能力范围之内,旅游经济的发展完全能够达成生态效益和经济效益的统一。三是旅游经济的可持续发展有赖于市场原则、技术原则和生态原则的紧密结合与成功协调。市场机制和技术进步有助于解决在旅游经济发展过程中某些具体的资源和环境问题,但却无法解决地球资源环境本身的有限性这一客观问题,只有将它们与生态原则结合在一起,发挥协同作用,才有可能完成环境修复或生态恢复,保证旅游经济的持续发展。"①

(二)旅游经济发展方式转变的核心理论

1. 基于生态内因论的生态内生化

生态环境内生化理论,实质上就是要求人们承认与坚持地球资源环境有限论,树立旅游经济发展的可持续性边界理论的新理念。这是当代经济思想与理论的生态革命的基本理念,也是可持续发展经济学范式的基本理念。

自然生态环境不仅对人、社会具有优先地位,而且是作为一种内在要素存在于人类社会经济之中。作为劳动过程的生产过程永远是人与自然之间的物质变换过程,也就是说,一切经济过程,首先是人与自然之间的物质变换过程,自然生态环境是人类物质生产、劳动过程的一个构成要素。自然生态环境,不仅是人类社会存在和经济发展的自然基础,而且首先的主要表现为已经

---

① 毕秀水.经济增长理论生态要素的缺失及其重构[J].学习与探索,2004(6).

进入人类物质生产实践的自然形式、自然要素,是社会经济运行与发展的内在要素的自然生态环境。

当今世界,自然生态环境优劣已经成为决定现代经济增长与发展的快慢和当代社会经济可持续发展的关键所在。当代经济运行与发展的实践已经充分证明:良好的生态环境确实是当今人类生存和现代社会经济发展高度短缺的生活要素和生产要素,它越来越由"外部自然条件"转化为"内部自然要素",呈现现代经济运行与发展的内在因素和外在因素的有机结合与高度融合的新趋势。

旅游经济的产生源于良好的自然生态条件,旅游经济的发展也必须凭借和依赖生态系统。旅游经济运行所需的物质和能量,归根结底需要自然生态系统来提供。生态系统的旅游资源和生态环境是保证旅游经济循环运动的物质基础和基本前提,良好的旅游环境和高品位的旅游资源是推动旅游经济良性循环和向前发展的依托所在。

2. 基于生态内因论的生态经济价值

刘思华教授提出的生态经济价值论认为,商品价值是物化在经济系统的某个商品中的社会必要劳动的表现,这是经济系统通过耗费活劳动和物化劳动在从生态系统中取走自然物质,并将它加工成经济物质的过程中凝结的社会必要劳动。生态价值是物化在生态系统的某种物品中的社会必要劳动的表现,这是通过在经济系统耗费活劳动和物化劳动而输入到生态系统中来,使生态系统的自然物质(包括自然资源和自然环境)具有符合人类生存和经济社会发展所需要的使用价值过程中凝结的社会必要劳动。

由于旅游资源与自然生态环境的稀缺性和再生的困难性,人们必须不断地投入劳动,以获取、保护、改善旅游资源和环境,人类在利用生态环境创造生态价值的同时,也生产出具有适应价值的旅游产品,创造经济系统的商品价值。因此,投入补偿、保护和建设具有一定使用价值的生态环境和旅游资源的全部劳动所形成的价值量就是生态经济价值量。正是由于耗费了劳动,才使旅游生态经济复合系统中的生态要素具有"生态经济价值"。当然,人类劳动在社会经济系统生产旅游产品的过程中,投入一定量的劳动创造商品价值的同时,也会创造生态价值,还会产生生态环境的负价值,给自然生态系统带来破坏性的影响,威胁旅游经济发展的自然基础。所以,正确处理人与自然、生态与经济之间的关系,使生态要素产生价值增值,避免出现商品价值为正而生态价值为负的现象,使生态价值量成为两者的总和而不是相互消长,是保证旅游经济可持续发展的前提。

二、旅游经济发展方式转变的技术路径

（一）旅游经济发展的生态环境承载力控制

1. 旅游环境承载力构成模型

从旅游者的角度来分析,旅游环境承载力代表着在旅游者感知质量保持恒定时所能承受的旅游者最大值,可用旅游环境承载力（TECC）来表示,如图 2-1 所示。

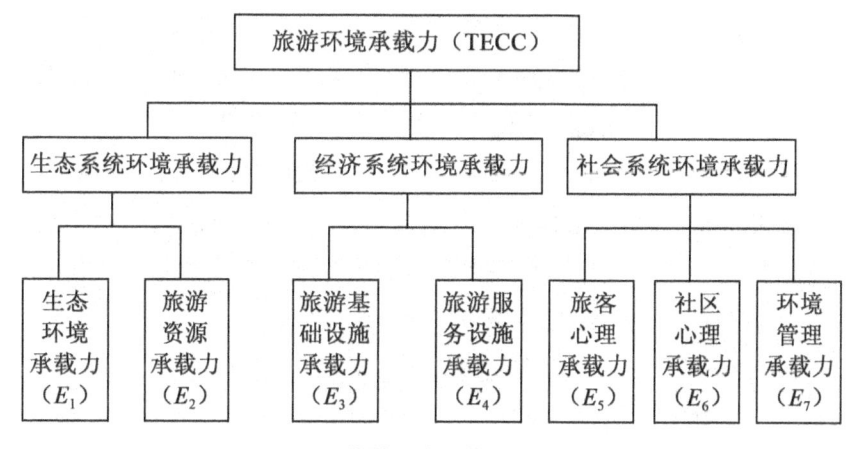

图 2-1 旅游环境承载力构成模型

2. 旅游环境承载力测算

根据木桶原理,旅游地的环境承载力由图 2-1 中 3 个子系统

里最小的二级分量决定,因此:
$$TECC = \min(E_1, E_2, E_3, E_4, E_5, E_6, E_7)$$

令 $E_i(i=1\sim7)$ 代表各个二级分量的发展值,r_i 为各个二级分量的发展率,k_i 表示各个二级分量的饱和承载力,则:

$$dE_i/dt = r_i e_i(1 - E_i/k_i) \quad (1)$$

对式(1)积分可得:

$$E_i = K_i/1 + ce^{-rt} \quad (2)$$

式中:$c = k_i - E_0/E_0$;

E_0——各个二级分量的初始承载力,$K_i > E_0 > 0$。

(二)旅游经济发展的生态足迹影响评估

旅游生态足迹是生态足迹在旅游研究中的应用,是指"在一定时空范围内,与旅游活动有关的各种资源消耗和废弃物吸收所必需的生物生产土地面积,即把旅游过程中旅游者消耗的各种资源和废弃物吸收用被人容易感知的面积观念进行表述,这种面积是全球统一的、没有区域特性的,具有直接的可比较性。"[①]它的计算方法是在生态足迹的计算模型上,结合旅游业自身的特点所提出的。目前我国旅游界的专家学者借用生态足迹较为成熟的方法,已经建立了旅游生态足迹的计算方法。现有的文献中对旅游生态足迹(TEF)模型及计算主要运用了两种方法。

第一种,以章锦河和张捷为代表的,依据旅游消费的构成,提出了旅游交通、旅游住宿、旅游餐饮、旅游购物、旅游娱乐以及游览观光生态足迹6个子计算模型,旅游生态足迹即为该6个子模型计算结果的总和,详细计算过程如下:

$$TEF = TEF_{transport} + TEF_{accommodation} + TEF_{food} + TEF_{shopping} + TEF_{entertainment} + TEF_{visiting}$$

$TEF_{transport}$ 为旅游交通生态足迹模型,具体算法如下:

---

① 杨桂华,李鹏.旅游生态足迹:测度旅游可持续发展的新方法[J].生态学报,2005(6).

$$TEF_{\text{transport}} = \sum(S_i \cdot R_i) + \sum(N_j \cdot D_j \cdot C_j/r)$$

式中：S_i 为第 i 种交通设施的面积，R_i 为第 i 种交通设施的游客使用率，N_j 为选择第 j 种交通工具的游客数，D_j 为选择第 j 种交通工具游客的平均旅行距离，C_j 为第 j 种交通工具的人均单位距离能源消耗量，r 为世界上单位化石燃料生产土地面积的平均发热量。

$TEF_{\text{accommodation}}$ 为旅游住宿生态足迹模型，具体算法如下：

$$TEF_{\text{accommodation}} = \sum(N_i \cdot S_i) + \sum(365 N_i \cdot K_i \cdot C_i/r)$$

式中：N_i 为第 i 种住宿设施拥有的床位数，S_i 为第 i 种住宿设施每个床位的建成地面积，K_i 为第 i 种住宿设施的年平均客房出租率，C_i 为第 i 种住宿设施每个床位的能源消耗量，r 为世界上单位化石燃料生产土地面积的平均发热量。

TEF_{food} 为旅游餐饮生态足迹模型，具体算法如下：

$$TEF_{\text{food}} = \sum S + \sum(N \cdot D \cdot C_i/P_i) + \sum(N \cdot D \cdot E_j/R_j) + \sum(N \cdot D \cdot E_j/R_j)$$

式中：S 为各类社会餐饮设施的建成地面积，N 为旅游者人次数，C_i 为旅游者平均旅游天数，E_i 为游客人均每日消费第 i 种食物的消费量，R_j 为与第 i 种食物相对应的生物生产性土地的年平均生产力，E_j 为游客人均每日消费第 j 种能源的消耗量，R_j 为世界上第 j 种能源的单位化石燃料生产土地面积的平均发热量。

TEF_{shopping} 为旅游购物生态足迹模型，具体算法如下：

$$TEF_{\text{shopping}} = \sum S_i + \sum[(R_j/P_j)/g_j]$$

式中：S_i 为第 i 种旅游商品生产与销售设施的建成地面积，R_j 为游客购买第 j 种旅游商品的消费支出，P_j 为第 j 种旅游商品的当地平均销售价格，g_j 为第 j 种单位旅游商品相对应的当地生物生产性土地的年平均生产力。

$TEF_{\text{entertainment}}$ 为旅游娱乐生态足迹模型，具体算法如下：

$$TEF_{\text{entertainment}} = \sum S_i$$

式中：S_i 为第 i 类游客户外休闲娱乐设施的建成地面积。

$TEF_{visiting}$ 为旅游游览生态足迹模型，具体算法如下：

$$TEF_{visiting} = \sum P_i + \sum H_i + \sum V_i$$

式中：P_i 为第 i 个旅游景区点游览步道的建成地面积，H_i 为第 i 个旅游景区点内公路的建成地面积，V_i 为第 i 个旅游景区点观景空间的建成地面积。

第二种，以王辉、林建国为代表的，用旅游业对国民经济的贡献率来表示旅游生态足迹在整个地区国民生产总值所需要的生产性土地面积的比重，从而计算出旅游业所需要的生产性土地面积的数量即旅游生态足迹，具体算法如下：

$$TEF = EF \cdot r$$

式中：EF 为生态足迹，r 为旅游业对国民生产总值的贡献率。

三、旅游经济发展方式转变的市场路径

（一）旅游市场消费的转变路径

中国旅游经济可持续发展的实现最终将依赖于社会生产对旅游资源消费方式的转变和旅游消费者生活方式的改变。

1. 旅游消费需求的生态化

人类社会越文明进步，人类各种需求满足的程度就越高。生态需求是现代人类最基本的需求，它是随着现代社会文明进步而变化的自然需求，是体现了人类的物质需求与精神文化需求、生理健康需求多元统一的综合需求。人类的旅游消费需求可以划分为4个层次：第一层次是物质需求——满足基本的温饱问题；第二层次是享受需求——主要是吃、住、行等物质条件的改善和精神上的满足；第三层次是人文需求——对文化、历史、风俗等精神文化产品的需求；第四层次是生态需求——对良好的旅游生态环境和绿色健康的旅游消费方面的需求。

人类的旅游消费需求也越来越呈现出生态化的趋势即旅游

生态消费的出现。旅游生态消费是对在可持续发展理论与消费生态学思想引导下掀起的一种新兴生态型消费行为的高度概括,它与可持续旅游发展理论都源于国际公认的可持续发展观念。与传统的旅游消费比较,可持续旅游消费有自身的特点,见表 2-1。

表 2-1 传统的旅游消费与现代的可持续旅游消费的比较

	传统的旅游消费	可持续的旅游消费
消费观念	静态的、局部的旅游观念;旅游者个体效用最大化	动态的、全局的可持续旅游观念:旅游者及社会环境综合效用最大化
消费行为	追求享受;景观与资源的展示	追求以生态为基础的享受;景观与资源的展示与保护
消费结构	在旅游区范围内进行具有当代先进水平的食、宿、行、游、娱、购等多种消费	食、宿、娱、购等多在旅游区域外消费,对区域内进行的行、游等消费与生态要求相一致
消费模式	高水平、高质量、高文化消费;旅游厂商与旅游者为受益人;当地社区与居民的收益以环境和社会文化的受损为代价	适度消费;旅游厂商、旅游者与目的地共享利益;经济、社会和生态效益有机统一与可持续发展
厂商行为	消费者主权至上,有求必应通过多种媒体进行煽动性广告;无计划的空间拓展与产品开发	限制性消费者主权,有选择地满足旅游者需求温和与适中的营销方式
政府及公众行为	旅游资源开发以经济效益为导向,以带动旅游发展促进旅游经济增长并满足国民的旅游需求为目的	旅游资源开发以生态为导向,旅游发展战略以社会经济的全面可持续发展为目的

2. 旅游消费行为的生态化

(1)可持续旅游消费模式的建立

可持续的旅游消费理念是目前最为先进、最为科学、最为全面的旅游消费观,在理论渊源上,它主要源于可持续消费理论,在宗旨与功能上,它直接面向并服务于可持续旅游发展的实现。①

现代的旅游可持续消费理念,是一种科学合理的旅游消费方式,是服从于全球可持续发展目标的消费形式。这种全新、先进的旅游消费理念是对传统的大众旅游消费理念的变革与创新。可持续旅游消费模式要求维护和提高旅游消费的生态环境质量,实现旅游消费方式的转变和旅游产品生产方式的转变,以实现旅游的可持续发展。可以预计,随着全球性旅游消费生态化、文化化、社会化的协调发展,旅游消费必将步入"旅游者个体约束条件增多—效用下降、消费者剩余减少—技术与市场创新—旅游资源存量与增量增多—约束条件减少—消费总量上升—旅游产业的可持续发展"这一良性循环轨道。

(2)低碳旅游消费方式的选择

所谓低碳旅游经济,是指以低能耗、低污染、低排放为基础的旅游经济发展模式。为满足可持续旅游消费的增长需求,为节能减排、发展循环经济、构建和谐社会提供了操作性诠释,是落实科学发展观、建设节约型社会的旅游创新与实践。

发展低碳旅游,培育低碳生活,构筑低碳旅游发展战略主要关注3个重点:第一,转变现有旅游发展模式,打破"注重硬开发,忽视软开发,把旅游模式等同于工业开发模式"的局面;积极倡导公共交通和混合动力汽车、电动车、自行车等低碳或无碳交通工具;设计节约资源、使用效率高、减少碳排放的低碳旅游项目和设施。第二,扭转旅游奢华之风,尤其在交通和饭店方面,能耗问题突出,要降低碳排放;在旅游产品开发和旅游服务方面,强化旅游设施方便、舒适的功能性,提升文化的品牌性;改变旅游消费中的浪费现象,如温泉的使用、食品的浪费。

---

① 李萌,何春萍.可持续旅游消费:内涵、特征与意义[J].桂林旅游高等专科学校学报,2007(2).

(二)旅游市场供给的转变路径

旅游市场供给的转变主要表现在如下方面。

1. 旅游企业管理理念的生态化

对科技作用的盲目夸大,对经济利益的无尽追逐,使传统管理理论埋下的隐患逐渐暴露。人与自然之间的紧张对立关系,人与人之间的冷漠怀疑关系,人与自身之间的背离关系,使生态危机、人态危机、心态危机不断显现且渐趋恶化,虽然在物态方面获得了极大的繁荣和增长,却始终无法掩盖隐藏在此背后的人与自然、生态和自身关系失衡的苍白。因此,在知识经济和生态经济时代,人类开始反思以往的人与自然关系、以增长为核心的经济理论和管理实践,寻求目前生态危机、人态危机和心态危机的根源,谋求重构在生态文明时代新的管理理论——绿色管理理论。

为了适应快速增长的生态旅游消费需求,在旅游活动中,在旅游经济的各个环节上,旅游经济的利益相关主体尤其是从事旅游经营的企业,应该重视对能源、产品和环境的管理,尽量降低污染,减少和处理好废弃物、有害物,节约资源,进行绿色设计、清洁生产,开展绿色营销,实现经济效益、社会效益和生态效益的统一。

旅游企业的绿色管理还要承担一定的社会责任,这种社会责任主要体现在:提供一定数量的就业机会;促进特色文化的保护;使社区居民从中受益;自觉维护生态环境和保护旅游资源;塑造绿色旅游企业形象,引导健康持续的旅游消费方式,使企业管理的职能不仅在物质层面上得到体现,也在精神层面上得到体现;不仅促进物质财富的增长,也促进精神财富的增长,使人类与外在自然和内在自然都能取得协调关系。

2. 旅游企业管理方法的生态化

(1)绿色人力管理

企业管理从传统管理向绿色管理的转化,除了要依靠企业与自然及企业与社会的和谐关系来实现之外,还要建立人与人的和谐关系。

旅游企业应当将员工看作具有不同动机和复杂需要的有机个体,努力创造良好的人际关系和人境关系,使员工的潜能和积极性能得到最大限度的激发。此外,企业还应关心员工的身心健康,通过企业与自然和社会的和谐来塑造员工的和谐人格,使他们能将工作看成是使命而不是任务,将企业的命运与自身的发展紧密相连,并将良好的心态和优质的服务传递给游客和外部公众,实现人与人之间的和谐。

(2)绿色资源管理

旅游企业对自然和生态价值的尊重,只有通过建立绿色的资源管理制度才能得以体现。在企业内部,应该营造生态意识和环境保护的氛围,每个员工都应该充分认识生态环境和资源的脆弱性和不易修复,理解企业所承担的生态使命和环境责任,在每道工序和每个环节上节能降耗,以自身的实际行动促成对有限的生态旅游资源的保护。

企业应该积极采用绿色生产技术、绿色工艺和绿色设计,在向市场提供旅游产品的过程中,降低和减轻生产加工过程对资源的过度使用,减少旅游获得对环境和生态造成的干扰和破坏。

(3)绿色财务管理

为了准确评价企业生态—经济—社会复合系统的发展和运行状态,传统的核算和会计制度也应该适当变革,引入新的变量和评估指标,实行绿色的财务管理。其中最主要的就是实施绿色会计和绿色审计制度,将自然资源和生态环境成本纳入企业的核算体系,以便真实地反映企业的盈利状况和对生态环境的保护程度。

绿色会计是以货币为主要计量尺度,以有关环保法规为依据研究旅游企业发展与环境保护的关系,计量、记录旅游企业污染、环境防治、开发、利用的成本、费用,以评估企业环境绩效及环境活动对企业财务成本的影响。绿色审计是审计机构和审计人员依法对旅游企业的环境管理及其有关经济活动的真实性、合法性和效益性等情况进行审查,以评价旅游企业环境管理责任,促进旅游企业加强环境管理,实现可持续发展战略具有独立性的系统监督活动。[①]

[①] 许建,唐飞.论如何建立饭店绿色管理的保障体系[J].生态经济,2006(8).

第三章　新常态下旅游规划与开发的发展趋势

从全球经济和政治发展的趋势来看,世界经济不断前行,社会环境也日益稳定,现代旅游业也相继得到了发展。在发展的过程中,旅游规划与开发的理念、模式等也有了新的发展趋势。本章即对新常态下旅游规划与开发的发展趋势进行研究。

第一节　旅游资源的保护性开发与规划

旅游资源是旅游规划与开发的客体,同时也是旅游业发展必不可少的物质基础。随着时代的变化,旅游资源也会不断产生、发展或消亡。如何规划与开发旅游资源成为现代旅游业发展的一个重要研究课题。

一、"十三五"新常态下的旅游资源开发与规划任务

特色是生命之本,是发展之源,是前进之能。旅游作为文化产业,打造特色更是重中之重,切忌千城一面,千景一貌,万人一腔。中国地域广大,地理地貌、区域文化差异大,有差异就有看点,有差异就有卖点,有差异就有故事、有内涵。为此,在"十三五"时期,应实行旅游资源定位和形象的差异化管理,评估中国境内现有旅游资源的旅游接待能力,满足中国国内消费者的旅游需求;同时平衡旅游进出口,提升中国入境旅游市场质量,加强高附加值的旅游产品出口,促进旅游业的可持续发展。

在旅游资源管理体制方面,要平衡旅游资源保护与旅游开发的关系,创新旅游资源开发模式,应当探索建立更多的旅游休闲区,向公众开放更多的公园和公共游憩空间;完善国家公园体制,

建立国家公园、历史纪念地等多种形态在内的国家公园管理模式;并研究建立国家风景廊道体系,以适应我国众多的线性旅游资源。

二、旅游资源的调查与评价

要对旅游资源进行规划与开发,首先要对旅游资源进行调查,并对旅游资源进行评价,这样才能抓住规划与开发的方向、重点。

(一)旅游资源调查及其内容

旅游资源调查,即运用科学的方法和手段,有目的、有系统地收集、记录、整理、分析和总结旅游资源及其相关因素的信息与资料,以确定旅游资源的存量状况,并为旅游经营管理者提供客观决策依据的活动。旅游资源调查是进行旅游资源评价、开发、规划及合理利用的最基本的工作,其主要包括以下几方面内容。

(1)旅游资源的自然环境

主要包括调查区的地貌特征,包括调查区所处的地貌单元、地质构造状况、岩性、地壳活动状况等;调查区的水文特征,包括地表水和地下水的类型、分布、水文特征及特殊的水文现象(特别是洪水、泥石流等灾害现象);调查区的生物特征,包括调查区生物的特性、分布及特色生物类型的基本状况;调查区的气象、气候和环境因素,包括调查区内降水、气温、光照、湿度的基本状况和特殊的现象。

(2)旅游资源的人文环境

旅游资源的人文环境主要包括调查各类古建筑和遗址、古人类活动和文化遗址、古交通遗址、石刻、壁画及特色村寨等。不仅要调查现存、物化的景观,还要调查历史上有影响但已毁掉的人文遗迹及民间传说等,便于开发时充分利用。

(3)旅游资源的环境质量

主要包括旅游资源的水质量、大气质量、土壤质量和生物质量四类,除这四类环境质量外,还有噪声、辐射、振动、放射性物质和一些建筑材料、构筑物等方面的调查。

(4)旅游资源的开发现状

第一,旅游要素调查。吃、住、行、游、购、娱是构成旅游活动的六大要素,对其进行调查是十分必要的。

第二,客源市场的调查。对周围客源地居民的消费水平和出游率进行必要的调查,分析产生客源的积极因素和不利因素。根据资源的吸引力和当地的社会经济状况,初步分析客源市场的范围和客源分布情况,评估客源的大概数量,也要分析邻近地区对调查区客源产生的影响,以及同类资源区的竞争影响。

第三,邻近资源及区域内资源的相互关系、自然旅游资源与人文旅游资源的结合与互补情况。

(5)旅游资源的环境保护状况

调查影响旅游资源利用的环境保护情况,包括由工矿企业、生活服务等人为因素造成的大气、水体、噪声等污染状况和治理程度,同时也包括空气、水、土壤、岩石等自然要素中的重要物质。

(6)旅游资源交通沿线及枢纽点的状况

旅游资源开发的最大限制因素之一是交通,故摸清交通现状与建设前景十分重要。交通沿线及枢纽点的旅游资源,只要有一定的特色,就能吸引游客,游客也较容易进入。若旅游资源特色强、规模大、结构好,就极易形成近期开发的重点新景区。同时,交通枢纽点往往是人口密集的城镇和城市,除交通外,其他的基础设施也较好,极易形成旅游接待地甚至旅游中心城镇(市)。

(二)旅游资源评价方法及其内容

1. 旅游资源评价的方法

旅游学界对旅游资源评价方法也进行了大量的理论研究和实践探索。其评价方法有两类:一是定性评价;二是定量评价。

(1)旅游资源定性评价法

定性评价法也称综合评价法,这种评价方法是针对选取的旅游资源首先做一个全面的调查与分析,然后再对该旅游资源的各个方面逐一进行评价,最后得到一个全面的、综合的调查结果。因为这种评价方法在使用过程中很多都是以个人感受为定性标准,所以主观性很强,不够客观。为了弥补这种缺陷,在使用定性评价法的同时还会辅以资料和数据,以求更加全面、客观。

常见的旅游资源定性评价方法有民意测验法、"三三六评价法"(卢云亭)、"六字七标准评价法"(黄辉实)等。

(2)旅游资源定量评价法

旅游资源定量评价法就是对旅游资源构成的各种因子尽最大可能量化,运用数量经济学或其他方法对旅游资源进行科学评价,以期得出数量化结论的评价方法。这种评价方法的优点是评价结果可比性强、精确;缺点是评价体系不成熟、不稳定,可操作性较差。

旅游资源定量评价又分为单因子评价和综合评价两种。前者是以旅游景观构景要素为单元分别进行评价,如瀑布的评价、气象气候评价等;后者是将所有景观因素综合起来对一个旅游地进行总体评价。常见的评价方法有模糊数学评价法、回归模型法、菲什拜因-罗森伯格模型、层次分析法等。

2. 旅游资源评价的内容

主要是对旅游资源本身进行评价,只限于对其自身形状的评价。主要评价内容包括以下几个方面。

第一,旅游资源的性质:主要从旅游资源的类型、不同旅游资源的组合状况、旅游资源的用途等方面来确定。

第二,旅游资源的价值:一般分为美学价值(艺术观赏价值)、历史文化价值、科学价值等几个方面。

第三,旅游资源的功能:一般分为观赏功能、教育功能、健身功能、休闲功能等。

第四,旅游资源的特色:就是一处旅游资源不同于其他旅游资源的地方。

第五,旅游资源的密度:就是在一定地域内旅游资源的集中程度。旅游资源的密度可以通过旅游资源调查进行量化,密度越高,旅游资源的价值也就越高。

第六,旅游资源的组合度:是指在同一旅游地内不同要素的组合或同一地域内旅游资源的分布及配置状况。在多数情况下,同一旅游地内往往分布有不同种类的旅游资源,并相互配合。如果只对其中的某一种因素进行评价,可能其品位并不高,然而由于多种因素的巧妙组合,却会大大提高这一旅游地的整体旅游价值。

第七,旅游资源容量:是指在确保旅游资源本身及旅游环境不被破坏,不对游客和旅游地居民的心理造成不利影响的前提下,旅游资源所能容纳的游人数量。

三、旅游资源的开发及其可行性分析

旅游资源开发是指以发展旅游业为前提,以市场需求为导向,发挥、改善和提高旅游资源对游客的吸引力,有组织、有计划地把旅游资源改造成能为旅游业所利用的旅游吸引物的经济技术系统工程。在对旅游资源进行开发时,需要对开发的可行性进行分析。

(一)旅游资源开发的内容

旅游资源具体的开发内容,可以归纳为以下几点。

1. 重点旅游景点建设

一般来说,一个旅游景区都不止一个景点,在开发上也有先后和侧重,但首先应该抓重点旅游景点的建设。在硬件建设的时候,要首先确定景点资源的类型,然后有针对性地对景点进行相应的开发,如挖掘景观主题、设计景点建筑、人工造景、设计线路、烘托自然景色，使景点的特色更突出，景点的分布更协调，景观的设计更符合审美原则等，让景点的特色更集中、更突出地体现出来，使其内容更加协调和丰富。在软件建设方面，要求管理人员必须具有较高的专业技术水平，包括旅游业的总体知识和经济领域的相关经验；普通工作人员必须热爱本职工作，在具备一定专业技能的基础上能够全心全意为游人服务。只有把核心旅游景点和重点景点建设好了，才能塑造起景区的旅游形象，带动整个景区的发展。

2. 旅游地的交通安排

人们的旅游往往是异地旅行，需要从一个地方到另一个地方，这个过程中，交通是非常重要的一部分，也是旅游开发极其重视的一个内容。旅游地的交通安排，通常包括交通线路的设计、交通工具的选择、交通设施的配套等。除了这些常规的内容，还有一些关于旅游地的交通安排值得关注，例如，随着人们对旅游的要求越来越高，人们在追求交通快捷的时候也更加注重交通的舒适度；若是长时间旅游，人们会更注重参与性，会有自己驾驶的想法与要求。

3. 旅游地旅游辅助设施的建设

旅游开发是否能获得成功，还取决于旅游辅助设施的建设和完善，因此还需要对旅游辅助设施进行合理的规划。所谓旅游辅助设施，是一个内容极其丰富的概念，它基本上囊括了在旅游过程中能接触到的方方面面，如宾馆、停车场、购物中心、卫生间、景区管理中心、用水用电……这些设施在旅游地看似平常，但正是在它们的辅助之下，才能给人们一个良好的旅游体验，才能使景区的旅游品质得到提升。若是这些旅游辅助设施不完善或是不合理，那会使人们的旅游体验大打折扣，更会使景区的形象受损。

4. 旅游市场的开拓

旅游市场开发是将预期的社会、经济效益转化为实际效益的关键环节,必须将旅游市场的需求和开发摆放在焦点位置,因为市场与自身利益始终挂钩。鉴于此,旅游开发在确定开发市场的时候,必须以当地的旅游资源特色和优势为依据,因地制宜地进行开发。从营销角度来看,要实现以上种种的有效手段无疑是细分。市场细分就是将市场分为多个部分,每一个部分的构成须具有相同的特征、需求和购买行为;在市场细分后选择好目标市场,有针对性地对目标市场进行宣传和市场营销;还须根据目标市场上的旅游者偏好、竞争状况和自身优势,确定在目标市场中的定位,继而扩大客源和开拓旅游市场。

(二)旅游资源开发的可行性分析

旅游资源开发的可行性分析,实质上是一项科学论证工作,这是决策过程的开始,即通过收集有关资料和考察,初步分析项目的可行性,主要对市场和产品情况进行评估并做出判断。其具体的分析内容主要包括以下几个方面。

1. 旅游资源价值分析

对旅游价值进行分析,可以从以下几个方面入手:一是看旅游资源数量,旅游资源越是丰富、越是繁多其开发潜力越大;二是看空间上的集中程度,越是集中其开发后的影响力越大;三是看特色,特色越是突出、越是独一无二开发后的竞争力越大;四是看旅游资源的文化底蕴,越是深厚的文化底蕴对人们的吸引力越大。以上4点,都可以对旅游开发后的成效起到决定性的作用,是旅游资源开发是否可行的关键。

2. 客源市场分析

旅游资源开发的最终目的是为了获取经济上的利益,而经济利益的实现必须发生在市场中。因此,分析一个旅游资源的开发是否可行,就应对其相应的旅游市场进行调查、分析,看旅游开发所预期的利益在市场中有无实现的可能。该项分析内容主要是调查类似旅游产品的客源市场特点、市场需求、发展规律和市场容量,并预测该地进行旅游资源开发后市场对其产品和服务的需求量,以确定开发的规模、程度、特色,乃至可能提供的产品和服务。

3. 环境影响分析

利益和生态环境在旅游资源的开发过程中往往不能同时兼得,开发者的天平往往更倾向于利益,因而难免造成生态环境的破坏。为了避免这种情况发生,在进行可行性分析时,首先要考虑旅游资源开发对周围环境可能造成的破坏、影响以及相应的补救措施,尽量避免造成无法挽救的环境破坏。

4. 旅游区位分析

在对旅游区位进行分析时,除了客观、真实地反映该旅游资源所处的地理位置和交通条件以外,还要充分考虑到自然因素(水源条件、地形地貌条件、气候条件等)、市场因素(客源市场位置、靠近潜在市场的程度、可进入性、设施条件、是否有竞争对手等)以及社会因素(土地费用、扩建因素、地方政策条件、民意人情条件、人力资源的可用性、生态环保等)对该资源区位条件的影响,从而得出比较客观的结论。

5. 区域经济文化背景分析

即分析旅游资源开发地的宏观经济状况、金融市场的开放性和融资成本、利率水平的高低、政府对开发是否有指导性的优惠政策;旅游资源所处的地理位置、气象、水文、地质、地形等自然环境条件和旅游开发地的交通运输状况、供水、供电、供热、供气等市政基础设施配置条件;旅游资源开发地的人口特征、生活习俗、思维方式、生活水平、消费方式、对资源开发所持态度等人文环境条件。一般来说,投资环境和建设环境越优,人们对资源开发的欢迎程度越大,则旅游开发的成本也就相应越低,资源开发的可行性也就越高。

6. 经济与社会效益分析

旅游资源开发需要进行大规模的资金和人力投入,一个重要目标就是为旅游目的地获取经济效益。因此,在开发活动开始之前需要对可能产生的经济效益进行充分论证,计算出大致的投资成本、投资回收期、每年净收益、内部收益率、所能占有的旅游市场份额等经济指标,以期通过对旅游开发的经济效益分析为开发的可行性提供量化的支撑。但是,经济效益并不是开发的唯一目标,旅游资源开发的最高目标是实现"生态—经济—社会"三维复合系统整体的良性互动和可持续发展,谋求社会、经济、生态三个方面的最终综合效益。因此,还应对该经济行为可能产生的社会效益进行客观而全面的综合评估。

四、旅游资源开发过程中的保护措施与方法

旅游资源在开发利用过程中面临着多方面的破坏的风险,除了它本身的自然风化外,还有很大一方面就是人为的破坏。因此,我们在保护旅游资源时更需要实现多元化的保护策略。

(一)健全旅游资源的法律法规

旅游资源的破坏主要是由人为原因造成的,而人为原因的产生,归根结底在于保护旅游资源的法律法规不够健全。为了能有效地保护旅游资源,世界各地均运用立法和公约的形式来加强其保护的力度。例如,法国的《风景区和文物保护法》,埃及的《关于授予旅游部监督、开发旅游区权利的法律》和《阿拉伯埃及共和国文物保护法》,日本的《旅游基本法》,墨西哥的《墨西哥旅游法》、加拿大的《国家公园法》等。另外,还有大量的国际公约,如《保护臭氧层维也纳公约》《生物多样性公约》《保护世界文化遗产和自然遗产公约》《威尼斯宪章》《濒危野生动物植物物种国际贸易公约》等。世界旅游组织(UNWTO)、经济合作与发展组织(OECD)

等在保护旅游资源方面也做了大量的工作。

自改革开放以来,我国也先后颁布了《环境保护法》《文物保护法》《森林法》《草原法》《渔业法》《风景名胜区管理暂行条例》《自然保护区条例》等。这些法律法规的颁布与实施对我国旅游资源的建设性破坏具有极强的针对性,它们虽然还处于不断完善的过程中,但是对我国旅游资源的保护起到了至关重要的作用。

(二)加强旅游资源保护意识和知识的宣传教育

旅游资源保护的宣传教育措施是指通过现代化新闻媒介和其他形式,向公众传播有关旅游资源保护的法律知识和科技知识,从而达到教育公众、提高其环境意识,进而使公众自觉地保护旅游资源的目的。这涉及两个方面的内容:一是旅游资源宣传,二是旅游资源教育。旅游资源宣传是手段,旅游资源教育是目的,二者相辅相成,只有紧密结合,才能达到保护旅游资源的目的。我国公民在环境和资源保护问题的认识上、行动上,与发达国家还存在较大差距,这就更需要我们加强环境与资源保护的宣传和教育,具体来说,主要通过学校教育、新闻媒介及其他大众传播工具、知识竞赛活动、生态旅游等形式来实行。

(三)完善旅游资源开发和管理

体制是旅游业可持续发展的政策支撑,良好的体制、机制是旅游可持续发展的前提和保证。而旅游管理和服务人员的素质是旅游业可持续发展的后备力量。目前,在旅游从业人员中,高级管理人才十分匮乏,高水平的服务人才也远远不能满足需求。宾馆饭店的多数服务人员学历水平低,没有接受过正规培训,行业知识、服务质量和服务水平比较差。这种现状与旅游业的可持续发展要求不相协调。

完善旅游资源开发和管理,就必须改革现行的旅游管理体制,对景区的所有权、经营权和管理权实施彻底的"三权分离",使其分属于三个利益关系相互独立的法人主体,充分释放和激发旅游资源管理体制潜力与活力,促进旅游产业的可持续发展。

针对一些旅游景区景点同时归属于不同的主管部门,形成多头管理、各自为政、相互制约的局面,以及景区景点的建设和管理的问题,建议成立独立部门,充实力量,完善内部机构,建立健全工作运作机制,使其集中力量抓宏观管理、旅游规划落实、旅游宣传促销、旅游市场管理与监督,协调解决旅游产业发展中出现的问题。

(四)灵活使用各种旅游资源保护的科技方法

早在20世纪80年代初,我国就已经提出:防止环境污染,一靠政策,二靠管理,三靠技术。科技方法在对水体、山地、动植物以及文物古迹等旅游资源的保护中的应用非常广泛。要针对不同的情况,选择合适的资源保护的科技方法。常用的旅游资源科技方法有化学方法、物理方法、工程方法、生物方法、虚拟现实技术(VR)、增强现实技术(AR)等。

第二节　新常态下的智慧旅游发展趋势

随着经济社会的快速发展,人民生活水平的迅速提高,传统旅游的经营管理水平低下、信息传递不畅、信息共享水平低等问题已经不能适应时代发展的要求。针对以上问题,近年来旅游业不断地调整、创新,逐渐呈现出数字化和智慧化的发展趋势,"智慧旅游"的概念也由此诞生。本节即对智慧旅游的相关概念及其背景、框架进行研究。

一、智慧旅游的含义

智慧旅游是通过现代信息技术和旅游服务、旅游管理、旅游营销的融合,以游客互动体验为中心,使旅游资源和旅游信息得到系统化整合和深度开发应用,并服务于公众、企业和政府的旅游信息化的新阶段。

二、智慧旅游的内涵

（一）以服务游客为核心

对游客而言，智慧旅游就是利用云计算、物联网等新技术，通过互联网，借助便携的上网终端等感知体系，达到旅游前、旅游中、旅游后都能主动感知旅游资源、旅游经济、旅游活动等方面的信息，提升游客在食、住、行、游、购、娱各个旅游环节中的附加值，为游客带来超出预期的完美旅游体验。

智慧旅游以科学的信息组织和呈现形式让游客方便、快捷地获取旅游信息，帮助游客更好地安排旅游计划，并形成旅游决策。游客通过网络可以了解到旅游目的地实时状况，规划旅游的线路，预订酒店、机票、车票等，在出发之前，对旅行有了大致的了解，将大部分事情安排好，减少旅行中的不确定性以及寻找游玩、交通、食宿等方面的担忧。在旅行过程中，游客可以随时了解下一个目的地的天气及客流量等情况，以决定是否更换景点，改变行程，使旅游变得更加愉快。另外，智慧旅游还能给游客带来更好的旅游安全保障，虚拟旅游能够给游客带来不一样的旅游体验。

（二）基础设施现代化、数据融合和信息共享使得旅游更加"智慧"

智慧旅游通过物联网、RFID、GIS等技术，实现动态采集海量的旅游数据，通过网络的全面互联，实现信息的高效汇聚、处理、分析、共享。通过对数据的统计和智能分析，可以实现旅游行业管理的智能化、精细化；通过数据对游客信用进行评估、对服务企业进行评价，提高行业监管水平；通过数据的共享和应用协同，有效配置资源，提高快速响应和应急处理能力；通过专家系统和数据挖掘，对旅游资源保护、产品定价或旅游行业政策进行模拟测试，实现科学决策。

三、智慧旅游的基础

智慧旅游能够得以发展,主要是依靠技术与信息的支持。

(一)技术基础

智慧旅游是建立在信息技术基础上的行业应用,离不开包括电信通信、互联网和无线互联网、云计算、物联网、大数据、虚拟现实等技术的发展和相关科技成果。

(二)信息基础

旅游业是信息密集型的产业,旅游本身的特性决定了信息的重要性。旅游信息数量庞大并更新频繁,给信息的采集、呈现和传播带来了困难。基于旅游信息标准的旅游信息是建设智慧旅游的信息基础。作为旅游标准化工作的重要部分,旅游信息标准侧重于旅游行业软件系统、互联网和无线互联网应用相关的数据信息规范的建立。

四、智慧旅游应用和建设的对象

智慧旅游的应用对象主要有四类:以政府为代表的旅游公共管理部门与服务部门,旅游者,以景区为代表的旅游企业,目的地居民和目的地娱乐、购物、运输、餐饮、住宿商业企业等。四类对象共同构建智慧旅游的生态环境,如图3-1所示。

智慧旅游建设,为基础服务提供商,如物联网、通信网、数据处理、计算机信息服务企业等提供了巨大的商机,智慧旅游建设也必须在这些技术企业的支持下才能完成。因而,智慧旅游建设基础服务提供商也是智慧旅游建设的重要对象,主要包括政府部门、旅游企业、智慧旅游建设服务商。

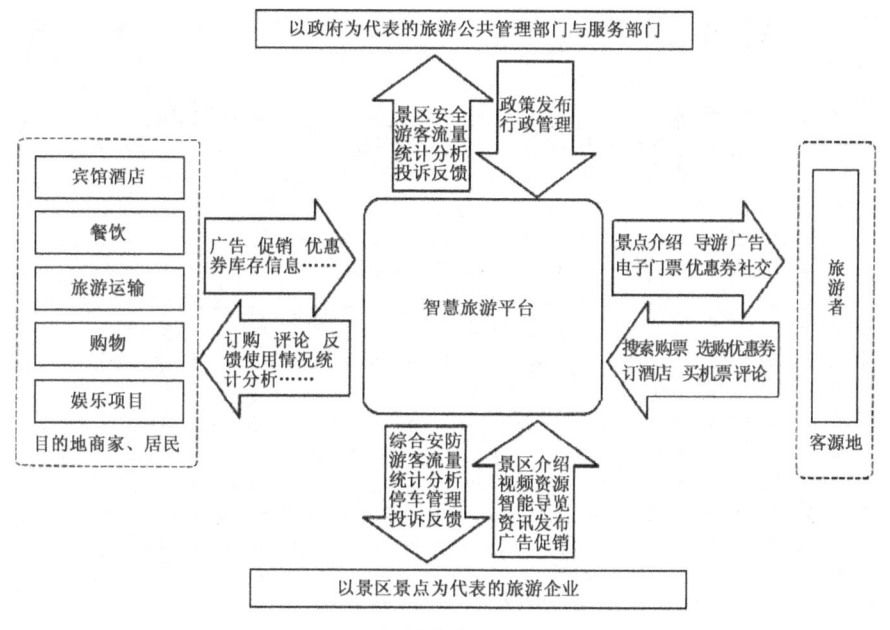

图 3-1　智慧旅游生态环境图

第三节　新常态下的文化创新与创意旅游开发

当今世界,经济竞争已经转化为文化竞争。文化作为人类创造力和智慧的结晶,在知识经济时代被视为能给经济带来高附加值、高成长的核心资源。就旅游业而言,原有的旅游形式已不足以满足这种社会发展形势,文化创新与创意旅游开发成为一种新的趋势。

一、新常态下的文化创新

(一)文化创新的概念

文化在交流的过程中传播,在继承的基础上发展,都包含着文化创新的意义。文化之所以能够发展、前进,究其本质,还是得益于创新。文化创新主要包括文化内容形式的创新、文化体制机制创新和文化传播手段的创新。

(二)文化创新的评判尺度

判断和衡量文化是否创新的尺度可以从科学尺度、历史尺度和价值尺度3个方面来进行。

1. 科学尺度

用科学尺度来评判一种文化行为及其结果是否具有创新性的一个重要标准,便是看其是否能够准确地反映自然规律和人类社会发展的规律。从目前而言,创新已成为一种社会风气,但个别"创新主体"对创新的内涵和理论并无准确的认识,对创新的规律了解得甚少,从而导致事件中的创新缺乏真正意义上的创新。严格意义上的创新,是主体在主观与客观相统一原则的指导下,基于对文化发展规律和自然科学发展规律的认识的基础上而进行的文化创造。

2. 历史尺度

历史尺度,也称客体尺度,主要是通过对于人的社会实践活动的评价看其是否有利于促进和推动社会生产力的发展。从历史的尺度判断一种文化行为及其结果是否具有创新性,需要将其置于对应的历史环境中,看它是否与其历史发展的潮流和趋势相对应。

3. 价值尺度

价值尺度,也称主体尺度或道德尺度,是反映人的价值、人的需要和人的发展的尺度。以价值尺度为标准判断人的实践活动,也就是看这种实践活动能否实现人的价值诉求,进而促进人的全面发展。这个评判尺度同样适合于对文化创新的过程以及结果的评价。

二、新常态下的创意旅游

（一）创意旅游的概念

目前,学术界尚未就创意旅游的概念达成共识。国内外学者比较认同的是,创意旅游是在文化创意产业和旅游产业相融合的大背景下,由文化创意产业吸引物和旅游六要素(食、住、行、游、购、娱)相结合而形成的新型旅游业态。在资源紧张、传统产业缺乏核心竞争力的前提下,大力发展创意旅游,促进产业结构调整,有助于旅游业的转型升级。

（二）创意旅游的特点

1. 文化性

文化不仅是创意旅游的资源要素,更是创意旅游的灵魂。文化的存在取决于人类创造、使用符号的能力。作为人类长期创造形成的物质文明和精神财富的象征,文化是创意旅游取之不尽、用之不竭的资源禀赋,无论是物质文化还是精神文化和制度文化,都可以成为创意旅游进行挖掘、研发、创新、生产的对象,形成创意旅游产品和服务。现代旅游发展的种种迹象都表明,现代游客越来越看重旅游地的文化历史底蕴,脱胎于旅游地特色旅游资源的旅游产品给旅游者带去了更加深刻、鲜明的体验。

2. 体验性

过去的传统旅游和休闲旅游参与度比较低,人们的旅游往往是走马观花的形式。而创意旅游告别了这种形式,将体验与旅游融为一体,使人们在旅游的过程中可以积极参与,自觉地、自动地生成自己的旅游感悟,从而获得新奇的、专属于自己的旅游感受。这种体验性是建立在旅游者较高的文化水平之上的,因为只有具有丰厚的学识与阅历,才能与旅游环境产生共鸣,才能更好地理解旅游地的文化内涵,旅游感受才能更加深刻。反之,若是旅游者文化水平不高,自然无法深刻地理解旅游资源的文化内涵、特色优势等。

3. 创新性

创意旅游源自创新,没有创新也就谈不上创意旅游,而创新又来源于人的想象力和灵感,在此基础上,创意旅游又辅以艺术、科技、文化等手段对传统旅游资源进行改造,探寻更好的旅游资源模式,从而形成独一无二的、不可替代的旅游资源竞争优势。要想实现以上种种,除了旅游目的地努力之外,还需要依仗旅游者。在传统旅游中,旅游者仅仅扮演着消费者的身份,而在创意旅游中,他们又多了生产者这样一重身份。因为创意旅游始终以旅游者的想法、要求为开发点。鉴于此,开发旅游者的创新意识有必要提上旅游目的地的统筹章程,以各种各样的创意旅游活动激发旅游者的思维,构建具有极高的适应性和动态性的创意空间。同时,旅游目的地应不断激发旅游者的创意灵感,帮助旅游者深刻认识到自己的创新潜能,并为他们的创意体验、创意生产等创造一定的条件,使旅游者能够在创意产品方面投入更多的消费。

4. 融合性

作为一种新兴的旅游业态,创意旅游是创意文化、旅游经济、信息技术等相互融合的产物。由于文化、旅游的覆盖面广,加上创意对与之相关联的科技、艺术、经济等进行糅合,使得创意旅游具有高度的融合性、较强的渗透性和辐射力,能够带动相关产业的发展,进而推动区域经济的发展。此外,创意旅游有助于创意性地整合商业文化资源、历史文化资源、社会文化资源、产业文化资源等各类特色文化资源,将这些融会贯通形成人们能够接受的新兴文化,这也是对文化的一种继承与创新。

5. 可持续性

由于文化资源始终处于不断的发展过程中,同时作为人的智能资源的创意能力也一直处于不断提高的状态,因此创意旅游能够对可开发利用的文化、历史、品牌、设计、技艺甚至符号等无形资源以及旅游内容和方式进行无限的更新和发展,使得创意旅游在理论上具有发展的无限性,成为一种可持续性强的旅游业态。

(三)创意旅游的发展理念

1. 要素配置高于资本投资

创意旅游不是依靠大规模的资本投入去建立"旅游帝国",而是主要依靠市场、文化、创意三大要素配置资源。

(1)市场配置资源

市场配置资源,指以市场为导向,围绕旅游消费需求配置现有旅游产品、旅游设施和旅游服务。目前,国内旅游产品存在的雷同、复制弊端,在很大程度上强调资本配置,不关注旅游消费多样化和层出不穷的细分市场,因此大投入未必有大回报。市场配置则必须针对细分市场进行个性化产品设计,产品越有市场针对性,越有生命力。

(2)文化配置资源

文化配置资源,指通过对地域文化、城市文脉进行梳理,提炼不可复制的城市人文内涵和城市精神,根植于创意旅游活动空间,或者对地域建筑等物质文化遗产和民情风俗等非物质文化遗产,进行保护性传承和旅游开发,形成标志性的地域文化品牌。

(3)创意配置资源

创意配置资源,通过旅游创意设计开发,将旅游与文化、农业、工业、服务业等相关产业融合,进行产业资源配置。

2. 价值挖掘高于价格竞争

旅游价格竞争的根源是产品同质化、雷同化,缺乏吸引力。

随着消费者旅游层次和旅游素养的提高,旅游产品生命周期趋短,产品更新越来越快,对创意旅游的要求越来越高,千人一面、千年不改、千万次复制的旅游产品,必被市场冷落,因此,勤于创意创新,致力于"微笑曲线"中研发设计、创新销售和品牌拓展的高附加值挖掘,以差异化竞争引领消费,重塑旅游市场,建立个性化品牌,实现旅游边际效用递增,提升传统旅游价值。

3. 创意集成高于功能组合

创意旅游的发展将改变传统的旅行社中介组织形式。传统的旅行社是利用消费者对旅游吃、住、行、娱、游、购等供应链的信息不对称,为消费者提供旅游功能组合服务。但是随着网络信息的发达,特别是网上购买旅游服务的盛行,消费者可以自由选择旅游服务,就不愿简单地被旅行社"服务组合"。因此围绕消费个性需求的创意集成,变得至关重要。创意集成不可能由一个服务实体来完成,需要供应商集思广益,共同构筑集成创意的产业链,实现创意旅游价值的复合和延伸;形成创意旅游为引领的现代服务业集聚和辐射;通过创意旅游产品和服务过程的模块化合作、区域合作,形成旅游业一体化的集成发展模式。最终实现旅游收入带动相关产业的乘数效应。

(四)创意旅游的开发原则

1. 文化原则

文化是创意旅游的灵魂,离开了文化的创意旅游就等同于一具空壳。创新的关键在于融合,使中西文化、新旧文化、民族文化等协调共存、包容滋长,于各个方面、层次投射出不同的文化魅力,从而吸引游客的关注。文化的另一个原则就是处理好历史文化与现代文化的关系。历史文化是地方文脉的根,必须传承和保护,现代文化是新兴文化,是人们普遍能够接受的文化。现代文化在历史文化的基础上创新、活化,历史文化为现代文化提供滋长的养分。因此,创意旅游具有双重责任,即一方面有责任传承历史文化遗产,另一方面要为未来创造文化遗产。

2. 主题原则

在信息爆炸时代,眼球经济是抢得先机,领先发展的制胜战略。在旅游市场普及、竞争日益激烈的今天,主题化、差异化则成为旅游产品核心竞争力的灵魂,因此,创意旅游必须紧紧围绕特定的主题,把相关产业、文化、社会要素沿着主题旅游的脉络创意归纳,并不断演化、延伸,形成个性鲜明、形散而神不散的精品链。

3. 动态原则

当旅游成为一种生活方式时,旅游过程就是人生舞台上演的一幕情景剧。静态的旅游产品把游客当观众,而动态的旅游产品则把游客当演员。旅游产品的创意精髓,在于突出产品身临其境的感受力、感染力,增强游客的参与性、体验性、娱乐性,乃至表演性,将观赏、娱乐、购物、休闲、运动等旅游过程,变成可实现交易的服务商品,达到拉动消费、提升产业价值的目的。

4. 可持续性原则

坚持科学发展观,在不破坏生态、产业环境的基础上,实行产业资源、文化资源、旅游资源的利用、组合、创意、创新,营造旅游与产业有效对接、社会资源合理配置、自然与人文生态和谐的大旅游环境,推动地方社会、经济、文化、环境全面协调发展。

第四节　旅游业的全域化发展

随着国民收入水平的提高,市场需求不断升级,产品供给需要引导,行业管理仍待加强。由此可见,旅游业朝着全域化发展既是大势所趋,也是形势所迫。本节就将对全域旅游这一概念做出解释,并探索全域旅游得以发展的背景。

一、全域旅游发展的核心

全域旅游是运用后工业化时代的发展理念,在一个地理板块和文化板块内,通过旅游业带动乃至统领经济社会全面发展的一种新的区域旅游发展理念和模式。它的发展核心主要包括以下内容。

(一)全空间

全空间的发展并不是指全地理区域都要开发搞旅游,而是指全面开发,打造四通八达的交通体系,形成宏大的发展格局,增加产业点、延伸产业链、拓展产业面、构建产业群,促使资本聚集、项目聚集、客流聚集、消费聚集,形成若干旅游产业聚集区,构筑各具特色的旅游主体功能区。

(二)全动员

全动员就涉及旅游拉动就业,旅游就业有一个特点,阶段性就业很强,临时性就业很强,但这同样是就业。尽可能多地争取旅游目的地的居民参与到旅游业中来,从事服务、经营等环节,帮助旅游目的地居民获取更多的利益。同时,全民参与之下营造出热情、好客的旅游氛围,提升游客的旅游体验,满足游客的多方面需求。

(三)全行业

全行业就是指旅游在整个目的地产业结构中具有突出的地位,是目的地未来产业发展的融合点、动力点与核心点。随着目的地产业结构的调整,目的地的工业、商业、房地产、手工业等产业都可以打通与旅游业之间的关系,用旅游业来改造、提升这些产业的附加值,通过产业融合来推动这些产业与旅游业的共同发展。

(四)全管理

实施全域旅游的过程中,相关部门要发挥作用,提升效能,充分体现领导重视,构筑发展平台,重视整合公共环境,公共产品,公共服务;构筑公共平台,提供社会服务,创造发展商机。建立合理机制,政府主导部门支持,市场主体企业运作,社会参与利益,协调和谐发展。

(五)全结构

全域旅游发展的重中之重在于旅游经济结构的调整,包括旅游消费结构、市场结构、区域结构、城乡结构、投资结构、产业结构、产品结构、组织结构、运营结构、技术结构、人才结构和国际结构。在旅游业做结构文章,才能谋长远发展。

(六)全过程

全过程是指游客自进入旅游目的地开始,到离开旅游目的地这个过程中,始终能够保持旅游体验不中断,即使是在旅游目的地与旅游目的地转换的过程中也能始终如一有旅游体验。因此,在全域旅游发展过程中,要着力构建全过程的由点及线、由线及面的全方位体验,同时要重视对旅游体验的先期测试、中期管控和后期调整。

二、全域旅游战略体系

与传统的旅游发展战略不同,全域旅游的发展基本遵循以下三种架构:全域景区化、新型城镇化与美丽乡村、全域"旅游+"。三种架构相互融合,共同作用,也可单独支撑,形成全域旅游的良性发展。

(一)全域景区化模式

全域景区化的建设是将景区自身的美学、文化、观赏、休闲价值扩展到整个区域。这种发展架构适合于环境优良的区域。与现有的景点景区发展模式相比,全域景区化的发展模式具有整体美化环境、提升基础设施建设水平、全面提高服务质量、丰富旅游产品、延伸产业链条和提升区域竞争力的诸多优点。全域景区化是发展全域旅游最根本的一点,当然也是最为艰辛、跨越时间最长的步骤,需要遵循发展规律,循序渐进地推进。全域景区化的实现有两种模式,具体如下。

1. "精品景区＋精品线路"模式

适合于观光型的区域旅游,应在区域内选择若干精品景区进行重点打造,对连接精品景区的线路进行精细化打造。精品景区的类型可以多样化、多元化,包括自然生态型景区、文化型景区、商街城镇型景区以及人造景区等类型。

2. 全域无景区化模式

适合于不以观光为目的的区域旅游。在旅游对象较为广泛的前提下,其强调打破门票经济,采用开放式的经营方式,使旅游更加自由。全域无景区化崇尚到处都是滞留点,随时都能成行,因此,对区域的景观打造、基础设施建设、旅游服务设施建设有着更高的要求。

(二)新型城镇化与美丽乡村模式

全域旅游开发将新型城镇化与美丽乡村建设视为开发的重点。这种模式是以旅游产业为助力实现城镇和乡村就地城镇化。在实施的具体过程中,首先是先在区域范围内挑选几个有突出特色的城镇和乡村,将它们作为该种模式行进的切入点和突破口,按照"城乡一体、区域协调、城乡均衡、基本服务均等化"的原则,构建"向心发展、组团布局、统筹融合"的城镇发展体系,从全域产业布局、生态环境、公共服务、综合交通、基础设施、信息与社会管理等方面构建全域城镇化发展的支撑体系,着力打造集现代新城、活力新区、特色新街、优美新居于一体的新型城镇化结构,加快城乡一体化发展。

（三）全域"旅游＋"模式

旅游是一个无边界的产业。"旅游＋"是多方位、多层次的，"＋"的方式也多种多样。"旅游＋"以巨大的市场力量和市场机制，为所"＋"各方搭建巨大的供需平台，"旅游＋"是实现全域旅游的最根本措施，也是推动区域经济转型升级的新引擎。社会经济在发展，旅游产业也在不断发展创新，这意味着"旅游＋"的内容会越来越丰富，但各地在选择"旅游＋"内容时不能"一个也不能少"，也不能见别的地方什么发展得好自己就选择哪个，要有所侧重，更要因地制宜。

第五节　旅游精准扶贫的发展

飞速发展的旅游业对经济发展而言自然是利好的，与此同时，它在贫困人口脱贫发面也发挥着积极作用。从全球各国现实看，旅游已经化身为世界各国反贫困的一种非常有效的手段。为了挖掘第三产业——旅游在扶贫中更大的力量，"旅游精准扶贫"的形式应运而生。本节即对旅游精准扶贫进行简要阐述。

一、旅游精准扶贫及其相关概念

（一）旅游扶贫

我国旅游扶贫实践项目的顺利开展之后，旅游扶贫的概念于1991年应运而生。在此之后，"旅游扶贫"这个关键词在国内的学术研究和政策讨论中出现的频次直线上升。截至现在，由我国学者提出的"旅游扶贫"定义已经多达几十种，还没有讨论出一个统一的观念。在各种各样的定义中，我们可以总结出国内学者对旅游扶贫概念认知的相同点：譬如旅游扶贫的开展需要一定的前提条件的铺垫，通常是在环境、设施和交通上已经符合旅游发展条件的贫困地区（或欠发达地区）；旅游扶贫是一种授人以渔的持续可发展扶贫,与以往直接的扶贫有很大的区别;旅游业发展作为旅游扶贫的基础是旅游扶贫不可或缺的前提条件;旅游扶贫的根本和核心就是扶贫,所谓发展旅游业作为一种途径和手段而存在;旅游扶贫的根本目标是通过旅游发展带动经济发展,实现贫困人口脱贫致富。

(二)旅游精准扶贫

为了响应国家提出的精准扶贫的号召,一些学者和地方政府为落实"精准"的要求,创新地提出了产业精准扶贫的概念,在2014年国务院出台的《关于促进旅游产业改革的若干意见》(国发〔2014〕31号)中的第七条"加强乡村旅游精准扶贫",第一次完整提出"旅游精准扶贫"的概念。由此可得,旅游精准扶贫是精准扶贫理念在旅游扶贫领域中的实践与应用,就是以变化对变化,根据在不同贫困地区的旅游扶贫开发条件和不同贫困人口内部条件,实行的程序和方法对旅游扶贫目标对象进行精准识别、精准帮扶和精准管理,以实现旅游扶贫"扶真贫"和"真扶贫"目标的扶贫方式。具体来说就是:第一,通过一定不断优化的程序和方法,判断能否实施旅游扶贫、通过发展具体某种形式的旅游项目来进行扶贫工作、确定旅游扶贫对象的范围;第二,在初步有效判断后,再实地分析旅游扶贫目标对象,提出针对性一对一的旅游帮扶办法,其内容有"扶持什么""谁来扶持""怎么扶持";第三,旅游精准扶贫重视旅游管理部分,做到精准,以确保持续有效地进行旅游扶贫识别、帮扶,真正意义上达成旅游扶贫"扶真贫"和"真扶贫"的目标。

二、旅游精准扶贫的识别

(一)旅游精准扶贫识别的含义

旅游精准扶贫识别,又称为"旅游扶贫精准瞄准"或"旅游扶贫精准甄别",具体而言,就是针对不同贫困地区旅游扶贫开发条件、不同贫困人口状况,运用科学有效的程序和方法,对旅游扶贫目标地区、旅游扶贫项目及旅游扶贫目标贫困人群进行精确辨别、区分的过程。

(二)旅游精准扶贫识别的内容

旅游精准扶贫识别的内容主要包括以下几个方面。

1. 旅游扶贫开发条件识别

所谓旅游扶贫,是指在有得天独厚旅游资源的贫困地区(欠发达地区),以扶持旅游业的发展的形式,扶持贫困人口,由此可见,旅游扶贫的实施需要一定的前提条件。

(1)资源条件

贫困地区在进行旅游扶贫决策时,应该首先对其所拥有的旅游资源进行调查和评价,确定其所拥有的旅游资源能否对旅游者产生吸引力,能产生多大的吸引力,能吸引多少游客,是否具有开发价值,地区是否具备了旅游开发的资源条件,以及这些资源条件的水平在旅游市场上是否具有竞争力。此外,社会资源和人力资源是影响旅游资源是否能够转化为经济资源的重要条件,因此贫困地区所拥有的社会资源和人力资源也是贫困地区开展旅游扶贫开发的基础资源条件。

(2)配套条件

配套条件主要包括以下 3 个方面。

第一,基础设施条件。所有的旅游基础设施中,交通无疑是最重要的,离开了交通旅游就没有办法进行。因为旅游具有异地性,旅游者想要进行旅游活动就必须从一个空间到另一个空间,这种空间的转换必须依靠交通进行。一个交通不便的旅游目的地往往会浇灭旅游者的旅游热情和欲望。正是因为交通有如此重要的作用,所以贫困地区在发展旅游时必须对交通予以绝对的重视。贫困地区因经济基础薄弱,往往基础交通设施和条件较简陋,但必须重视发展交通,这样才能连接旅游客源地,打开旅游市场,提高可进入性和便利性,实现旅游者在旅游地各景区、景点之间的顺利流通,进而促进旅游者在区域内的旅游消费,带动当地经济发展,达到减少地区贫困人口、脱贫致富的最终目的。除了交通,酒店、宾馆、休憩点等住宿类的基础设施也是应该重视的部分。

第二,政策体制条件。旅游扶贫是一项系统性的工程,包含了经济环境、社会文化环境和政策环境等领域。促进贫困地区旅游扶贫政策的顺利开展需要建立公平透明的政府管理体制,营造良好的旅游产业发展环境,提供便利优惠的旅游企业政策,推动有利于发展旅游的社会文化。受贫困地区自身经济发展水平所限,与其他地区相比,在发展旅游业时并不占据明显的优势,若在常规的发展环境及政策条件下,旅游开发的阻力较大,困难较多,可能费时费力,发展夭折的概率就很大。因此,旅游扶贫的开展依赖于创造良好的旅游发展环境,提供激励性的政策和优惠条件,才能保证旅游扶贫更加稳健地发展。

第三,产业基础条件。旅游者的需求众多,仅靠旅游业是不可能完全满足的,往往还需要其他相关产业施以援手。一般情况下,旅游业不仅囊括了餐饮业、交通运输业、住宿业、娱乐业、购物业等,还涉及保险业、公共设施管理业、环境管理业等,与旅游业的需求有间接联系的行业就更多了,如支持旅游交通运输的石油加工行业。以上内容表明,旅游相关产业也是支撑贫困地区旅游发展的一大重要因素,因此理所当然应将产业基础纳入旅游扶贫开发条件分析之中。

(3)客源市场条件

旅游市场是各种旅游经济活动的概念总称,是实现旅游产品生产、商品交换的基础,是实现旅游供需平衡的重要机制,也是实现旅游发展利益的保障。旅游扶贫就是开发旅游市场来达到经济效益提高的目的,从而带动地区经济,使贫困人口脱贫致富。因此,旅游扶贫也应当遵循市场经济规则,将市场当作合理配置资源的基础。在进行旅游扶贫开发时,首先要对客源市场进行调查、分析和预测,判断旅游扶贫开发的可行性,才能做出旅游扶贫开发的正确规划和决策。

2. 旅游扶贫项目识别

在科学识别贫困地区旅游扶贫开发条件并确定其具体适合的旅游扶贫开发项目的基础上，还要视贫困地区的实际情况而定，制定有针对性、可执行的旅游扶贫项目，并详细确定该项目的具体要求。

一个能够成功实现旅游扶贫目标的项目需满足以下3个方面的要求。

第一，项目应与贫困地区的旅游扶贫开发条件相适应，不能罔顾贫困地区的实际情况盲目开发，造成资源的浪费和环境的破坏。旅游扶贫项目的选择具有多样性、丰富性，贫困地区应该根据自身发展情况和目标选择适合当地的旅游发展项目。

第二，旅游扶贫项目还必须能满足旅游消费市场的需求，具备一定的市场吸引力和竞争力，创造出较好的经济效益。选择旅游扶贫项目在依托于本地旅游资源的基础上，既要因地制宜地开发，也要适应旅游市场的需求，遵循市场规律，考虑旅游产品的供需情况，避免与周边地区的旅游产品（项目）雷同，避免同质化竞争，形成差异化或互补化的市场定位。

第三，旅游扶贫项目还应有利于贫困人口经济条件的改善，在为他们带去更多发展机会的同时，也要为他们带去更多的客观利益。扶贫的对象必须是真正的贫困人口，以"扶真贫"和"真扶贫"为行为前提。

3. 旅游扶贫目标人群识别

对旅游扶贫目标人群的识别起码要完成以下几个层面的任务。

第一，要将贫困人口从总人口中识别出来，即把目标地区的非贫困人口与贫困人口加以区分。

第二，要将已识别出的贫困人口进一步细分，区分出哪些能通过旅游扶贫进行扶持,其中不能通过旅游扶贫扶持的贫困人口由丧失劳动能力的贫困人口和具备劳动能力但不愿参与旅游扶贫的贫困人口构成。

第三,要辩证明确旅游扶贫目标人群参与旅游扶贫的优与劣。旅游扶贫目标人群总会有异质性,也就是说,他们的技术技能和资源禀赋因人而异,所以,其在旅游扶贫参与中存在的优与劣也会泾渭分明。旅游扶贫的特点就在于通过给予"能扶之人"一定的扶持,帮助其提高能力,为其参与旅游扶贫解决障碍问题,让其在旅游发展中有所收获和增益。由此,有效识别旅游扶贫目标人群旅游扶贫,区分其参与的优劣,可以科学制定旅游扶贫帮扶内容和帮扶措施夯实基础。

三、旅游精准扶贫的帮扶

(一)旅游精准扶贫帮扶的含义

旅游精准扶贫帮扶是指,针对相应贫困地区旅游扶贫具有的开发条件、旅游扶贫开发项目,还有旅游扶贫目标人群进行科学筛选之后,深层次地分析旅游扶贫目标对象在旅游扶贫过程中显示的问题,分析不同的贫困地区人口具有的特点和他们的紧迫需求,确立旅游扶贫的帮扶内容,预订帮扶主体对象,出台相关帮扶措施,用于优化贫困地区的旅游扶贫开发条件,提升贫困人口在旅游扶贫项目的参与度,切实实现精准扶贫。

(二)旅游精准扶贫帮扶的内容

旅游精准扶贫帮扶的内容是一个由地区层面帮扶、社区层面帮扶及个体层面帮扶共同构成的相互交织、相互影响的综合体,其内容主要包括以下几个方面。

1. 改善贫困地区旅游开发条件

改善贫困地区旅游开发条件是要解决贫困地区旅游扶贫开

发的瓶颈问题,针对贫困地区旅游开发过程的薄弱环节或困难之处,进行针对性帮扶的一种方式。其目的是改善贫困地区发展旅游业的条件,增加该地区发展旅游业的竞争力和吸引力。

贫困地区一般地理位置比较偏远,经济生产水平较为落后,市场经济发展存在不足,鉴于以上原因,贫困地区在旅游市场竞争中处于劣势地位,要解决的问题也比较多。首先,基础设施是普遍贫困地区较为薄弱的一个环节,一般表现在水利设施、交通设施、通信设施等方面。面对这样的情况,贫困地区因其本身经济能力不足也没有实力改变,导致相应的旅游配套设施也没有办法完善。其次,常年落后的经济发展现状以及偏远的地理位置现实,使贫困地区的产业发展长期滞后,产业结构也极为不合理,经济发展自然裹足不前。最后,贫困地区因为地理位置偏远、地方特色未成气候等原因,无法吸引更多的旅游客源。上述提及的种种,都将严重影响贫困地区发展旅游业,致使旅游扶贫开发工作停滞不前,难以实现旅游扶贫的最终目标。所以,在对贫困地区进行旅游扶贫帮扶时,帮助贫困地区改善旅游扶贫开发条件必须列为帮扶内容之一,应针对贫困地区的实际情况采取对应措施来提升旅游扶贫开发条件。

2. 帮扶贫困社区建设

所谓社区是一种地方性社会,是以共同居住的特定地域为基础、具有共同的价值认同和社会联系的社会生活共同体。对贫困地区帮扶要格外重视社区层面的力量,通过改善贫困社区的市场经济条件,支撑贫困社区的旅游发展能力,推动城乡社区建设,统筹城乡两个发展目标。对贫困社区的帮扶主要表现在社区经济建设帮扶、社区组织建设帮扶、社区公共服务体系建设帮扶和社区文化教育建设帮扶4个方面。每个贫困社区都有自身的特殊情况,鉴于此,在对贫困社区进行帮扶的时候侧重点也会有所不同:社区经济建设帮扶就是要提升社区在旅游业发展方面的经济基础条件;社区组织建设帮扶就是要提高社区发展旅游行业的组织管理能力;社区公共服务体系建设帮扶就是通过对社区的基础设施改造提升公共服务水准;社区文化教育建设帮扶就是针对旅游扶贫参与的需要,通过多种渠道、多种形式和多个环节对贫困人口开展各类职业技能培训。对于那些依托贫困社区进行的旅游扶贫开发项目,如民族村寨、农家乐、渔家乐等,社区本身就是旅游资源。对于这类社区建设帮扶,可以结合旅游扶贫开发条件改善帮扶一同进行。

3. 帮扶贫困人口旅游参与

帮扶贫困人口旅游参与是指在贫困人口个体层面上对其的帮扶,这是依据贫困人口在参与旅游扶贫中存在的具体阻碍,而实施对应的帮扶措施,用于增强贫困人口旅游扶贫参与的效果。帮扶贫困人口旅游参与的特点就在于采取政策援助、提供技能培训等措施帮助贫困人口顺利参与旅游业的各类环节,适应旅游发展的人力资源需求,清除或弱化其在旅游扶贫中的阻碍或限制,由此,使其能在旅游发展中有所增益。总之,深入地剖析并解决贫困人口旅游参与的障碍问题是开展旅游扶贫不可缺少的先决条件。

第四章　新常态下旅游规划与开发的基础工作

科学的旅游规划与开发是旅游业健康快速发展的重要保障。在旅游规划与开发过程中,市场调研、可行性研究是最为基础也是最为重要的工作。在新常态背景下,这些工作依然需要重点关注。只是由于消费群体与消费观念都发生了巨大的变化,因此旅游规划与开发也应以新常态思维探索全新的工作模式。

第一节　旅游规划与开发的市场调研

为了减少开发给旅游地带来的风险,增强对市场的适应性,旅游开发者进行旅游规划与开发之前,一定要先对旅游地的市场进行调研。在新常态背景下,旅游规划需要关注要素整合、产业优化、供求关系、产品创新、品牌塑造等内容,因而旅游市场调研也要带着这些内容来进行。

一、旅游市场调研的重要意义

在当今市场竞争日益激烈的情况下,拥有市场往往比拥有旅游资源更为重要。所以,旅游市场调研是旅游规划与开发的先行工作,这一工作具有以下几个方面的重要意义。

(一)为旅游地提供丰富的市场信息

市场是旅游地研究的中心,根据市场状况而制定的营销策略决定了旅游地的经营方向和目标,它的正确与否直接关系到旅游地的成功与失败。因此,研究市场,使旅游地营销的产品和服务适应和满足消费者的需要是营销策略中首先要解决的问题。

(二)是旅游地预测未来市场发展的基础

任何一个旅游地在进行现行营销的同时,还应当注重对未来市场的研究,以及不断了解、分析市场未来的发展趋势,以便抓住新的发展契机,保持自身长久的生命力。而对未来市场的了解就是在市场调研的基础上进行的市场预测,否则市场预测只能是空中楼阁,甚至造成预测失误。

(三)帮助旅游地开拓市场,开发新产品

任何旅游地不会在现有的市场上永远保持销售旺势。要想扩大影响,持续获得可观的收益,就不能把希望只寄托在一个有限的产品和特定的地区范围内。也就是说,当一种产品在某个特定市场尚未达到饱和状态时,旅游地就开始挖掘新的市场。而这需要旅游规划与开发者通过市场调研了解顾客当前的需要和满足的程度,并了解顾客尚不能明确表达出的潜在市场的需要,为旅游地制定行之有效的市场开发战略提供重要的依据。

(四)有利于旅游地在竞争中占据有利的地位

对于每一个旅游地来说,对付市场竞争的一个关键就是知己知彼。所以,要达到在竞争中取胜的目的,就必须掌握对手的经营策略、产品优势、经营力量、诚信手段及未来的发展意图等。旅游地面对的可能是一个竞争对手,也可能是多个竞争对手,是采取以实力相拼搏的策略,还是采取避开竞争、另辟蹊径的策略,应当根据市场调研结果并结合旅游地实际做出决断。通过市场调研了解对手的情况就可在竞争中绕开对手的优势,发挥自己的长处,或发现竞争者的弱点,突出自身的特色以吸引消费者选择本旅游地的产品。

二、新常态下的旅游市场调研方法

新常态下,旅游市场不断扩大,旅游市场的多层次性、多元化

结构特征更为显著。因此,对它的调研也应当是全方位的,调研方法也不能过于单一。尤其在当今信息技术的发展与互联网的快速普及下,调研方法应当更为灵活、便捷。以下就是新常态下,旅游规划与开发中经常采用的旅游市场调研方法。

(一)文案调研法

文案调研法,是指调研者通过查阅、收集历史和现有的各种信息、情报与资料,并经过甄别、统计分析得到调研者想要得到的各类资料的一种调研方法。

这种调研可为实地调研提供经验和大量背景资料;鉴别和证明实地调研结果的准确性和可靠性。在这种调研中,文献资料的搜集来源既包括规划区内部自有资料,又包括旅游接待系统的统计资料以及有关旅游部门的统计资料、比较权威的期刊、报纸、杂志的统计资料等。这些资料具有权威性和综合性的特征,有助于规划者全面了解旅游市场的状况,而且比较省时省力。

在充分搜集、整理文案调研资料的基础上进行分析研究时,需注意应首先提出问题并对其质量进行评估,评估应注意时效性、权威性、准确性与方便性。

(二)现场观察法

现场观察法是调研人员凭借自己的眼睛或借助摄录像器材,在调研现场直接记录与分析正在发生的市场行为或状况的一种方法。它是旅游市场调研的基本方法,由调研人员在景区的景点大门、饭店大厅、餐厅、旅游商店、娱乐场所、机场、车站、码头等游客集散地进行考察并收集资料,掌握游客的流向、流量、对旅游地的兴趣爱好和逗留情况等。

在采用现场观察法时,为了减少观察误差,应注意以下一些事项。

第一,应选择具有代表性的典型对象,在适当的时间进行观察,以便使观察结果具有代表性,反映某类事物的一般情况。

第二,在实地观察时,必须深入场地、实事求是地进行观察,态度客观公正,忌带有主观偏见、先入为主,以免造成对事实真相的歪曲或有所偏颇。

第三,在观察过程中,最好不要让被调研者有所察觉,尤其是在使用仪器观察时更应注意使用仪器的隐蔽性,以确保被调研事物处于自然状态。

第四,调研人员的观察项目及其细节必须进行合理设计,要考察全面、突出重点,尽可能详细地记录调研对象的各项内容。

(三)抽样调研法

抽样调研法主要适用于调研客源市场的需求和反映。抽样调研的对象主要是外来的旅游者,有时也可以对本地居民使用,调研的对象和范围根据调研的目的和内容确定。

调研问卷是抽样调研的主要工具,其形式和内容可根据调研对象和目的灵活设计,一般应包括游客的个人信息、旅游目的和动机、旅游消费结构和对旅游服务的评价等。采用此法时一般由调研人员在饭店、景区景点、机场、车站、码头等地散发,让游客将自己的意见或答案填入问卷中。为了增加游客填写的积极性,可以适当地给填写问卷的游客赠送纪念品。

(四)面谈和电话访问法

面谈是指调研者与单个的被调研者面对面进行交谈以获得需要的资料的方法。面谈的对象既可以是游客,也可以是接待游客的各类旅游企业工作人员。面谈时可以采用提前设计好的问卷或提纲依问题顺序提问的"标准访谈"形式;也可采用围绕调研主题进行"自由交谈"的形式。面谈方式比较灵活,可以根据被调研者的具体情况进行,效果好,质量高。

电话访问法是指通过电话向被调研者查询有关调研内容和征询市场反映的一种调研方法。一般是调研人员通过电话向被调研者直接征询意见。访问对象通常是饭店宾馆中的外地游客,某些情况下也可以对本地居民进行访问。这种方法的信息反馈快，费用比较低，但问题需简单、明确，不能太多，也无法深入交谈。

（五）网络调研法

在信息时代，网络技术的开发和应用改变了信息的分析和传播方式。信息通信技术正像现在人们了解到的，已经在现代各个领域的工作中成为非常关键的角色。旅游行业也同样受到信息革命的影响，逐步走向网络时代。

在旅游规划与开发中，要想了解和掌握更为丰富、全面的旅游市场信息，就应当充分利用先进的信息技术和互联网平台进行调研。例如，通过 Web 方式附加调研问卷、给被调研者发送电子邮件等方式来获取被调研者的资料。目前，应用"问卷星"这样的网络平台进行网络调研很普遍，过程十分方便快捷。企业或个人在网站注册后，可以使用现有的调研问卷模板进行编辑和修改；然后通过网站发送问卷或复制链接地址在微信等社交平台上发送问卷，甚至可以精确限制目标调研人群；最后还可以利用"问卷星"上的统计工具对调研结果进行深度分析，并以丰富多样的图表形式呈现。与传统的调研方法相比，网络调研在组织实施、信息采集、调研效果方面具有明显的优势，其组织简单、费用低廉、结果客观、传播快速、不受时空限制、调研周期短，已经成为旅游企业首选的市场调研方式。

三、基于新常态思维的旅游市场调研重点

新常态下，旅游市场调研出现了一些新的变化，需要调研者以全新的思维去工作。以下是一些调研重点。

（一）旅游市场环境的调研

旅游地的经营活动往往面临着复杂多变的社会环境。这一方面给旅游地带来市场机会，另一方面又会产生威胁。市场环境

调研主要包括对旅游地的政治环境、经济环境、社会文化环境、自然地理环境、科学技术环境以及竞争与合作的环境等各方面调研。具体的调研内容包罗万象,可以是国家的方针政策和法律法规、市场的经济发展水平和经济结构、当地的购买力水平和消费习惯、社会风俗习惯、地理区域和布局、气候特征、科技应用水平、竞争者情况和合作者情况等各种影响市场营销的因素。新常态背景下,随着生态价值观、可持续发展观日渐深入人心,国家积极倡导生态文化、生态旅游、可持续旅游,消费者也追求绿色环保、低碳出行、养生旅游,因此,旅游规划与开发要注重打造生态化的环境。优良的生态环境是旅游地的一项核心竞争力。这就要求旅游规划与开发者在进行旅游市场环境的调研时,充分考虑当地的地理和生态环境因素,看其是否有利于打造良好的生态环境。

(二)旅游市场需求调研

旅游市场需求,是指旅游者愿意付出一定的代价换取旅游商品的实际要求。旅游需求是决定旅游市场购买力和市场规模大小的主要因素。新常态下,在旅游规划的编制过程中,需要更加强调对旅游客源市场和旅游目的地市场的调查研究,需要规划者借助大数据精准分析客源市场的规模和市场需求,重点调查旅游者和潜在旅游者的需求及其变化;强调对旅游目的地市场的调研分析,确保从旅游者需求出发,依据市场需求的变化来设计或更新旅游产品。因此,在市场需求的调研过程中,调研者要对旅游者的规模及构成、旅游者的收入、旅游者的旅游动机、旅游者的旅游行为等进行充分的调查研究。

(三)旅游产品调研

旅游产品调研主要包括游客对旅游产品的认知、评价;旅游线路、旅游新产品的开发;旅游商品的开发情况、旅游产品生命周期阶段与产品的组合情况等。

新时代的旅游者需求越来越具有多样化与个性化的特征,所以墨守成规的旅游产品已经不能满足新一代旅游者的个性化需求。因此,旅游产品的推陈出新是一个很重要的问题。调研旅游产品时,可重点分析旅游地所存在的旅游产品能否按照差异化原则,在形式上进行创新,形成风格与个性独特的新产品。

旅游产品组合也是优化旅游产品结构,市场需求的重要手段。它主要是通过生产不同价位、不同档次、不同类型及不同规格的旅游产品,将旅游产品组合成丰富多样的产品结构,使旅游区提供的旅游产品能够更好地适应消费市场的不同需求,从而以科学合理的产品设计,最大限度地占领旅游市场,实现旅游区的最大经济效益。旅游产品市场组合现状的调研,主要针对的是产品组合的广度(客源地市场现有的旅游线路的多少)、深度(某一旅游线路中旅游活动项目的多少),以及产品组合的关联性,即现有旅游产品的供给,与旅游饭店、酒店、旅游交通、旅游景点、娱乐、购物等方面相关产品的配套性。

(四)旅游价格调研

在旅游市场竞争中,价格作为一种营销工具,发挥着非常突出和重要的作用。各个旅游经济活动主体的变化都会影响到旅游价格的决定与调整,而旅游价格反过来又会影响旅游产品生产者和消费者的行为。所以,在旅游市场调研中,旅游价格调研也是重点内容。其中,游客对价格的接受情况,以及对价格策略的反应是最需要规划者去了解的。新常态下,旅游者的消费层次更为多样,有一部分旅游者开始不在乎价格的多少,而在乎体验是否良好,豪华高档旅游成为他们的需求。然而,这仅仅是一小部分,就我国多数居民的收入水平来说,还不是很高,所以豪华高档旅游对他们来说还是奢侈品,所以,旅游产品价格对旅游者的消费还是有很大的影响。在旅游规划与开发中,制定合理的价格策略无疑是非常重要的。

(五)销售渠道调研

销售渠道调研主要包括了解渠道的结构、中间商的情况、游客对中间商的满意情况等。新常态下,随着旅游市场竞争的日益激烈和旅游市场的不断发展与完善,旅游企业的销售渠道也逐渐从单一、传统的组织销售结构联合向新型的组织结构转变。旅游销售渠道出现了以下变化趋势。

第一,旅游销售渠道扁平化。这是指旅游销售逐步出现"短化"和"宽化"的变化趋势。由于旅游市场环境的变化,传统的销售渠道方式已经不能满足现代企业发展的需要,各种弊端出现,销售渠道的长度越长,利益分担者越多,旅游产品的价格就会越高,旅游企业的市场竞争优势就会被削弱。随着竞争的加剧,越来越多的旅游企业开始重视进行旅游销售渠道的重组,多倾向选择"短宽销售渠道",从而使得销售渠道出现了短化和宽化趋势。在旅游者追求个性化和特色化的旅游时代,旅游企业十分关注市场的变化,希望能最大限度地与旅游者接触,掌握市场需求信息,进行销售。但是旅游者的多元化、市场的广阔性,使得旅游企业采取直接销售渠道困难重重。这种情况,要求旅游企业必须利用中间商,但并不是使用中间商越多越好,客源市场的广泛性和分散性决定了旅游企业必须适当地将旅游销售渠道宽化、短化,即旅游销售渠道扁平化,从而使旅游企业更主动、更全面地控制中间商和开发市场。

第二,旅游销售渠道成员合作化。传统的旅游销售渠道由相互独立的经营实体组成,渠道关系就是旅游销售成员之间的彼此关系。渠道成员为了各自利益,会不惜牺牲整个销售渠道和旅游企业的利益,引发渠道成员间彼此的冲突矛盾,造成整体利益的缩水。严重时,会出现连锁反应,而最终导致失去整体利益和自身利益。随着销售渠道的发展演变,为了解决渠道成员间的矛盾,实现旅游企业优势共享,利益双赢,渠道联合,成员合作成了旅游销售渠道的又一变化趋势。因为无论是旅游销售渠道的纵向联合还是横向联合都开始从单独生存向共生性转变。

第三,旅游销售渠道的网络化。在新的时代中,旅游销售渠道与网络技术充分结合使销售渠道发生了根本性的变化。渠道成员由传统的实体经营者逐渐演变成虚拟的网络销售成员。国际互联网的建立,极大地改善了旅游者的购买渠道和环境,给传统的营销方式带来了很大冲击。旅游企业利用自建网站或加入专业网络信息系统进行销售旅游产品。传统销售渠道正逐渐与全球分销系统、旅游网站中心预订系统、电子商务等新型销售模式结合,并呈现出强劲势头。

毫无疑问,在销售渠道的调研中,上述这些变化必须被考虑其中,以便优化旅游产品的销售渠道,以获得更好的营销效果。

(六)营销战略调研

旅游市场营销战略是旅游企业进行目标市场选择、旅游市场定位和营销策略制定的"长期性、系统性、纲领性"计划和决策。以往旅游企业仅从职能战略角度进行旅游市场营销日常管理,如今旅游企业经营的环境敏感性、顾客需求变化性、市场竞争复杂性,迫使企业从战略高度思考营销问题。在新常态下,旅游企业市场营销战略理念具有全局性、纲领性、适应性、长远性、风险性等特点,所以制定营销战略会充分考虑这些。在旅游市场的调研中,调研营销战略,重点要分析最适合、最具有竞争优势的营销战略是什么,对于本旅游企业来说可否采取。

新常态的旅游规划与开发非常关注品牌塑造的问题,因而旅游品牌战略是越来越受欢迎的一种营销战略。一些旅游地拥有优越的区位优势或较多的旅游资源,本应具有凸显的品牌优势,但由于缺乏适当的市场营销战略,导致很多旅游景点没有知名度和影响力,造成旅游资源的浪费。对于旅游产业而言,明显的品牌效应能够帮助其更快地获得消费者的认同,打开潜在的消费市场,扩大现有的消费市场。因此,品牌的建设得到越来越多的重视。在新常态背景下,旅游者的理念发生了较大的变化,旅游者认为,旅游产品的品牌魅力已经超过了产品本身的魅力。所以,他们在消费过程中很大程度上消费的不仅是产品,更重要的是品牌。

创立旅游品牌是一项系统工程,旅游企业首先要努力使自己的产品与服务、文化理念、管理方法等有别于其他,然后准确进行品牌定位、合理设计旅游品牌,最后要不断强化旅游品牌的内涵,提升旅游品牌价值,促进旅游品牌向旅游名牌转变。

第二节 旅游规划与开发的可行性研究

一、可行性研究的概念阐释

旅游规划与开发可行性研究,是专门为决定某一特定的旅游规划与开发是否合理可行,而在实施前对该规划进行全面的技术、经济论证,为旅游规划与开发决策提供科学依据的工作。具体地讲,它就是在旅游规划决策前,通过对规划有关的工程、技术、经济等各方面条件和情况进行调查、研究、分析,对各种可能的建设技术方案进行论证,并对规划完成后的经济效益进行预测和评价的一种科学分析方法。

二、可行性研究的作用

概括而言,可行性研究的作用主要有以下几个。

(一)可行性研究是旅游项目决策的前提和保证

可行性研究是针对规划项目的全面分析与评估,它能够为旅游规划者和投资者的决策行为提供各种信息和数据,从而影响到投资者的决策行为。投资者通过可行性研究来预测和判断一个旅游项目在技术上是否可行,是否有投资的价值,如旅游产品的销路大小,竞争力的强弱,预期获益的多少等,综合考量后做出是否投资的决策。如果结论是可行的,项目就可以立项了,再进入具体的实施研究;如果结论是不可行的,那么后续的工作就不必开展了。

第四章　新常态下旅游规划与开发的基础工作

(二)可行性研究是吸引项目融资的重要依据

旅游项目的开发往往需要从外界筹融资,而提供项目筹融资的主体通常需要以项目的可行性研究结论作为筹融资的凭证和依据。例如,旅游企业向商业银行申请贷款,则必须向贷款银行提送建设项目的可行性研究报告,银行对可行性研究报告进行审查,确认旅游企业有足够的偿还能力,银行不担风险,才同意贷款。当前,在旅游开发的投资招商中,关于旅游规划与开发项目可行性的分析报告已经成为必不可少的重要文件之一。因此,由权威咨询机构撰写、综合多方面信息、以科学研究方法为手段的可行性分析是项目融资成功的重要保障。

承担编制报告的咨询机构,既要承担一定经济责任,又要维护本身的信誉,因此实力较强、信誉较高的咨询机构所提出的可行性报告可行程度较高。

(三)可行性研究是向环保部门申请执照的重要依据

在旅游项目可行性研究中,环境保护是一项必不可少的内容。对于旅游项目中涉及自然资源和设施建设的问题,都可能涉及国家环境保护法的相关规定。因此,在旅游项目的建设过程中,必须符合环境保护方面法律法规的相关标准。可行性研究中为达到标准所提出的措施和办法,是环保部门签发执照的依据。同时,在环保方面还要接受政府和居民的监督,可行性研究报告正是公众进行监督的依据文件。

(四)可行性研究是旅游规划实施的重要依据

旅游规划项目要进入国家或地方的投资计划,必须要经过旅游规划的可行性研究论证。只有被证实其在技术方面可行,在经济方面合理,在效益方面突出,在建设与生产条件方面充分,才有资格真正去实施,项目单位也才能着手去落实实施规划过程中的条件,包括资金、原材料、燃料、动力、运输等。从这些方面来看,可行性研究结果就是一份重要的依据,即旅游规划实施的重要依据。

(五)可行性研究是旅游规划评估的重要依据

经过可行性研究最后得出的报告一般都对旅游规划的必要性和可行性进行了具体的分析,且给出了最后的可行与否的决策,并将最佳的方案也选了出来。这就为旅游规划的评估提供了重要的依据。

之所以这样说,是因为旅游规划评估就是要通过论证、分析,对旅游规划项目的综合情况进行评价,判断旅游规划是否可行,是否是最佳的选择,同时提出客观的投资意见。可行性研究所进行的事情与旅游规划评估进行的事情有一定的相似性。尤其是它会通过财务分析,对旅游规划的贷款清偿能力、抗风险能力、经济效益等进行掌握,从而判断规划项目是否值得投资。

三、新常态下旅游规划与开发可行性研究的内容

旅游规划与开发可行性研究大致包括以下几个方面的内容。

(一)项目的生命周期分析

生命周期本指生物体从出生、成长、成熟、衰退到死亡的全部过程,泛指自然界和人类社会各种客观事物的阶段性变化及其规律。对于旅游规划与开发项目来说,分析其生命周期,主要是想预测和评价项目在旅游市场中的吸引力变化。很显然,生命周期长的旅游项目具有的吸引力更大,持续的时间更长,能够实现的效益也越大,也越适合开发,且具有较大的可行性。

(二)环境分析

旅游规划与开发的环境既包括社会环境,也包括市场环境。所以,在进行环境分析时,不能忽略任何一种环境。

分析旅游规划与开发的社会环境时,重点应考察旅游地所在区域的国民经济发展现状及未来发展趋势、旅游地的文化特征、

旅游地或者所属区域的政策法规环境。这些因素极大地影响着旅游规划与开发的主体的决策与行为。因此,必须综合分析与评估社会环境。

分析旅游规划与开发的市场环境时,重点应分析旅游开发地的目标市场中消费者的需求特征和行为模式,同时也要注意分析同行竞争者的经营行为。分析消费者的需求特征和行为模式主要在于预测旅游项目的发展趋势;分析同行竞争者的经营行为主要在于判断旅游项目是否符合当前市场,是否偏离基本的轨道。

(三)财务分析

旅游规划与开发的财务分析,主要是分析与评估所选旅游项目在具体的实施过程中的成本和收益情况。分析与评估时要站在旅游者与项目投资者的角度,在充分考虑当前市场价格和国家财税制度的基础上,重点对旅游项目的贷款偿还能力、盈利能力和抗风险能力进行考察,同时根据通用的财务指标和财务管理的方法,比较经过计算得出的一些数值和相关标准值,最终得出旅游项目在财务方面有没有问题的结论。

(四)技术条件分析

在旅游项目的具体开发过程中,往往还会涉及一些建筑技术、生产技术、保护技术、虚拟技术以及环保技术等多方面的问题。因此,在旅游规划与开发的可行性研究中,也要分析其技术条件。分析技术条件重点是看旅游项目有没有一定的技术支撑,技术对旅游项目的开发和建设是否有用。

(五)不确定性分析

在旅游规划与开发的可行性研究中,一般都会估算一定的数据与指标,根据这些数据和指标来预测旅游项目在各方面的发展。但需要注意的是,由于客观环境并不是固定不变的,会随着各种因素的变化而变化,这就使得人们很难保证一直获得可靠、足够的信息资料,因而也就不能够对未来可能发生的情况都全面考虑到。此外,人们在认识客观事物的变化方面是有一定的局限性的。综上所述,即使现在对旅游项目的一些情况做出了预测,但与未来的实际情况可能还是会有一些差别,这是很难避免的,所以旅游规划与开发的可行性研究必然存在一定的风险与不确定性。

那么,在旅游规划与开发的可行性研究中,也要将不确定性分析作为一个重点内容。具体分析时,要运用合适的不确定分析方法,如概率分析、敏感性分析、盈亏平衡分析等,对旅游项目的投入、生产成本、产品价格和生命周期等不确定性因素的变动,以及这些因素对经销效益的影响进行分析和研究,看项目是否能够承受各种风险与不确定。

在进行不确定分析之后,还应当进行风险分析。它是不确定性分析的补充和延伸,具体是依据不确定性分析的结果,对旅游项目存在的风险、风险的类型、性质及可能造成的影响等进行判断。其中,一定要识别出关键风险因素,即决定旅游项目成败的风险因素,以便能提早做出正确的决策。

(六)效益评估

旅游规划与开发涉及的效益主要是经济效益、社会效益和生态环境效益。在可行性研究中进行效益评估,就是要分析这三方面效益的关系如何协调,实际产生的影响如何。

四、新常态下旅游规划与开发可行性研究的原则

(一)成本效益原则

成本效益原则是指旅游规划与开发的可行性研究应当将评价、比较旅游规划与开发的成本和效益作为一个重点原则。只有预期获得的效益高于成本时,规划与开发项目有利可图,才具备实际意义上的可行性。而单纯地强调成本或效益,都是十分片面

的行为,势必给旅游开发带来风险。还必须注意成本或效益的衡量也是综合性的,比如成本包括生产成本、机会成本、环境成本等,效益包括经济效益、环境效益及社会效益等。

(二)客观公正原则

只有坚持客观公正性才能保证研究结果的可信度。因此,必须将客观公正原则作为旅游规划与开发可行性研究的一项基本准则。所谓客观原则,就是指在对旅游规划与开发进行可行性研究时尊重客观实际,不能过于主观性和随意性。例如,对于环境的判断要以事实或信息为依据,不能"拍脑袋"决断。所谓公正原则,就是指可行性研究过程中不能因受到权威的介入或利益的诱惑而放弃独立公正的立场,从而进行违心的分析。

当前,在旅游规划与开发的可行性研究中存在这样一个"怪圈":旅游规划与开发已经由强调"可行性"转而强调"可批性",即旅游规划与开发不是以取得综合效益为目标,而是以获得上级主管部门批准为目的。这种现象的产生主要是由于规划方的投机心理以及对规划编制的委托方掌握信息不完全,而规划编制的委托方主要基于自己利益的立场考虑,放弃了客观公正的原则。其结果必然是规划方案质量的低劣和投机性,可能造成区域旅游发展利益上的损失。因此,必须走出这一"怪圈",真正为旅游规划与开发的可行性考虑。

(三)系统分析原则

旅游业涉及的产业和空间范围较广,对于相关产业、相关利益群体以及相关市场空间的分析等都成为可行性研究中不可缺少的内容。对于这些相互关联、相互影响的要素,可行性研究者应具有系统化的分析理念。所谓系统分析原则,就是指旅游规划与开发的可行性研究要基于成本效益分析,全面系统地对旅游规划与开发涉及的各个方面进行评价与分析,最终形成一个综合性的有效评价结果。

第三节 旅游规划与开发方案的评审

旅游规划与开发涉及许多部门和团体的利益。因此,旅游规划与开发方案形成后,要进行科学评审。旅游规划与开发方案的评审是一项使旅游规划与开发方案具有科学性、代表性和权威性的过程。这一工作主要是由政府职能部门组织有关专家,让其从专业的角度对各项规划与开发方案进行讨论和评价,然后做出综合性的评审,写出技术鉴定报告,经过一定的修改与完善后,上报给有关职能部门,让其审批、定案。

一、旅游规划与开发方案评审的意义

旅游规划与开发方案的评审是旅游规划与开发过程中的一个重要环节。它需要对已经编制好的旅游规划与开发方案进行经济、社会、环境等方面的可行性论证,并对它的科学性、可行性与指导性进行专门的审查。具体来说,评审工作的具体意义主要表现在以下3个方面。

第一,发挥技术把关作用。首先,政府部门和组织由于干的是行政方面的工作,因此对技术问题不是很清楚,也很难去深入地研究;其次,社会公众和利益团体处在不同的立场上,在信息的获取上也呈现不对称的关系,尤其是规划方面的专业知识非常有限,因此很难用一个客观、科学的态度去真正认识和理解规划成果。而在旅游规划与开发方案的评审过程中,会请有良好专业背景和实践经验的各领域专家参与其中,他们在技术问题上有非常专业的认识,因而能够发挥自身的技术把关作用,在规划与开发方案的评审中做出最佳的决策。

第二,体现程序正义。规划决策程序的公平合理性也是旅游规划与开发过程中非常看重的一点。如果某一旅游项目的规划决策被认为具备一定的可行性,但决策程序缺乏公平正义,那么也是不行的。评审工作则正好能够解决这一问题。当前阶段下,

旅游规划与开发的评审已经出现在了很多法规制度中,已经成了规划决策的一个重要的法定环节。评审的特点充分体现了"程序正义"的决策思路。旅游规划与开发的评审不仅有助于提高旅游规划与开发的质量与效率,有助于维护相关利益者的权益,而且在很大程度上能够维护规划与开发过程的公平性与公正性。

第三,维护社会公众的利益。在旅游规划方案的评审中,参与其中的专家既代表的是技术监督者的身份,又代表的是普通的社会公众的身份。所以,在规划方案的选择中,必然会充分考虑社会公众的利益,会从社会公众的角度出发,给出客观性较强的意见和建议。从这一点来看,旅游规划与开发方案的评审有助于维护社会公众的利益。

二、旅游规划与开发方案评审的规定

根据中华人民共和国国家标准《旅游规划通则》(GB/T 18971—2003),旅游规划与开发方案的评审方式、评审人员、评审重点都应当符合一定的要求。

(一)评审方式

旅游规划与开发方案的评审首先应当从完成方案文本、图件及附件的草案开始,草案完成后由规划委托方提出申请,上一级旅游行政主管部门组织评审。

评审应采用会议审查方式。方案应在会议召开五日前送达评审人员审阅。正式的评审中需经全体评审人员讨论、表决,有3/4以上评审人员同意,才算通过。评审意见应形成文字性结论,并经评审小组全体成员签字,方为有效。

(二)评审人员组成

①评审人员由规划委托方与上一级旅游行政主管部门商定;旅游区规划与开发的评审人员由规划委托方与当地旅游行政主管部门协商确定。旅游规划与开发评审组由7人以上组成。其

中,行政管理部门代表不超过 1/3,本地专家不少于 1/3。规划评审小组设组长 1 人,根据需要可设副组长 1~2 人。组长、副组长人选由委托方与规划评审小组协商产生。

②评审人员一般应当由经济分析专家、市场开发专家、旅游资源专家、环境保护专家、城市规划专家、工程建筑专家、旅游规划管理官员、相关部门管理官员等组成。

(三)评审重点

旅游规划与开发方案的评审应围绕目标、定位、内容、结构和深度等方面进行重点审议。具体内容主要包括以下几个方面。

①规划目标体系的科学性、前瞻性和可行性。
②旅游产业定位和形象定位的科学性、准确性和客观性。
③旅游产业开发、项目策划的可行性和创新性。
④旅游开发项目投资的经济合理性。
⑤旅游设施、交通线路空间布局的科学合理性。
⑥旅游产业要素结构与空间布局的科学性、可行性。
⑦规划项目对环境影响评价的客观可靠性。
⑧各项技术指标的合理性。
⑨规划文本、附件和图件的规范性。
⑩规划实施的操作性和充分性。

三、旅游规划与开发方案评审中存在的问题

从各旅游地的旅游规划与开发方案评审实践来看,其还存在着一些问题。这些问题具体表现在以下几个方面。

第一,评审方式只能是会议评审。这种评审方式虽然能够提高评审的效率,节省评审资源,但由于时间所限,多数评审专家不能充分考察旅游规划与开发地的实际情况,也没有时间仔细研读规划与开发方案的文本,导致评审会实际上谈不出有助于提升规划的建设性意见。有的时候,评审人员没有好好看方案文本,就断章取义、信口开河,导致评审结果不具有客观性和可信度,而

且,鉴定结论不明晰,鉴定意见不完备,也达不到评审的目的。

第二,有不少旅游规划与开发的评审仅仅是一种形式化的程序。评审通过后,规划委托方并不理会评审人员提出的修改意见,仍然按照原先的文本予以实施。而评审一旦结束,评审委员会就自行解散,根本没有进一步的后续监督措施。

第三,我国《旅游发展规划管理办法》虽然规定了旅游发展规划评审制度,但该规定非常笼统,基本上不具有可操作性,所以难以对实际的旅游规划评审工作发挥严格的指导作用。《旅游规划通则》虽然对旅游规划的评审制度进行了较为具体的规定,但仍然不够全面,加之其本身不是法律规范,不具有法律上的强制执行力,在实践中起不到其应有的作用。所以,进一步健全、完善旅游规划与开发方案的评审制度是亟待解决的一项任务。

四、旅游规划与开发方案评审制度的完善

为了保障旅游规划与开发方案评审工作的公正性、权威性、科学性,解决目前评审工作中出现的问题,我们可以试着从以下几个方面对旅游规划与开发方案的评审制度进行完善。

(一)确立科学、详细的评审标准

国家可通过立法的形式,制定详细而明确的旅游规划评审标准和程序,使评审人员在法定的评审标准框架下对旅游规划与开发方案进行评审。同时,应当进一步将我国《旅游规划通则》中列举的评审方式、评审重点具体化、详细化。

(二)确立评审的法律地位

在未来的旅游规划立法当中应明确评审在旅游规划与开发决策中的地位,将其定位为对旅游规划与开发项目的初步技术审查程序。如果该规划与开发项目经评审组织审查之后,认为不符合我国有关旅游规划方面的技术规范和法律规范,该规划文本就不能上报有关机构最终审查通过。

(三)完善评审程序

在旅游规划与开发方案的评审程序方面,首先应当明确规定评审人员的组成方式;其次要完善规划评审的投票规则;最后还应当建立有效的回避制度。

(四)制定评审人员的行为规范

为了促进评审的客观性、公平性、合理性,还应当建立评审人员的资质认定制度,从源头上解决目前评审中存在的问题。同时,严格评审纪律,规范评审人员的行为。

第五章　新常态下旅游规划的内容体系

旅游规划牵涉到旅游系统的多个部门,因此旅游规划的内容还须协调旅游系统各部门之间的联系与合作,保障复杂的旅游系统能够高效、低耗、和谐地运行。所以对旅游系统的哪些方面进行规划能够实现这一目标,就是旅游规划研究的重中之重。本章主要对旅游规划的内容体系进行分析阐述。

第一节　旅游战略规划

旅游战略是为规划区旅游业发展出谋划策、设计今后发展道路的策略,这是旅游规划要解决的关键问题。

一、新常态下旅游战略总体规划

改革开放以来,我国实现了从旅游短缺型国家到旅游大国的历史性跨越。"十二五"期间,旅游业全面融入国家战略体系,走向国民经济建设的前沿,成为国民经济战略性支柱产业。全面建成小康社会对旅游业发展提出了更高要求,为旅游业发展提供了重大机遇,我国旅游业迎来新一轮黄金发展期。为此,国务院签发了《"十三五"旅游业发展规划》,首次将旅游规划上升到国家层面,成为国家重点专项规划。本次规划立足于旅游业全面融入国家战略体系、战略性支柱产业基本形成、综合带动功能全面凸显、现代治理体系初步建立以及国际地位和影响力大幅提升这五大成就为基础,全面落实旅游业创新驱动、协调推进、绿色发展、开放合作、共建共享等方面任务,以此进行规划内容的谋篇布局,将五大发展理念全面贯彻落实到旅游业发展的各个方面和各个环节,达到城乡居民出游人数年均增长10%左右、旅游总收入年均增长11%以上、旅游直接投资年均增长14%以上、旅游业对国民经济的综合贡献度达到12%、在线旅游消费支出占旅游消费支出20%以上,实现旅游收入翻番、旅游投资翻番,到2020年,旅游市场总规模达到67亿人次,旅游投资总额2万亿元,旅游业总收入达到7万亿元的总目标。

在《"十三五"旅游业发展规划》的指导下,我国旅游业发展要牢牢把握全面建成小康社会有利于大众旅游消费持续快速增长、贯彻五大发展理念有利于旅游业成为优势产业、推进供给侧结构性改革有利于促进旅游业转型升级、旅游业被确立为幸福产业有利于优化旅游发展环境、良好外部环境有利于我国旅游业发展这五大发展机遇,从消费大众化、需求品质化、竞争国际化、发展全域化、产业现代化等方面入手,遵循坚持市场主导、坚持改革开放、坚持创新驱动、坚持绿色发展、坚持以人为本等原则,从构建发展新模式、扩大旅游新供给、拓展发展新领域、打造发展新引擎、提高发展新效能等方面入手构建旅游业创新发展体系,构建产、学、研一体化平台,提升旅游业创新创意水平和科技应用能力。与此同时,要倡导绿色旅游消费、实施绿色旅游开发、加强旅游环境保护、创新绿色发展机制、加强宣传教育,推动旅游业绿色发展。

需要注意的是,"十三五"旅游发展处于黄金发展期,也处于结构调整期和矛盾凸显期,旅游规划应以供给侧结构性改革为主线,针对短板进行改革,不仅要加快产品创新,扩大旅游新供给;而且推进旅游体制机制改革;还要加强基础设施建设,提升公共服务水平;提升旅游要素水平,促进产业结构升级;加强人才队伍建设,努力解决人民日益增长的美好生活需要与旅游发展不平衡不充分之间的矛盾。

在今后的旅游业发展中,要着力推进提升旅游国际化发展,做好以下几方面。

第一,实施旅游外交战略。开展"一带一路"国际旅游合作,推动建立"一带一路"沿线国家和地区旅游部长会议机制,建立丝绸之路经济带城市旅游合作机制,推动"一带一路"沿线国家签证便利化,推动航权开放、证照互认、车辆救援、旅游保险等合作,加强与沿线国家旅游投资互惠合作,推动海上丝绸之路邮轮旅游合作。

第二,大力提振入境旅游。实施中国旅游国际竞争力提升计划,统筹优化入境旅游政策,推进入境旅游签证、通关便利化,研究制定外国人来华邮轮旅游、自驾游便利化政策。

第三,深化与港澳台旅游合作。创新粤港澳区域旅游合作协调机制,推进便利化建设和一体化发展,支持粤港澳大湾区旅游合作,开发一程多站式旅游线路。

第四,有序发展出境旅游。推动出境旅游目的地国家和地区简化签证手续、缩短签证申办时间,扩大短期免签证、口岸签证范围。

第五,提升旅游业国际影响力。将旅游业"走出去"发展纳入国家"走出去"战略,制定旅游业"走出去"战略规划。培养一批符合国际组织需求的旅游专门人才,创造条件输送到国际旅游机构,扩大我国在国际旅游机构中的影响力。[①]

二、新常态下旅游战略具体规划

(一)开发指导战略

开发指导战略有市场驱动战略、资源驱动战略、品牌驱动战略、资本驱动战略和综合开发战略等。根据不同区域的特色、条件的优劣,可选择侧重点不同的开发指导战略。

1. 市场驱动战略

市场驱动战略即充分分析主要客源地的旅游消费水平、消费

[①] 石培华."十三五"解读中国"十三五"旅游业发展规划——中国"十三五"旅游业发展规划解读[EB/OL].//(2017-01-11)http://travel.people.com.cn/n1/2017/0111/c41570-29014156.html.

特征,并根据研究结果有针对性地开发适销对路的旅游产品,策划旅游景点与项目。适合市场驱动战略的区域旅游业发展条件,应当是客源区位或交通区位的评价比较突出,而不一定是资源区位的评价高。

可以采用市场驱动战略的区域主要有以下几类。

(1) 城市郊区

在我国,目前城市居民是主要的外出旅游群体。短距离、短时间、花费较少但又可以放松身心的郊区旅游可以满足城市居民户外休憩的需求。因此,城市郊区的旅游资源的客源市场非常充足,主要是邻近城市的居民。所以说,位于城市郊区的旅游区可以应用市场驱动战略。在旅游业开发模式选择时,应充分做好客源市场的调查工作,了解市场需求的方向,掌握旅游者的旅游偏好,巩固发展以自然风景为主体的旅游景点,强调休闲度假特色,尤其要加强郊区旅游的休闲体验。

(2) 交通方便的区域

交通方便的旅游区往往能够优先于其他区域而发展起来。一般而言,拥有飞机直航(往返)、列车直达(往返)的四通八达的交通便利条件、区位良好的旅游地可以吸引众多的异地游客。交通方便区域中有一类地区是比较特殊的,即交通方便但资源含量极低的区域,这类地区可以采用人造景观模式实现资源驱动。

2. 资源驱动战略

国内交通区位不佳,但资源区位突出的地区也不在少数,往往也是旅游业后发地区。这类区域的旅游开发战略要采用资源驱动战略,可以采取以下措施。

第一,在市场运作方面,以旅游宣传为重点,加大旅游特色的宣传,营造资源独有氛围,首先吸引旅游市场的高消费人群,以其为"点"带动整个旅游市场。

第二,在景区建设方面,可以走梯度开发路线,即先开发质量最高的旅游景观,将其作为核心景区,把有限的资金用于完善核心景区的基础设施和服务设施,待核心景区发展起来后,再逐步带动周边景区的发展。

第三,在资源开发方面,做好资源的保护工作,保持本地区旅游资源的特色。

3. 品牌驱动战略

有远见卓识的旅游区发展时,往往将品牌策划作为旅游企业的核心竞争力,在旅游资源雷同的情况下,品牌才是独一无二的,因此集中优质资源,策划品牌定位,树立品牌形象,实施品牌战略,以品牌效应带动旅游地的整体发展,以品牌定位打造旅游地的整体形象,借助品牌管理战略整合旅游地的资源,将有利于旅游业的长远发展。实施品牌驱动战略需要有较雄厚的资金支持和先进的管理技术,因此比较适合发展较为成熟的旅游区域或是获得战略支持的旅游区域。

4. 资本驱动战略

很多旅游业后发地区之所以产业发展落后,主要原因都在于资金短缺。此时,"政府出资源,企业出资金,整体规划,价值化经营"的经营模式会比较适合此类地区,这种模式可以简单称为"融资驱动模式"。融资新渠道驱动模式实行之后,由政府负责创造旅游业开发的大环境,制定全区旅游业整体规划,确定发展战略、发展方向,在发展过程中起到把握全局、监督实施的作用。而具体的开发细节、详细规划、工程实施以及景区经营等工作交由授权企业来具体运作。

5. 综合开发战略

综合开发战略即针对上述四种开发战略的不同组合方式,形成一种综合性的复合式开发战略。

(二)具体开发战略

1. 短程市场优先战略

在当前经济背景下,选择短程市场优先战略具有现实可行性。因为在相当长的一段时间内,为了达到旅游业迅速发展的目的,适应国民周末短期度假的需求,优先开发国内和省内周边地区的短程旅游市场,比较适合现今时代人们的快节奏生活方式,也是符合区域旅游业发展的现实选择。

2. 季节搭配战略

在进行旅游规划时,需要注意重要资源发挥吸引力的季节性特征,最佳的设计方案是全年中每个季节都有一些有特色的吸引力资源,以形成合理布局和相互配合。

3. 内部差异化战略

经济实力强、旅游产业基础较好的地区,应当被着重开发,开发顺序应该提前。而旅游资源品位不高、社会经济发展水平相对较低、自我发展能力明显不足、缺乏有实力的大企业支持、旅游开发项目的启动资金需求更多的地区,应当在开发顺序上稍微缓一下。

第二节 旅游形象规划

旅游地形象是判断旅游目的地"吸引力"大小的重要依据。旅游地形象的鲜明与否,直接与旅游地接待游客数量的多少紧密相关。因此,旅游形象规划成为各类旅游规划(旅游发展规划、旅游区规划)的重要内容。

一、新常态下的旅游形象推广传播

旅游形象设计更多地反映的是规划者(营销者)本身的主观

意图。这个意图和受众的认知是否一致或存在偏差甚至大相径庭都有可能。由此可见旅游形象不仅需要一个完美的设计还需要对其进行塑造和管理,以培养其良好的知名度和美誉度,更好地和旅游者进行沟通,以达到吸引旅游者前来旅游访问的目的。

(一)旅游目的地形象传播的基本要素

旅游形象塑造首先包括形象的推广传播,构成旅游目的地形象传播过程的基本要素主要包括以下几方面。

1. 传播者

传播者也叫信源,即信息的发布者,是传播活动中的主动一方。在旅游目的地形象传播过程中,传播者包括目的地政府、旅游企业(如旅行社等)、当地居民、多次到访的旅游者等。

2. 信息

信息即传播内容,传播活动过程中流动的信息及负载信息的各种符号,是连接整个传播活动的桥梁。

3. 传播媒介

传播媒介即传播或负载符号的物质实体或者渠道。离开这些传播媒介的具体途径,信息交流就无法实现。

4. 接收者

接收者也叫受众,也就是传播的对象。在旅游目的地形象传播过程中,接收者一般指旅游公众。

5. 传播效果

传播效果即传播活动中信息到达目的地以后产生的反应以及与传播者预期反应之间的差距,即取得什么样的效果。旅游形象传播是信息交流与信息共享的循环过程,如图5-1所示。

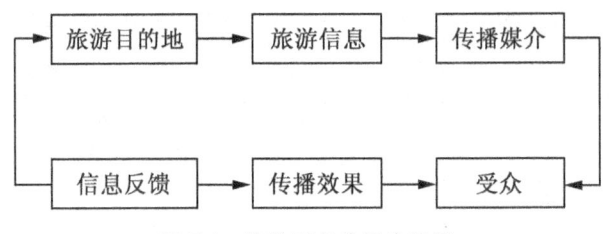

```
┌─────────┐   ┌─────────┐   ┌─────────┐
│ 旅游目的地 │──▶│ 旅游信息 │──▶│ 传播媒介 │──┐
└─────────┘   └─────────┘   └─────────┘  │
     ▲                                    │
     │        ┌─────────┐   ┌─────────┐  ▼
     └────────│ 信息反馈 │◀──│ 传播效果 │◀──受众
              └─────────┘   └─────────┘
```

图 5-1　旅游形象传播沟通图

(二)旅游形象传播媒介的选择

在旅游形象传播过程中,传播媒介是连接传播者和接收者之间的桥梁和工具,选择效率高的传播媒介能够提升传播的效果。传播媒介按功能可分为视觉媒体、听觉媒体和多媒体,如图5-2所示。

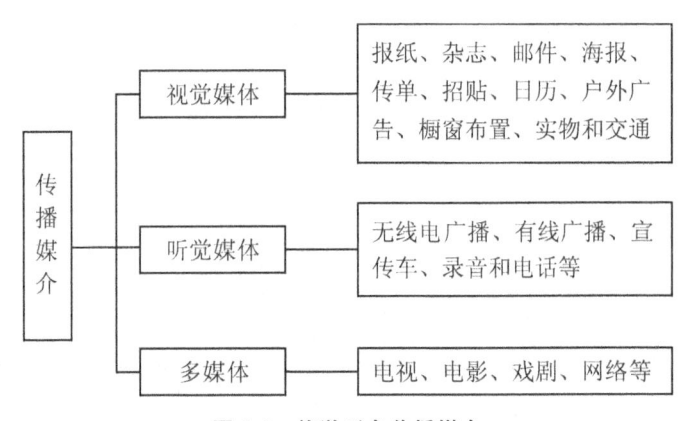

```
            ┌─── 视觉媒体 ─── 报纸、杂志、邮件、海报、
            │                传单、招贴、日历、户外广
            │                告、橱窗布置、实物和交通
传播媒介 ───┤
            ├─── 听觉媒体 ─── 无线电广播、有线广播、宣
            │                传车、录音和电话等
            │
            └─── 多媒体   ─── 电视、电影、戏剧、网络等
```

图 5-2　旅游形象传播媒介

传播媒介选择成功与否直接决定了传播目标能否实现,传播内容及采用的形式决定最终的效果,是旅游形象塑造能否成功的关键因素之一。因此,在具体的选择策略上需要与传播目标、目标市场相结合。

(三)旅游形象推广传播的策略与管理

旅游地形象传播就是要通过传播媒介,采取针对性的传播策略,把前期设计的旅游形象传播给广大的旅游者,在旅游者心中树立旅游目的地的良好形象,对旅游者产生现实的或潜在的诱导效应,并促使旅游者选择该旅游目的地实施旅游行为的过程。

1. 旅游形象传播策略

(1)形象广告策略

形象广告策略是指借助各种广告制品宣传旅游目的地的形象,通过广告媒介的宣传与推广,向受众传达统一的品牌、内涵和口号等形象信息。

(2)公共关系策略

公共关系策略是指通过各种方法和手段协调与公众的关系,树立旅游目的地在受众心中良好的形象状态。公共关系一般运用各种庆典活动来提高知名度和美誉度,合理有效地利用公关活动是一种低投入、高产出、受众面大的传播方式。

(3)网络传播策略

网络传播顾名思义,是指借助网络平台,使用网络技术进行旅游形象的传播和推广,这种方式具有快捷、高效、成本低、传播范围广、更新速度快等特点。网络传播已经成为目前使用最普遍、效果最明显的旅游形象传播手段。

(4)社会传播策略

社会传播是指形象信息的非商业化传播,是一种非直接的宣传途径,但是它能够间接影响旅游者对旅游形象的认知。社会传播有时候比上述各种传播策略效果都好,常见的社会传播主要包括:影视剧拍摄基地;新闻发生地;文学作品描述或故事发生地;名人效应;历史事件或战争的发生地;旅游地股票上市等。

2. 旅游形象管理

旅游形象管理是在旅游形象塑造和传播过程之后,对旅游地形象的后续管理,包括对旅游形象的进一步塑造和强调、依据受众反应对旅游形象的调整和修正;旅游形象管理又贯穿于形象塑造系统和传播系统的整体之中,包括对形象塑造的管理和对传播系统的管理,以保障旅游形象传播策略的实施效果和旅游形象的维护。

二、新常态下的旅游品牌形象塑造

新常态下,旅游业不仅超常态地发挥出它的"吸金"潜力,也愈加强势地表现出它的"吸人"潜能,更多的机构和人才转型迈进旅游业,以更加新锐、市场化的创新逻辑"小试牛刀",并很快成为搅动旅游业变革的新生势力,势不可当地为中国旅游产业的发展注入新鲜活力。在此过程中,旅游品牌形象越来越成为吸引旅游者关注的焦点,因此在新常态下,塑造旅游品牌形象也成为旅游形象规划的一大任务。

旅游品牌形象具有唯一性和不可复制性,是旅游产品、旅游企业或旅游地等核心竞争力的组成部分。塑造旅游品牌形象需要在准确定位旅游品牌的基础上,加大对旅游品牌形象的宣传,并在管理过程中做好旅游品牌形象的维护。

(一)旅游品牌形象的定位

品牌形象定位是指在市场上针对特定的目标消费群的心理需求,树立一个明确的、有别于竞争对手的形象。旅游品牌形象定位主要包括:确定品牌形象核心价值、塑造品牌形象个性、品牌形象定位和品牌形象识别。

1. 确定品牌形象核心价值

确定旅游品牌形象核心价值是定位旅游品牌形象的第一步。为了确保旅游品牌形象能够使旅游者心生憧憬,而且符合旅游者的心理预期,能够给旅游者一个深刻的、良好的印象,旅游品牌形象的核心价值必须具有持久、可信的原生性以及差异性。例如索尼,其核心价值就是追求科技潮流、富于时尚,这一价值也深入人心。

2. 塑造品牌形象个性

旅游品牌形象定位强调的是品牌形象之间的差异,但差异并非就是个性。就像"可口可乐",它不仅仅是汽水,更是乐天主义的代名词;"左岸咖啡"也不仅仅是咖啡,更是一种都市白领的生活方式,是一种法式的浪漫。所以,在塑造旅游品牌形象时,也要注意品牌形象的个性表达,要让旅游者看到这一品牌形象,脑海中就浮现出与其他旅游地或旅游企业不同的旅游体验。

3. 品牌形象定位

旅游品牌形象定位要注意以下3个方面。

第一,旅游品牌形象的定位要以旅游地或旅游企业的文化脉络为基础。

第二,旅游品牌形象的定位要具有一定程度的唯一性和排他性,避免与其他旅游地或旅游企业雷同。

第三,旅游品牌形象的定位要能够支撑、补充旅游地或旅游企业的发展现状及愿景。

4. 品牌形象识别

作为旅游品牌形象的主要载体之一,品牌形象识别包括形象宣传口号、基本符号和应用符号等构成要素。旅游地或旅游企业要构建一个完善的旅游品牌形象识别系统,一方面清晰地表达自己的形象定位;另一方面引导、帮助旅游者顺利、便捷地完成旅游活动,消除旅游者的紧张心理,并给旅游者留下深刻的印象。

(二)旅游品牌形象的宣传

宣传是将旅游品牌形象传递给旅游者,获取公众关注的必要手段之一。旅游地或旅游企业与现实旅游者和潜在旅游者的沟通正是以品牌形象的识别与传播为桥梁的。所以,旅游地或旅游企业要全方位宣传旅游品牌形象,大力宣传品牌形象信息,实现品牌形象与旅游者之间的沟通,让旅游者认知到品牌形象价值的存在,促使现实旅游者和潜在旅游者了解旅游品牌、信赖旅游品牌,从而开展消费活动。

通常,旅游者认识旅游品牌形象是源于旅游品牌形象的宣传,但这种宣传是多方位的,有的是固有性的宣传,即影视媒介、报刊书籍以及计算机网络等非旅游性的宣传;有的是诱导性的宣传,如旅游广告。但无论哪种宣传都有助于旅游者认识旅游品牌形象。需要注意的是,旅游品牌形象的推广运营必须以品牌形象的目标市场为导向,在明确导向的前提下,做好品牌形象传播和推广的主要任务。

(三)旅游品牌形象的维护

旅游品牌形象经过创立与传播已经有了一定的知名度,同时也形成了一定的品牌形象资产。要想使该品牌形象健康发展,并使其品牌形象资产持续增值,就必须加强对品牌形象的维护。具体可从以下两方面入手。

1. 以优质的服务维护品牌形象

维护旅游品牌形象需要旅游地或旅游企业为旅游者提供优质的服务,而这种优质的服务则得益于以下几方面的操作。

第一,旅游地或旅游企业要重视对旅游服务从业人员的培训,增强服务意识,提高服务水平。

第二,旅游地或旅游企业要着重保障当地居民的利益,通过让居民融入旅游业的发展中来提高公众的参与程度,加强当地居民的素质文明建设,加强当地居民对旅游业发展的信心,构建良好的人文环境,从而提高旅游产品的吸引力和品牌形象的情感价值。

第三,旅游地或旅游企业要着重提高现场服务水平,确保旅游者在有限的旅游时间内能够获得最好的旅游体验,从而加深旅游者对该旅游地或旅游企业的良好印象,以口碑来带动旅游品牌形象的宣传。

2. 对品牌形象进行动态管理

旅游品牌形象的管理是一个动态过程,体现在旅游者的认

第五章　新常态下旅游规划的内容体系

知、态度和行动受到市场信息波动的影响,旅游者的旅游行为也随之受到主观认知变化的影响。因此,在品牌形象管理的不同阶段,应当依据各个阶段旅游者对品牌形象认知的不同态度,采取相应的品牌形象策略,以推动品牌形象的巩固和长期发展。

第三节　旅游空间布局规划

本节主要对旅游空间布局规划的模式进行简要阐述,概括来说,旅游空间布局规划的模式主要包括以下几种。

一、社区—旅游吸引物综合体模式

社区—旅游吸引物综合体模式是在旅游区中心布局一个社区服务中心,外围分散形成一批旅游吸引物综合体,在服务中心与吸引物综合体之间有交通连接,如图 5-3 所示。

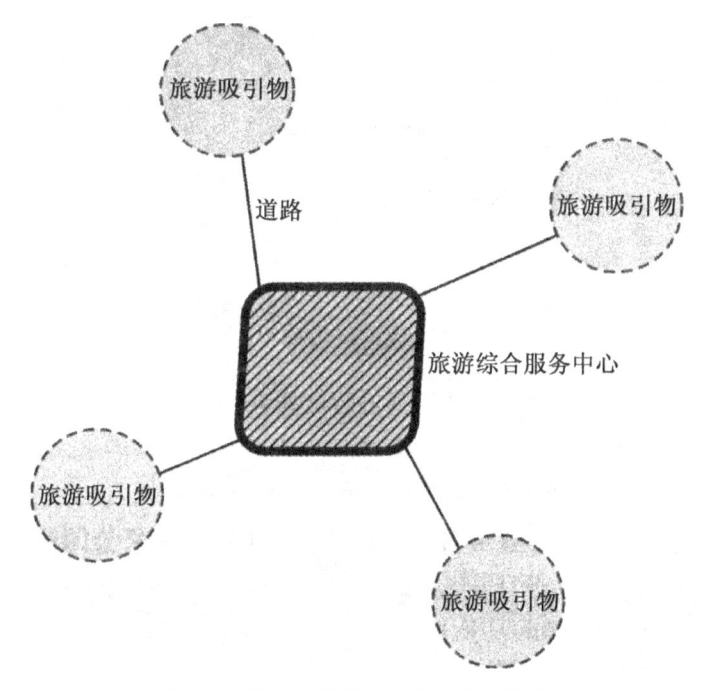

图 5-3　社区—旅游吸引物综合体模式

二、游憩区—保护区空间布局模式

游憩区—保护区空间布局模式是将公园分成重点资源保护区、荒野低利用区、分散游憩区、密集游憩区和服务社区,如图 5-4 所示。

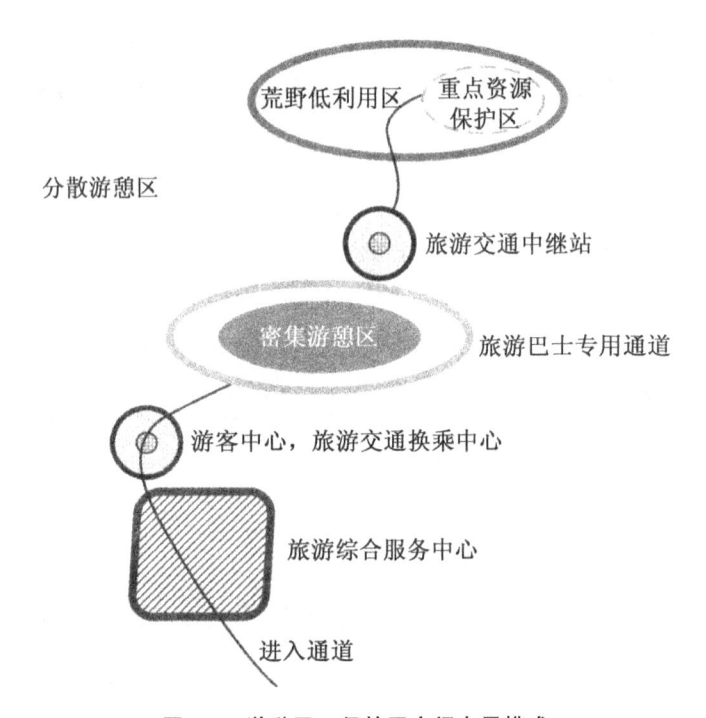

图 5-4　游憩区—保护区空间布局模式

三、三区结构布局模式

三区结构布局模式的核心是受到严密保护的自然保护区,外层是娱乐区,最外层是服务区,如图 5-5 所示。自然保护区限制乃至禁止游客进入;娱乐区配置了野营、划船、越野、观景点等服务设施;服务区为游客提供各种服务,有饭店、餐厅、商店或高密度的娱乐设施。

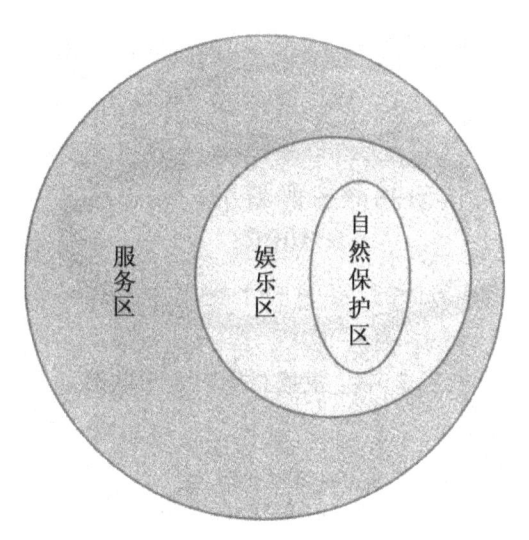

图 5-5　三区结构布局模式

第四节　旅游产品和营销规划

一、旅游产品规划

旅游产品是旅游开发的最终表现形式,是旅游目的地出售给旅游者的对象物。一个旅游地的开发是否成功,是否能产生效益,重要的判断指标就是统计其出售了多少旅游产品。因此,旅游产品规划是旅游规划的核心内容。

旅游产品的开发就是要针对迅速变化的市场需求,发挥旅游资源的特色,不断地开发和推出各种旅游新产品,或者对已有的旅游产品进行升级改造。

旅游产品开发一般包括旅游产品开发战略的制定、旅游产品概念的创意与形成、旅游产品的评价与筛选、旅游产品投放市场和经营管理等步骤,如图 5-6 所示。

为了避免旅游产品设计与开发的盲目性、随意性,旅游产品设计与开发需要依据一些总体性的原则,主要包括以下几种。

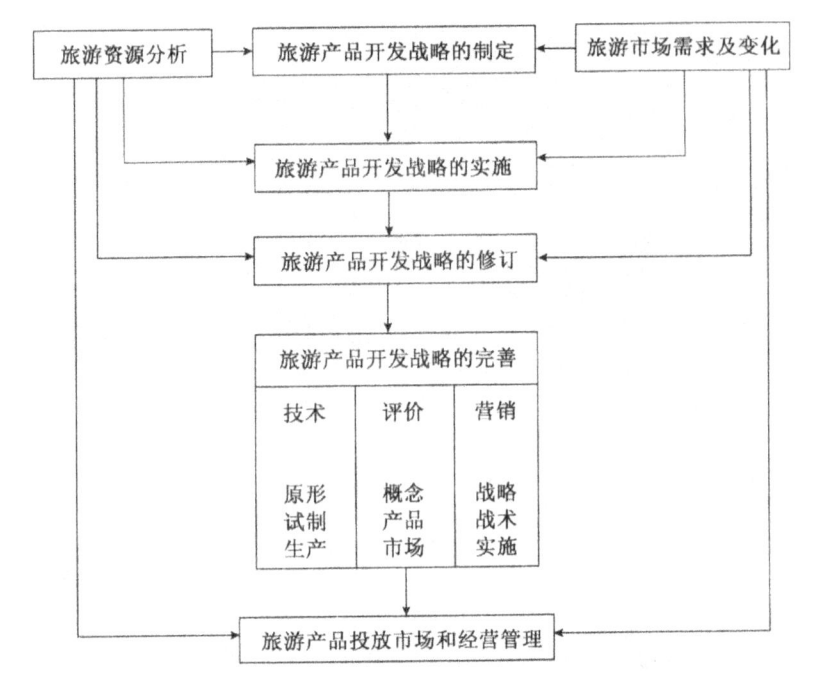

图 5-6 旅游产品开发流程图

首先，旅游产品开发设计必须以市场为导向，以市场需求为出发点。一方面，要结合当地的社会经济发展状况和旅游行业的发展趋势，确定产品的主要客源市场；另一方面，进一步掌握目标市场的需求产品、规模档次、水平及发展趋势。

其次，要讲求经济效益，旅游产品开发认真进行投资效益分析；讲求社会效益，旅游产品开发要考虑当地社会经济发展水平，政治文化和风俗习惯，人民群众的心理承受力等；讲求生态环境效益，旅游产品开发要以开发促进环境保护，以环境保护提高开发的综合效益，创造出和谐的生存环境。

再次，旅游产品要具有鲜明的特色和个性，做到"你无我有，你有我优，你优我新，你新我奇"。突出特色、发展个性已成为现代旅游产品竞争获胜的"法宝"。

最后，旅游产品的综合性特性要求它提供的服务内容多种多样，各单项产品还要有不同的档次和价位，满足旅游者全方位、多层次的需求。

二、旅游营销规划

(一)旅游形象推广的途径与策略

1. 旅游形象推广的途径

常用的旅游形象推广途径主要有广告推广、节事推广、口碑宣传、影视宣传、公共关系推广和网络推广。

第一,广告推广。现在旅游者所进行的旅游活动消费,具有注重旅游产品形象的消费特征,即比起实物商品更多考虑的是商品形象因素,更容易受到商品广告的影响。因此,可以用广告作为推广旅游形象的有效手段。目前,常用旅游形象推广广告有平面广告、电视广告、网络广告等,平面广告主要包括景区旅游宣传册、重要交通道路两侧与城市商业集聚区的户外广告。

第二,节事推广。旅游节事的举办因其暂时性和短暂性,可以围绕某一主题将高质量的旅游产品、服务、娱乐活动、人力资源等诸多资源要素进行组织和整合,并借助大众传媒的快速传播,迅速提升旅游地的知名度和美誉度,是旅游地形象塑造的重要方式之一。

第三,口碑宣传。在旅游决策制定过程中,亲友的口碑宣传起着十分重要的作用。口碑宣传投入少、成本低、可信度高、影响持续时间长,并且倍增效应明显。因而,旅游地要将自身的各方面信息,如产品特色、社会经济状况、服务质量和服务设施的完善程度等方面传播给旅游者,并采取措施鼓励他们进行口口相传。同时要注意控制负面信息流动,避免不良形象的口碑宣传。

第四,影视宣传。影视宣传是一种宣传度广、有效性高的旅游形象推广方式。旅游地应在条件允许的情况下,积极采用影视宣传方式,提升知名度。

第五,公共关系推广。旅游形象的公共关系推广主要包括邀请参观和度假、各类选拔性赛事、社会公益活动等。

第六,网络推广。信息化时代为旅游形象的信息传播开辟了一个高效、便捷的途径。旅游地形象推广需要充分地利用网络信息技术,更多、更丰富、更翔实、图文并茂地传播旅游地形象信息,更广泛、快速地将旅游形象向四面八方传播。目前,旅游形象的推广与网络传播途径有全国大型综合旅游网、以订票和订房等商务活动为主的网站、地方性旅游网站、旅游企业网站和综合性门户网站的旅游频道。

2. 旅游形象推广的策略

旅游形象推广策略主要有正面强化策略和负面消除策略两种。

(1)正面强化策略

第一,多样化形象。即旅游地展示给旅游者较为宽泛的形象,以此避免给人们造成"该地区只有单一特点"的错觉。

第二,稳定型形象。当一个地区拥有一个正面形象时,可以通过不断传达旅游地的正面信息去巩固和发展已有的旅游形象,使原有的正面形象不断得到强化和稳定。

(2)负面消除策略

第一,幽默型形象。旅游形象推广者可尝试以幽默的方式重构其亲切感人的正面形象,如以照片和漫画的形式向旅游者展示焕然一新的情景,并将这种生动的形象作为校正该旅游地形象的工具。

第二,否定型形象。即不断地向目标市场灌输本地区新的正面形象,而对过去的负面形象进行否定。

(二)全方位进行旅游产品促销

促销是指促使消费者采取购买行动的行为。旅游产品促销是指旅游营销者为了培育和强化企业形象、激发顾客的购买欲望、影响他们的购买行为、扩大旅游产品的销售而与企业外部环境因素所进行的一系列沟通工作。旅游产品促销的方式主要有以下几种。

1. 旅游广告促销

旅游广告促销辐射面广且效率高,可在短时间内将信息传播到较大的范围内,是公众沟通中最经济的方法;可以将信息反复传达给受众,有利于提高产品的知名度或建立长期形象;形式多样,富于表现力,容易为消费者所记忆。但它缺乏针对性,说服力较弱,难以形成即时的购买行为,而且有些广告媒体费用十分昂贵。

2. 旅游人员推销

旅游人员推销即旅游地通过派出销售人员,与一个或多个可能的购买者交谈,做口头陈述,以推销旅游产品,促进和扩大销售。旅游人员推销的优点在于它是双向沟通,易于在短时间内强化购买动机;个人行动,形式灵活;易与顾客建立良好的商业关系;易于随时收集顾客的反馈意见,并根据顾客的意见及要求很快做出调整。其缺点是成本高,费时多,沟通面窄,且对推销人员自身素质要求较高。

3. 旅游销售促进

旅游销售促进是指各种鼓励购买或销售产品和劳务的短期刺激。常见形式有折扣、赠品、赠券、抽奖、竞赛等。旅游销售促进的优点在于它的吸引力大,容易引起消费者的注意;刺激性强,能有效增加消费者的购买动机和在短时间内改变消费者的购买习惯,从而导致冲动型购买。其缺点是不利于建立长期品牌,且成本较高,组织工作量较大。

4. 旅游公关关系

旅游公关关系主要是通过设计各种计划以促进或保护旅游地形象,增强旅游者的购买信心,具体方式有邀请参观、邀请度假、在其他部门的招商引资会上将当地旅游形象作为投资环境介绍的一部分、委托前往外地及国外的文化、艺术、体育和科技交流团体协助宣传以及授予代表性游客(名人、记者、专家)旅游地"荣誉游客""荣誉市民"称号等。其优点在于它是通过媒体进行的公关活动,因为是通过中立、权威的第三方推广,可信度高;容易消除潜在顾客的心理疑虑,建立良好的形象和信誉;戏剧化,容易引人注目;影响面广,影响力较大。其缺点是设计、组织有难度,销售效果不够直接,运用限制性大。

5. 网络营销

旅游网络营销是指各类组织为实现营销目标,借助计算机网络、数字交换媒体等网络媒体所进行的营销活动。旅游网络营销具有旅游营销和网络营销的双重特征。一方面,旅游网络营销能够实现旅游企业和旅游者之间的双向互动式交流,打破原有信息不对称的局面,使得旅游者在选择旅游企业服务时处于主动地位,并且获得更大的选择自由。例如,旅行社可以让旅游者参与在线旅游线路设计,或上传旅游视频等来发表自己的感受。另一方面,旅游网络营销可以改变传统营销受时间和空间限制的局面,使得旅游企业可以在任何时间内对全球范围内的旅游者展开营销活动,有利于开发远程市场。每个旅游企业都可以通过网络平等地展示自己,因而减少了市场壁垒,为各个旅游企业提供了更好的发展空间。

6. 体验营销

体验营销是指企业通过让目标顾客观摩、聆听、尝试、试用等方式,使其亲身体验企业提供的产品或服务,让顾客实际感知产品或服务的品质或性能,从而促使顾客认知、喜好并购买的一种营销方式。这种方式以满足消费者的体验需求为目标,以服务产品为平台,以有形产品为载体,生产、经营高质量产品,拉近企业和消费者之间的距离。旅游体验营销是指旅游企业根据顾客情感需求的特点,结合旅游产品、服务的属性(卖点),策划有特定氛围的营销活动,让顾客参与并获得美好而深刻的体验感受,满足其情感需求,从而扩大旅游产品和服务销售的一种新型的营销活动方式。

7. 城市节庆营销

城市节庆作为一种重要的活动形式,在我国城市的发展中扮演着越来越重要的角色,成为推动城市旅游发展的重要动力源,例如,哈尔滨冰雕节、上海国际时装节、大连国际服装节、青岛国际啤酒节、潍坊风筝节等都已成为我们熟悉的现代城市节日,其共同特点都是以城市命名,以突出城市形象。城市节庆活动对旅游营销的作用有:展示旅游城市形象,提高知名度;丰富旅游资源和产品结构;带动相关产业及区域经济的发展;促进旅游基础设施的完善等。

8. 影视营销

影视旅游影响即由影视剧引发的旅游行为,是潜在旅游者被影视作品的人物、故事情节、风景等所吸引,萌生旅游动机,进而到影视拍摄地参观游览的旅游活动。它是影视与旅游交叉的产物,或者说是影视产品在旅游领域的延伸。例如,被誉为"中国好莱坞"的浙江横店影视城是我国开展影视旅游营销最成功的旅游目的地之一,迄今为止已经拍摄过《鸦片战争》《荆轲刺秦王》《汉武大帝》《英雄》等400多部影视剧。由于这些深受观众欢迎的影视剧的播出,剧中许多故事发生的场景被观众深深地印入脑海,而场景的所在地横店影视城也成了人们向往的"梦幻旅游地"。

9. 事件营销

旅游事件营销就是事件营销在旅游业方面的应用。成功的旅游事件营销是通过借助或制造具有新闻价值的事件,并通过一系列的运作,让这一新闻事件广为人知,利用事件做宣传,迅速增加旅游企业的美誉度和知名度,进而刺激旅游产品的消费,达到企业盈利的目标。根据所借助的主要载体,旅游事件营销中最常见的便是体育事件旅游营销。

体育事件旅游营销,即旅游企业或旅游目的地基于体育活动在社会生活中的高关注度及其强大的公众影响力,将其产品、品牌、企业形象及文化与体育活动紧密联系,借助体育来宣传企业,从而实现市场营销的目标。简而言之,就是旅游企业或者旅游目的地借助体育赛事的影响力宣传自己,进而提高其知名度,吸引更多游客前来消费的营销活动。

(三)旅游分销渠道培育与发展规划

旅游分销渠道是指旅游企业为了向消费者提供方便的购买或进入路径,而在企业生产和消费场所之外所开发或使用的组织和服务系统。

1. 旅游中间商的管理

第一,旅游中间商的行为管理。旅游分销渠道由不同性质的中间商组成,这些中间商为了共同的利益而结合在一起。由于经营目标上的差异、任务分工不明确和信息不对称带来的市场知觉差异等原因,旅游中间商之间会出现渠道冲突。渠道冲突中有的采取的是良性竞争形式。缺少它,分销系统会变得缺乏活力和创新精神,但有些恶性竞争形式的冲突会破坏整个渠道。因而旅游产品生产者和供应商需要对旅游中间商的行为进行管理,妥善处理它们之间的竞争。

第二,旅游中间商的激励。在间接销售渠道中,旅游产品生产者与旅游中间商的合作仅仅建立在协议基础之上,是一种不稳定的合作关系。当旅游产品供过于求时,旅游中间商的控制能力更强。因此,旅游产品生产者或供应者要向旅游中间商提供使他们获益的一些基本条件,并且在合作过程中给予他们激励条件和获利机会,以增加他们的收入,如此才能更有效地发挥旅游中间商的作用。

第三，旅游中间商的评估。旅游产品生产者或供应者需定期地评估旅游中间商的绩效，主要是将各中间商的销售绩效与上期销售绩效进行比较，将各中间商的绩效与该地区的销售潜量分析所设立的配额相比较，考察中间商对本旅游地产品的宣传推广情况，考察该中间商与其他中间商的关系及配合程度等。

2. 旅游分销渠道的调整

旅游分销渠道的调整是指对渠道成员或渠道环节进行增减。对旅游产品销售渠道的调整主要有以下四种方式。

第一，增加销售渠道中的中间商。即对旅游中间商进行评价和筛选，或根据竞争对手销售渠道的变化，对自己的中间商进行调整。

第二，增减某一销售渠道。即以高效率为原则，根据市场波动情况适当缩减和增加一些销售渠道。例如，当发现销售渠道不足，不能使旅游产品有效地抵达目标市场时，就应增加销售渠道。

第三，改变部分销售渠道。当旅游产品生产者和供应者在某一区域市场已取得较高的品牌认知度和市场份额时，可以考虑抛弃中间商，设立自己的分支机构进行直接销售。

第四，改变整个销售渠道。当整个销售渠道混乱或严重丧失功能，而旅游产品生产者或供应者无力解决时，或者旅游产品生产者或供应者的战略目标和营销战略发生重大调整时，应该对销售渠道进行重新设计和组建。

第五节　旅游设施和保障体系规划

旅游设施是旅游活动顺利开展不可或缺的因素。没有旅游设施，再好的旅游资源也无法形成旅游产品。旅游保障体系对旅游开发具有扶持、协调和监督的作用。因此，旅游设施规划和保障体系规划是旅游规划的重要组成部分。

一、旅游设施规划

旅游设施一般分为旅游基础设施和旅游专门设施。

(一)旅游基础设施规划

常见的旅游基础设施主要有交通设施、通信设施、电力设施、给排水设施等。

1. 交通规划

交通是发展旅游业的前提条件。因此,旅游交通规划是旅游基础设施规划中的重点。旅游交通作为交通的一种形式,既有与一般交通运输相同的特点,同时又作为一个相对独立的产业具有自己的特点。进行旅游交通规划应满足旅游业发展的需要;因地制宜,保护旅游资源;尽量利用已有设施;尽量一线多点。

2. 通信规划

通信规划的内容主要包括通信规划、邮政和网络规划、旅游信息中心规划。其中,通信规划要做好有线电话数量、类型、线路走向、敷设方式等的规划,以及无线电话基站的设置,保证旅游区内移动信号无盲区。邮政规划主要包括邮政设施标准、服务范围、发展目标、主要局所的网点布置等。旅游信息中心一般规划在机场、车站、码头、旅游区(点)、饭店、商业中心、娱乐场所等游客集中的地方。旅游企业和景点主办的旅游信息中心一般只发布和提供该企业或景点的旅游产品信息。

3. 电力设施规划

电力设施规划要注意确定用电量指标,科学选择供电电源,确定旅游区变电站、配电所的位置、变电等级、容量、数量及分布等。另外,旅游区内一些特殊场所如洞穴、水底等,如果停电就会发生严重的安全事故,必须要规划备用电源。

4. 给排水规划

供水规划要做好用水量的预测,科学选择水源地,确定取水方式,规划净水方案、输水管网及配水干管布局、加压站位置及数量等。同时,注意做好水源地保护。

排水排污规划目的是保证旅游地的环境卫生,保护旅游资源及生态平衡,保护游人和居民的健康。排水一般采用雨污分流排放制,要先进行污水量预测,其次是规划污水管网,最后设置污水处理厂。旅游地的污水处理有三级处理方式,如图5-7所示,一般要求达到二级处理,少数要求达到三级处理。排污管道可采用明渠和暗渠相结合的方式。

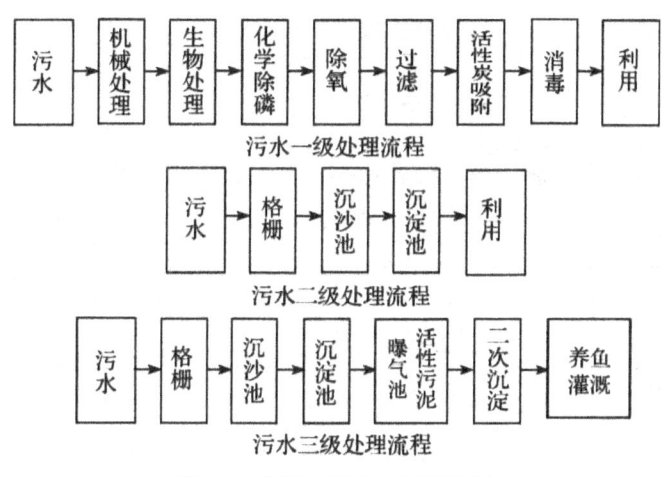

图 5-7 旅游地污水处理层级图

旅游地的厕所是一个不容忽视的问题。一般在接待设施中,结合建筑设置水厕。在各景区和游览路线上都需要适当建立水厕,北方干旱地区可建旱厕。应利用新技术,多建一些生态厕所、免冲厕所等。

(二)旅游专门设施规划

旅游专门设施又称旅游上层设施,它是指主要使用者为外来游客,但也可供当地居民使用的目的地有关设施。旅游专门设施包括旅游住宿设施、旅游餐饮设施、旅游康乐设施、旅游购物设施、游览设施等。这里主要分析旅游住宿设施的规划。

"住"是旅游活动的六大要素之一,是旅游活动顺利实施的保障条件。旅游住宿设施规划是各类旅游规划的重要内容。旅游住宿设施规划应从以下几方面入手。

1. 预测旅游住宿设施量

首先,床位数预测。床位数不仅是旅游区住宿设施规划的基础,而且直接关系到旅游区其他设施量的预测,是一个基础性的指标。

其次,客房数预测。客房数可以根据床位数和每间客房住宿人数得出结果。

2. 旅游住宿设施的档次规划

旅游住宿设施的档次分为高、中、低三个档次,四、五星级为高档,三星级为中档,一、二星级为低档。旅游区住宿设施档次的规划,主要是对各档次住宿设施的比例进行确定,具体比例应视实际情况而定。

3. 确定旅游住宿设施的类型

旅游住宿设施的类型应根据旅游区的特色和功能来确定。大中型旅游城市,应规划旅游饭店、商务饭店、会议饭店等类型的住宿设施;游客自己驾车的旅游区则应规划汽车旅馆;自然旅游区内,应以部件装配式旅游房屋来代替;海滨度假区、滑雪度假区、温泉度假区等,应规划度假饭店。在较大范围的旅游区内,可规划几种不同类型的住宿设施。

4. 旅游住宿设施的空间布局规划

旅游住宿设施的空间布局,就是将不同类型、档次、数量的住宿设施布局在规划区恰当的空间上。旅游宾馆位置选址要着重考虑交通因素、旅游资源因素、土地费用因素、扩建因素、集聚因素和城市规划因素。

5. 旅游住宿设施建筑风格规划

在选择旅游住宿设施建筑风格时,第一,要具有民族特色或地方特色,与当地的传统建筑风格相协调;第二,要与饭店的功能、所在地的人文环境相一致;第三,要富有个性,成为当地独树一帜的建筑物;第四,与周边的自然环境相融合,要特别注意与旅游区的环境相协调,山岳型旅游区内最好不要修建大体量饭店,外墙不使用瓷砖、玻璃幕墙;第五,尽可能节约原材料和能源,采用自然采光、自然通风,使用循环水等,符合"绿色饭店"要求。

二、旅游保障体系规划

(一)政策保障体系规划

建立政策保障体系既能够弥补市场失灵,又能保证旅游均衡发展,还有利于大力发展旅游业。政策保障体系规划主要包括制定旅游业发展战略和制定旅游产业政策和相关法律法规这两方面内容。

1. 制定优化旅游企业组织结构的政策

旅游业要获得良好的经济、社会和生态效益,必须按照现代企业组织原则来设置旅游企业的组织结构,增强企业活力并提高企业经营管理水平。对旅游企业组织结构进行改造和优化的政策主要包含以下内容。

(1)优化产权结构和明确产权关系的政策

现代企业制度要求政企分离,产权清晰,因而,调整优化旅游企业的产权结构是优化旅游企业组织结构的先决条件。在旅游保障体系规划中,应当明晰旅游企业的产权关系,优化产权结构。

(2) 提升企业融资效率的政策

在旅游保障体系规划中,要为旅游企业广开融资渠道,除了通过传统投资渠道融资外,还应鼓励旅游企业借助金融工具向社会进行融资,为旅游企业创造条件争取上市发行股票融资,制定政策保证旅游企业能有效利用这些融资渠道,从而增强自身的竞争力。

(3) 改善企业外部经营环境的政策

政府应该制定相关政策保证旅游企业在经营过程中拥有和其他企业一样的竞争环境,享受相同的待遇,保证市场竞争的公平性。

2. 促进旅游业区域合作的政策

开展区域旅游合作可以利用不同区域的旅游资源特色,实现优势互补,并且可以利用区域合作扩大旅游经营的规模和影响力。在旅游保障体系规划中,可以制定政策,有效整合区域旅游资源,提升本地旅游业的影响力和竞争力。

3. 加强基础设施建设的政策

旅游基础设施建设是指专门为旅游开发而兴建的工程项目。基础设施直接关系到旅游业发展的潜力和持续性,因此,政府可在建设旅游道路、高速公路、高铁、专用码头、机场等基础设施,改善通信工程、环保等工程方面,提供具有倾斜性的政策,以吸引社会资金投资。

(二) 市场保障体系规划

旅游规划的市场保障体系是从市场的运行机制上提出整顿和管理的措施,为当地旅游业的发展提供一个秩序井然的市场竞争环境。建立市场保障体系有利于提高市场配置资源的效率,增强旅游企业的竞争力,保障市场机制的稳定运行。

旅游市场保障体系规划的内容至少应该包括以下几个方面。

第一,强化和完善行业管理制度。行业管理的手段主要借助行政管理手段、经济手段以及法律手段这三类主要管理手段形成一个完整的行业管理体系,具体又可细分为法规手段、计划手段、审批手段、监理手段、考核手段、检查手段、奖励手段、命令手段、服务手段以及舆论手段。

第二,市场规则的制定和执行。市场规则的制定和实施是借助外界的力量对企业市场行为予以管制和调节,也是目前国内外使用较为普遍的市场管理方法。在旅游规划与开发过程中,可针对市场运行中存在的主要矛盾问题为旅游市场规则的制定提供方向,完善旅游市场规则。

第三,服务质量监控与价格管理。一方面,要维护市场良性的竞争环境,保证旅游企业竞争的公平性和公正性;另一方面,要提高本地旅游业的发展质量,保证合理的价格水平,保障旅游者的切身利益。各地旅游业发展情况不同,在编制旅游规划时,就需要充分调研,努力探索符合本地特色的服务质量社会化监控网络和联合管理体系。

(三)资金保障体系规划

旅游作为一个产业很需要资金支持,资金使用方向主要包括项目投入、市场促销、行业管理和旅游者权益保护4个方面。我国大部分地区的旅游业发展正处于大投入的阶段,即使已经有了一定的产业基础,仍然需要资金方面的持续投入。所以,资金保障将成为其他保障的先决条件。在资金保障问题上,主要是要广开财路,扩展资金渠道,具体规划如下。

1. 政府性部门的投入

政府性部门的资金投入对于旅游业发展来说是一个重要的资金来源渠道。因为在旅游业发展的初期,社会融资渠道在旅游业发展初期难以看到预期利益而融资困难。此时急需政府部门提供旅游业发展的基本资金,实行专项拨款、专款专用,创造一个良好的融资环境。具体应负责提供：必要的基础设施项目投入；可持续性规划、管理和开发方案投入；整体性的宣传及市场营销投入；公共的便民设施投入；其他非营利性投入。

2. 招商引资

光靠政府部门的投入是远远无法达到旅游业发展的资金需要的，因此就要善于招商引资，大举招商。通过积极参加各种招商洽谈会，将本地的优势旅游资源推向市场，实施筑巢引凤的策略，吸纳外来资金进行旅游开发，实现互赢和多方收益。

3. 吸纳社会资金

投资渠道的多元化是衡量一个地区的经济发展水平的一个指标。为了扩大旅游业的发展，可以促使旅游企业寻找更多可行的投资渠道，借助当前有利的政策红利，吸引社会资金持有者投资于总体规划建议开发的旅游项目。在资金分配方面，政府性部门承担大部分投入，社会投资将承担不足部分，如旅游设施建设方面，或承担人力资源培训费用等。

4. 扩大资金渠道

规划区还应该积极寻找其他投资渠道，如可以争取政府基金，或者争取其他渠道的基金支持，此外对于上级政府对旅游业支持的专项资金，要积极争取，从而扩大资金渠道。地区政府可按旅游企业营业额征收3%以内的旅游发展建设税，或从中拨出一定数额建立旅游业发展基金，成立基金管理委员会，间接引导旅游业发展的整体规划。

(四)人力资源保障系统规划

旅游从业人员总体和综合素质在一定程度上代表着规划区旅游业发展的整体形象，直接影响着旅游目的地服务水平的质量，影响着旅游者对旅游地的直观印象，因此，旅游目的地一定要重视对旅游从业人员综合素质的培养和人才队伍的建设。人力资源保障系统的规划可以从以下几个方面进行。

1. 需求预测

根据旅游区的组织结构状况、经营业务能力和旅游发展水平,对所需的人力资源进行估算。估算时要充分分析工种要求的人数、素质、游客数、客房数、游客停留时间、季节性及劳动力的可获得性。

2. 供应评价

旅游区应有一个数量充足、稳定且具有奉献精神的雇员来源。考虑到旅游倡导当地社区居民的参与以及使用成本,旅游区除从外面引进人才外,还应当从当地居民中招聘相当部分的从业人员。评价社区人力资源的供应主要关注劳动力的数量、结构、素质、社会人口学特征与流动性,以及他们对旅游的态度、宗教信仰方面的约束。

3. 确定对人力的需要

在对人力需求预测和人力资源市场供给评价的基础上,确定旅游区目前及未来一段时间内的人力资源情况,重点要明确稀缺或过剩的人力情况,进而制定调整、平衡的办法。

4. 人事计划

人事计划要与经营计划同步,可分为短、中、长期人才计划,具体规定外部招聘、提升、培训、培养、薪酬和奖惩等方法,制订人力资源发展的预算和标准,确保合适的时间、合适的人处于合适的职位。

第六章　新常态下生态旅游的规划与开发要点

经过多年的发展,生态旅游在世界各地普遍地开展起来,已经成为当今世界旅游发展的主流,发展生态旅游对于环境保护有着非常重要的意义。本章将对新常态下生态旅游的规划与开发要点进行阐述,具体而言,将对生态旅游发展的最新动向、旅游业发展的生态承载力衡量、旅游业发展的生态补偿机制、生态旅游发展的低碳旅游模式等方面进行研究。

第一节　生态旅游发展的最新动向

一、我国生态旅游发展存在的问题

(一)旅游环境问题严重

据我国人与生物圈国家委员会的一份调查资料显示:一些自然保护区违反有关管理条例,在缓冲区,甚至核心区内开展生态旅游活动。在已经开展生态旅游活动的自然保护区中,有44%的保护区存在垃圾公害,12%出现水污染,11%有噪声污染,3%有空气污染。目前,有关开展生态旅游对环境造成破坏的报道常见于各种媒体,有22%的自然保护区由于开展生态旅游而造成保护对象的损害,11%出现旅游资源退化,一些地区还大兴土木,大造人文景观,破坏了自然美。[①]

[①] 陈可,等.浅谈中国生态旅游的现状与发展[J].河北林果研究,2007(2).

(二)生态旅游发展所需的专业人才缺乏

真正意义上的生态旅游对产品的设计有非常专业的要求,实施技术较为复杂,而对由生态旅游引起的环境影响的评估和保护措施的制定也依赖于生物、植物、土壤、气候、地理等诸多领域的专家参与。我国在生态旅游发展方面的实践时间尚短,缺乏丰富的管理经验,同时生态学和旅游学又是相对独立的两门专业,在发展生态旅游的时候,对于这两个领域都非常熟悉了解的专业人才十分稀缺。因此,从目前来看,生态旅游开发的过程中不仅缺乏生态旅游开发、经营和管理人才,同时也缺乏专业技术人员、专业评估人员、专业规划人员,以及在当地社区进行环保教育的专业人才。

(三)生态旅游区归属不清,管理混乱

目前,森林公园、自然保护区和风景名胜区等生态旅游的主要载体都处于多头领导的状态,林业部门、建设部门、环保部门、水利水电部门等对其都有管理权。而国家旅游局作为主要行业管理者很难有所作为。另外,相关的管理机制和配套机制也很不完善,政府部门、旅游业经营者、旅游目的地社区和游客之间没有形成良好的互动,部分生态旅游的收入是否被用来进行环境保护也不能确定,难以保障旅游目的地社区的合法权益。

(四)缺乏真正科学的生态旅游规划

科学规划是生态旅游项目能否取得成功的关键所在,而我国目前在生态旅游规划与开发方面还存在一些问题。首先是开发规划人员组成的问题,生态旅游是专业性非常强的,在进行规划的时候要考虑多方面的因素,不仅要考虑到生态环境的保护还要考虑社区经济的发展。因此,对各个方面的专业人才都有要求,而且还必须有当地居民代表的参与。但是我国目前生态旅游开发规划队伍沿用的还是传统的旅游规划人员结构,主要由旅游规

划专家和行业管理专家组成,缺少生态领域的专家顾问以及当地社区的居民代表。其次,目前我国在生态旅游规划和开发的过程中仍然存在过度开发和盲目开发的问题,对于如何贯彻生态保护的措施、如何实施生态保护技术、如何避免生态环境影响等方面仍然缺少行之有效的方法和手段。

二、生态旅游业展望

(一)世界生态旅游业发展趋势

生态旅游业作为旅游业的一支分支领域,经过近三十年的发展,出现了一些明朗的变化趋势,主要体现在以下几个方面:

1. 生态旅游者持续增加,拓宽客源市场的可行性日益明显

随着经济的发展速度不断加快,当今全球性的环境问题日益突出,各个国家格外重视生态环境问题,加大环保教育和宣传,人们的环境保护意识也逐渐增强。

"回归自然"已经成为一种时尚,这为拓宽生态旅游市场营造了一个良好的社会环境。除此之外,生态旅游还注重体验自然环境,强调游客的主动参与性,这也受到游客的青睐,可以满足他们体验新鲜人生经历、实现自我的心理需求,这种好的体验会大大提高重游率,进而使得生态旅游者的数量可以持续增加。

2. 生态旅游产品更加个性化和多样化

随着生态旅游者经历的不断丰富,他们将对旅游产品的个性和品种提出更多、更高的要求。因此,在研发生态旅游产品的时候,要从规划设计入手,对现有的服务设施和基础条件进行充分的了解,对当地的生态资源内涵进行深入的挖掘,在策划主题、组合线路和宣传促销等方面做好充足的准备,促进生态旅游持续产品逐渐形成一种独特的经营方式,这种经营方式具备的特点是投入少、产出快、加工深、收益高的经营方式,有利于旅游业的可持

续发展。

(二)我国生态旅游业发展前景

早在1999年,我国国家旅游局将该年确定为"生态环境旅游年",各个地区借着这个绝好的机会推出了一些生态产品,在我国大范围地展开了轰轰烈烈的生态实践活动。随着环保观念的普及,人们渐渐形成了环保意识,再加上我国可持续发展战略的实施,生态旅游得到了很好的发展。

尤其是近年来,在我国西部和边远贫困地区,因为拥有丰富的生态旅游资源,积极地开展生态旅游活动在当地成为非常重要的活动,他们将旅游业当成本地的优势产业,旅游业成为产业结构调整的重要替代产业。而生态旅游更因其环保性、经济性和社会性受到更加广泛的欢迎,发展生态旅游已经成为西部地区和边远地区坚持可持续发展的重要途径。

目前,在国际上,生态旅游的发展趋势非常明朗,再加上我国自身拥有非常良好的发展生态旅游业的优势,比如我国旅游资源异常丰富、可持续发展战略的实施等,所以我国生态旅游业可以说是拥有巨大的发展潜力和广阔的发展前景。

第二节 旅游业发展的生态承载力衡量

一、生态旅游环境承载力的概念和类型

(一)生态旅游环境承载力的概念

关于生态旅游环境承载力概念,学者众说纷纭,本书比照生态旅游的概念,认为生态旅游环境承载力应该是:"生态旅游活动区域内生态系统所能承受的最大生态旅游活动强度。"即在生态旅游活动所涉及的地域范围内的所有生态系统资源和功能,对生态旅游活动本身及其带来的所有影响的最大承受能力,也就是生

态系统的最大缓冲能力。或者说,生态旅游环境承载力是资源和功能的最大自我恢复能力。

(二)生态旅游环境承载力的类型

1. 生态承载力

生态承载力指的是一个固定的时间段内,旅游区的自然生态环境在保证不退化的基础上可以承受的旅游活动量,也可以称为生态容量。一般而言,生态容量考虑的是当地原有的生态质量,考虑自然环境是否可以对旅游活动所产生的污染物进行完全地吸收和净化。所以,在计算生态容量的时候,起决定性作用的是一定时间内每个游客所产生的污染物数量及自然生态环境净化与吸收污染物的能力。

2. 设施承载力

设施承载力同样也是一个非常重要的承载力指标,它是将发展因素当成评估参数,再利用停车场和露营区等人为设施的供给量等算出来的值。设施承载力的计量通常有两种方法,一种是计算单个空间单位比如每平方米土地可提供给多少游客使用;另一种方法是以设施单位来衡量,比如每个停车场或露营场等设施,可以提供给多少游客使用。

3. 社会承载力

社会承载力所涵盖的范围是非常广泛的,它是建立在一系列社会规范基础上的一种相对来说比较固定的量值。旅游活动是一种特殊的社会交往活动,在旅游的过程中,不同文化背景的人们发生接触和交流,因为文化和价值观存在差异,会出现彼此间能否互相接纳的问题。旅游社会承载力就是衡量作为旅游互动行为主要方面的旅游者与旅游目的地居民彼此在社会价值观方面能够达成谅解的极限值。

在对社会承载力进行研究的时候,重点要从以下两个方面入手,一个是旅游者,另一个是当地居民,换个角度来讲,社会承载力可以分为旅游感知承载力和社会文化承载力两种。从旅游者角度讲,感知承载力指的是旅游环境空间在不会让旅游者产生拥挤感的前提下可以容纳的最大旅游活动量。而社会文化承载力是社会承载力从当地居民角度出发考虑的一个非常重要的内容,旅游往往都会让外来的文化进入本地文化,如果处理不当,非常容易产生矛盾和冲突。旅游活动对旅游目的地产生的影响既有积极的方面也有消极的方面。具体来说,积极的影响有:使当地的经济发展变快,居民的整体生活水平提高,推动当地基础设施的完善等;消极的影响有:淡化本地认同感,人员混乱,极易发生犯罪行为,对环境造成极大的压力和污染,社会冲突加剧等。以上充分说明,在对旅游业进行规划、管理时,旅游的社会文化承载力是必须要给予重视的部分。

二、生态旅游环境承载力的影响因素

由于生态旅游环境是由若干因素组成的复杂的生态环境系统,因而导致影响生态旅游环境承载力的因素也很多,主要应考虑的影响因素包括以下几方面:

(一)基本空间标准

基本空间标准就是旅游者使用的载体所需占用的空间规模或设施量,这是旅游环境容量测量的基点。对于一个旅游场所而言,它所接纳的旅游活动的性质和类型是决定其基本空间标准的关键因素。不同的场所有不同的空间标准,不同旅游活动场所的基本空间标准差异可以很大,从而造成生态旅游环境承载力的不同。如以自然保护为目的的自然保护区、森林公园等要比同样面积的一般娱乐公园、主题公园等的旅游环境承载力低。2015年,国家旅游局下发并实行的《景区最大承载量核定导则》,就是依据景区的不同类型,给出相应的承载量计算公式和明确的衡量标准。例如,我国古典园林游览的基本空间标准以每人 10 平方米左右为宜;而风景旅游城市中的自然风景公园应该达到每人 60 平方米左右。

(二)时间节律

时间节律因素有两方面的含义:一是一些生态旅游区旅游产品内容随季相景观变化而变化,如雪景、红叶等。另外,动物的迁徙、繁殖也有时间节律;人文生态方面也是如此,如民族节庆、宗教节庆等。二是旅游流的时间变化,旅游目的地往往只是在旅游流高峰期时或某一类生态旅游景观最精彩时达到饱和或超饱和状态,其他时期一般都在生态旅游环境承载力之内。因此,生态旅游环境承载力的确定既要考虑季节,也要考虑高峰期旅游者的人数或活动强度等问题。

(三)管理技术

生态旅游环境承载力同一般旅游环境承载力相类似,往往是提醒人们注意到能承受的旅游者数量或旅游活动强度,引起人们的重视,加强管理,以及高峰期采取有效措施进行游客流量的调控,实行有效的分流。

(四)游客类型及行为

不同地域和文化背景的游客,其容忍的高密度的拥挤和近距离的个人空间是不同的,不同性格的游客对于旅游者数量的多少也是有不同的容忍程度,如喜欢独处的人期望来旅游区的人能够少一些。另外,游客的旅游动机等也会影响游客对旅游者数量的容忍程度,如一些游客出于自身的安全考虑,就会更期望旅游区的人能够少一些。

三、生态旅游环境承载力的测定

(一)经验量测法

生态旅游环境承载力的经验量测法指的是通过进行大量的

实地调查研究，进而得出经验值或者经验公式。这种量测法常被运用于生态旅游空间环境承载力、自然资源环境承载力、生态旅游社会环境承载力等的量测上。一般而言，具体的经验量测法有以下两种。

1. 自我体验法

自我体验法指的是调查者将自己置于生态旅游者的角色，体验在不同旅游者密度环境中的感受，进而得出在生态旅游过程中所需要的最合理空间。

2. 问卷调查法

问卷调查法虽然不像自我体验法那么直接，但也是非常重要的一种量测方法。在各个生态旅游地域对不同层次的生态旅游者进行采访和调查，主要了解他们对生态旅游环境承载力各方面的感受和具体需求。然后根据问卷的内容进行统计处理。

(二)理论推测法

理论推测法一般都是在已有调查研究或者经验量测法的基础上对生态旅游环境承载力进行推算，并依据有一定理论依据的计算公式，从单一项目考量或从多个项目综合考量，目的是经过计算，得出更加准确和合理的生态旅游环境承载力。通常测量的生态旅游环境承载力体系中的各个项目具体包括：

1. 生态旅游环境承载力的量测

生态旅游环境承载力的确定与量测立足于维持当地原有的自然生态质量，包括两个基本方面：一是自然生态环境对于生态旅游造成的生态环境的直接消极影响的承受力，即天然生态环境本身具有再生能力，能很快恢复其消极影响；二是天然生态环境对生态旅游者所产生的污染物能完全吸收和净化，如生态旅游者聚集所产生的对水的污染可在较短时间由当地天然生态系统所净化。基本要求是旅游地的生态系统维持在一个稳定的、良性循环的状态。

一个生态旅游地的生态旅游环境承载力的量测可用以下公式表述：

$$F = \frac{\sum_{i=1}^{n} S_i T_i + \sum_{i=1}^{n} Q_i}{\sum_{i=1}^{n} P_i}$$

式中：F 表示生态旅游环境承载力；S_i 表示生态环境净化吸收第 i 种污染物的数量；T_i 表示各种污染物的自然净化时间，一般取一天，对于非景区内污染物，可略大于一天，但累积污染物至少应在一年内完全净化完；n 表示旅游污染物种类数；Q_i 表示每天人工处理的第 i 类污染物量；P_i 表示每位生态旅游者一天内产生的第 i 类污染物量。

2. 生态旅游空间环境承载力的量测

生态旅游空间环境承载力是旅游线路、旅游景点和组成旅游景区承载力等之和加上非活动区接纳旅游者人数，其公式为：

$$T = \sum_{i=1}^{m} D_i + \sum_{i=1}^{P} R_i + C$$

式中：T 表示生态旅游空间环境承载力；D_i 表示第 i 个旅游景区承载力；R_i 表示第 i 个景区内线路承载力；m，P 表示景区（景点）处数，景点内道路的长度；i 表示亚指标；C 表示非活动区接待旅游者承载力。

3. 自然资源环境承载力的量测

自然资源环境承载力的量测指的是一些主要自然资源数量的限制程度，在大多数生态旅游区，往往以水资源供应量为限制因素，如水资源环境承载力＝总供水量/人均用水量，总供水量即该地的供水能力，人均用水量包括住宿旅游者人均用水量和流动旅游者人均用水量两大部分。

4. 社会生态旅游环境承载力的量测

当地居民对前来进行生态旅游的旅游者密度感知的关系可用下式表示：

$$R = A \cdot P_a$$

式中，A 表示生态旅游区域或社区内居民点（或城镇）面积；P_a 表示当地居民不产生反感的旅游者密度最大值。

若居民点与旅游地（社区）合二为一，则 P_a 值较大，即当地居民对旅游者密度承受值较大；若居民点与旅游区域、社区基本分离，但作为其依托点，则 P_a 值较小。

5. 旅游者生态旅游环境承载力的量测

旅游者生态旅游环境承载力即生态旅游者的心理感知承载力，该承载力比旅游资源承载力、一般的旅游环境承载力均小。旅游心理承载力是指旅游者在某一地域从事旅游活动时，在不降低活动质量条件下，该地域所能容纳的旅游活动最大值。旅游者生态旅游环境承载力是生态旅游地域在生态旅游者满足程度最大时的旅游活动承受量，在一定程度上等于生态旅游资源的合理承载力，其一般量测式为：

$$C_p = A/\sigma = K \cdot A$$
$$C_r = (T/T_0)C_P = K \cdot (T/T_0)$$

式中：C_p 表示时点承载力；C_r 表示日承载力；A 表示资源的空间规模；σ 表示基本空间标准；K 表示空间合理承载力；T 表示每日开放时间；T_0 表示人均再次利用时间。

第三节 旅游业发展的生态补偿机制

一、生态补偿机制的概念

旅游业的开发和旅游活动的进行必然会对旅游目的地的生

态环境造成一定的影响和破坏,这个影响集中表现在经济、环境和社会文化方面。对于这些不利的影响应当采取某些措施予以解决或缓解,绝不能视而不见。生态补偿机制就是以生态系统服务价值、生态保护成本和发展机会成本为理论依据,以环境经济学和资源经济学、资源价值学为学科基础,遵循市场价值和市场规律,运用经济和市场调节手段,要求旅游活动的受益者(如地方政府、旅游企业、旅游地居民)对保护和维持生态平衡的旅游活动及服务给予补偿,同时也督促旅游活动的实施者和污染者对直接和间接损害或者降低旅游目的地生态平衡的旅游活动给予赔偿的一种经济补偿机制。生态补偿机制所带来的补偿和赔偿资金被用于合理配置旅游目的地的资源,进行新一轮的维持旅游区生态平衡的活动,最终保持旅游目的地的生态平衡,使人和自然的矛盾得到缓解,实现环境、社会和经济三大效益,促进该区域的全面可持续发展。

二、旅游业中生态补偿机制的主客体

(一)"人—物"或者"物—物"关系的主客体

起初,国际上所提出的生态补偿一般依据的原则是"污染者付费原则",主要的方式是向行为主体也就是污染者和破坏者进行税费的征收,以期对这种行为进行抑制。在这个时期,作为生态补偿主体的一般都是指人,也就是污染者,客体指的是物,也就是指被污染的生态环境。所以,生态补偿表现出来的关系就是"人—物"或者"物—物"。在旅游业的生态补偿关系中,主体就是参与旅游活动的污染者和破坏者,而客体就是受到污染或破坏的旅游地。

(二)"人—人"关系的主客体

最近十几年来,生态补偿理念继续深化发展,生态补偿机制逐渐发生了转变,由惩治负外部性(环境破坏)行为转向激励正外部性(生态保护)行为。生态补偿将生态保护的客体环境转变为对生态保护行为或者利益主体(自然人/法人或者利益集团)进行补偿,在这种情况下,生态补偿的主客体关系便表现为"人—人"关系,而不是简单或直接的"人—物"关系。在旅游业的生态补偿关系中,就表现为旅游污染者或破坏者对旅游企业或者旅游目的地所有者集团进行补偿或赔偿。

三、旅游业中生态补偿机制的实施

(一)明确补偿的原则

1. 以维护生态平衡为目标

生态补偿机制的原则是对客体造成的破坏进行补偿,帮助客体进行修护,使之恢复到被破坏之前的程度和水平,达到维系旅游地生态平衡的最终目标。因此要衡量和评估旅游活动和服务对旅游地资源造成的污染破坏以及潜在影响,计算出要达到恢复原态和生态平衡所需的资金成本,作为补偿方需要缴纳的补偿资金。

2. 谁破坏谁赔偿、谁受益谁补偿

生态补偿机制的理论逻辑就是:旅游活动的受益者和使用者有义务对旅游资源、生态环境提供适当的补偿,进而转化对旅游资源的所有者和当地地区的居民进行利益补偿;同时,旅游资源和生态环境的破坏者和污染者要对自己的行为承担责任,有义务对生态环境破坏做出相应的赔偿。只有依据"谁破坏谁赔偿,谁受益谁补偿"的基本法则,才是合理公平的,也是可持续的保护机制,能够有效地促使人们形成保护生态环境的责任意识,并积极付诸于生态平衡和环境保护的行动。

3. 分级补偿

在对旅游目的地进行充分调查的基础上,根据其破坏程度划分一定的等级,一般而言,可以划分为未遭破坏、轻度破坏、中度破坏、深度破坏、彻底破坏5个等级;然后根据旅游目的地旅游资源和生态环境的重要性和破坏程度进行重新定位分区,确定不同的补偿方法、拯救技术、保护手段和具体措施;在综合考虑后,明确不同旅游地、不同旅游资源、不同破坏程度、不同修复方法的各类补偿等级和标准,分别实施补偿机制,进行分级补偿和适宜的补偿。

4. 因地制宜

每个旅游目的地的情况都不尽相同,其破坏程度也有不同,关于补偿不能一概而论,应该根据每个地方的实际,进行充分的调查和了解之后,才能确定什么样的生态补偿标准和方法是适合本地区的。与此同时,一定要保证制定的标准和方法具有可操作性,便于生态补偿工作的操作和管理。

5. 先试点、后推广的原则

目前,生态补偿机制在旅游业中的应用并未形成模式化的管理,缺乏可借鉴的成功经验,因此在实施时应当慎重对待,可以在旅游目的地内选择珍贵的或易受破坏的自然和文化资源作为重要保护对象,开展推行旅游生态补偿机制的试点工作,待经验成熟后再普遍推广应用生态补偿机制。

(二)明确补偿的主客体

在旅游业的生态补偿机制中,应当得到补偿的客体有直接受害者和间接受害者之分,可以是资源所有者的政府、受到生态污染或环境资源破坏的旅游目的地、当地居民,或者是旅游地维护生态平衡的人员及其服务活动;进行补偿的主体则包括旅游活动的受益者,如国家、地方政府、旅游开发商/经营商,也包括旅游活动的实施者或破坏者,如旅游者、旅游开发商等。可以看出,在不同的案例情况下,生态补偿机制的主客体可能发生相互之间的角色转换，也可能存在生态补偿机制的主客体重复现象。因此，在旅游业实践中，为使该机制得到有效实施，必须要明确补偿的主客体。一般情况下，旅游者对旅游目的地的补偿以支付门票费用的形式交付旅游开发商（开发商制定门票价格时应将旅游者生态补偿考虑在内），同时旅游开发商的收入所得一定按照标准和比例作为旅游补偿资金，再补偿或赔偿给旅游目的地的所有者。

第四节　生态旅游发展的低碳旅游模式

随着我国"低碳经济"的发展，低碳旅游也渐渐地进入人们的视野，低碳旅游是生态旅游发展到一定阶段的产物，是生态旅游的升级，在生态旅游中占据着重要的地位并且发挥着非常重要的作用。本节将对低碳旅游模式的内涵、低碳旅游模式的要素、低碳旅游规划与开发的要点进行阐述。

一、低碳旅游模式的内涵

低碳旅游的内涵有着多种不同角度的诠释方式，可以把低碳旅游看作一种基于低碳经济发展潮流的新的旅游理念，也可以是一种应运而生的旅游特色产品，或者是适应某类旅游者需求的一种独特的旅游方式。而低碳旅游模式就是以"低碳"为最高宗旨和核心原则，融合了不同角度的概念，囊括了不同方面的运行法则，汇集而成的一种整体视角和旅游模式，可以细分为低碳旅游的开发模式、建设模式、运作模式和管理模式等多个不同部分的子系统。

二、低碳旅游规划与开发的要点

（一）低碳旅游产品的开发

1. 低碳旅游产品的内涵

低碳旅游产品就是旅游经营者为了满足低碳旅游者的需求，

在低碳理念指导下设计、开发的旅游产品,或通过对传统旅游产品的低碳化而产生的旅游产品。低碳旅游产品的开发以低耗能、低排放、低污染为标准,以降低对旅游环境的负面影响、对能源的依赖为目的,蕴含着可持续发展、绿色发展的逻辑及保护旅游资源、旅游环境的构思。低碳旅游涉及旅游活动的各个层面,故而低碳旅游产品也涵盖旅游活动系统的各个方面,是一个由多领域产品构成的复杂产品系统。

2. 低碳旅游产品的开发模式

(1)功能分区模式

这一开发模式主要应用于生态、自然低碳旅游吸引物的开发。这种开发模式的目的是在避免对生态环境珍稀、脆弱地区的环境产生破坏的同时,也能够保障旅游活动的正常开展,最优化配置旅游资源。低碳旅游资源开发的功能分区模式主要是对自然低碳旅游吸引物的产业功能进行分区,以实现对生态资源的保护、能源的高效利用,降低旅游生产和消费过程中的碳排放。

(2)社区参与模式

低碳旅游开发的社区参与可以作为低碳旅游区的一部分参与,也可以将社区本身开发成一个低碳旅游区开展低碳旅游。相较于其他旅游开发的社区参与模式,低碳旅游的社区参与模式强调采用统一的低碳设计和标准对低碳旅游社区进行系统性的规划和管理,以保证区域内能够达到能源的节约使用,碳排放量的有力监控和低碳技术的有效使用等目标。整个低碳社区既参与低碳旅游产品的开发与建设,更参与了低碳生活的实践,是一种极具现实综合效益的开发模式。

(3)主题体验模式

顾名思义,主题体验式的低碳旅游产品开发模式主要是以低碳为主题开发的提供游客互动体验式旅游的产品开发模式。如低碳工业园、低碳主题公园、低碳旅游度假区等。在这种开发模式中,旅游者可以接受低碳的科普教育以及亲身体验零碳出游或低碳出游的生活方式。

(二)低碳旅游景区的开发

1. 低碳旅游景区的内涵

低碳旅游景区的内涵可以有人文与自然两个方面。自然内涵,即在景区开发、设计、建设过程中,坚持运用低碳理念、使用低碳材料、低碳化操作,使得旅游景区的基础设施、景点、宾馆的建设过程始终都遵循低碳逻辑,使得景区的物质设施建设低碳化。人文内涵,就是低碳景区建设前后,积极宣传低碳理念,营造一个良好的社会人文环境,使人们对低碳旅游、设施、景区有充分的理解,从而造就大批将低碳旅游景区建设或低碳旅游活动当作自觉追求和本能行为的低碳旅游建设者、管理者、旅游者及当地社区居民。

2. 低碳旅游景区的开发与建设

低碳旅游景区的开发与建设应该注意以下几个方面的内容。
(1)营造低碳旅游吸引物

在低碳旅游景区的建设中,应该积极坚持低碳理念,合理、有效地引进先进的低碳化景区设施建设方案,立足本地资源,运用前沿低碳技术,积极营造、打造低碳旅游吸引物,努力在景区内建立起一套以低碳为基本标准的旅游吸引物,如低碳历史与人文景观、低碳人文性旅游活动、休闲娱乐活动区、低碳商品,以吸引游客前来参观、游览,从而在客观上起到了节能减排的作用。
(2)建设低碳旅游设施

旅游设施是旅游行业向游客提供服务的基础,也是低碳旅游景区建设的基础。所以,低碳旅游景区的建设不能只依靠节能环保的低碳理念,更应该把当前世界先进的低碳技术或低碳技术产品直接或间接地应用到旅游设施的建设过程中,建立起一套完善的低碳旅游设施。

(3) 倡导低碳旅游方式

低碳旅游消费方式是一种科学文明的现代旅游消费方式,主要是指旅游者在旅游消费过程中,通过各种方式、途径来减少旅游者个人旅游碳足迹的消费方式。因此,在低碳景区的建设中,应当积极倡导低碳旅游消费方式,转变人们的消费观念,形成低碳思维方式与消费方式。

(4) 创建碳汇旅游体验环境

旅游体验是旅游者通过游览、观赏、交往、模仿和消费等方式所体验到的一种愉悦的、超功利性的综合性体验。为了使旅游者得到这种愉悦的体验,应当为其提供一种低碳的旅游硬件设施、旅游文化、管理和服务等,即碳汇旅游体验环境,也就是综合了各种低碳自然和人文社会因素而形成的旅游环境。碳汇旅游环境的创建,主要在于碳汇机制的强化,最大限度地降低旅游活动过程中的碳排放强度。创造碳汇旅游体验环境是低碳旅游发展的基本层面,可以依靠政府、旅游企业、旅游景区、旅游者的共同努力来实现。

第七章 新常态下智慧旅游的规划与开发要点

新常态、新起点,自然有新要求,"转型""升级""创新"已经成为新常态下旅游开发的新标签。"十三五"规划提出了拓展网络经济空间,指出要构建高效的信息网络,强化信息安全保障。我国要实现由旅游大国到旅游强国的跨越,就必须以先进的信息技术、科学的管理手段来推动旅游业的健康快速发展,尤其是提升旅游信息服务的水平。而智慧旅游正是旅游信息化的高级阶段。

第一节 智慧旅游的发展脉络与建设现状

一、智慧旅游的发展脉络

2008年11月,IBM提出"智慧地球"概念。IBM提出了"智慧地球"理念后,衍生出"智慧城市"的概念,并在全球引发了"智慧城市"建设的热潮。"智慧城市"的核心思想是充分运用信息技术手段,以物联网技术为重要基础,通过物与物、人与物的通信网全面感测、分析,整合城市运行核心系统的各项关键信息,实现在安防、药品溯源、环境、灾害预警、能源、教育、交通、医疗、农业、旅游、物流、金融、建筑等方面的应用,为企业提供优质服务和广阔的创新空间,为市民提供更好的生活品质。智慧旅游在智慧城市的基础上发展而来,是"智慧城市"建设的重要组成部分,是智慧城市推广应用于旅游城市和城市旅游两大领域的具体表现。智慧旅游将服务对象不限于城市本地居民,还拓展到了外来游客。

智慧旅游亦称智能旅游,即利用云计算、物联网等信息技术,通过互联网、通信网、移动互联网等借助便携的智能终端等上网设备,主动感知旅游者、旅游资源、旅游经济、旅游活动等方面的信息并及时发布,让人们能够及时了解这些信息,及时安排和调整工作与旅游计划,从而达到对各类旅游信息的智能感知和方便利用的效果。

智慧旅游不同于一般旅游信息化的区别之处在于,智慧旅游是以云计算为基础,以移动终端应用为核心,以感知互动等高效信息服务为特征的旅游信息化发展新模式,核心是以游客为本的高效旅游信息化服务。智慧旅游的核心技术主要是运用了云计算、物联网、移动终端通信以及人工智能四大技术。在建设应用时主要由数据中心、服务端、使用端3个部分构成,3个部分通过互联网或物联网相互联结。数据中心即云端服务,可以储存海量的旅游数据和信息,服务端从数据中心提取信息、分析数据,再服务于使用端的广大旅游者,为旅游者查询搜索旅游信息提供便利、高效、快捷的服务。

图7-1给出了支撑智慧旅游的部分信息技术及智慧旅游所支持的旅游应用实例。

智慧旅游是旅游信息化发展的高级阶段,我国智慧旅游的发展脉络与旅游信息化的发展水平和发展阶段整体一致,从最初的内部信息管理和简单发布发展到单一事件的在线办理及电子商务,再到如今的移动终端接入和较为丰富的事件服务。

(一)内部信息管理和简单发布

20世纪80年代初,国外旅游企业开始进入我国市场,同时也带来了计算机技术。计算机技术最初主要应用于一些外资和合资旅游企业,首次应用于本土企业的时间是1981年。当时,中国国际旅行社从美国引进了PRIME550型超级小型计算机系统,主要用来处理旅游团数据,管理财务和统计数据。1984年,上海锦江饭店从美国引进了Conic公司的计算机管理系统,其应用范围

第七章　新常态下智慧旅游的规划与开发要点

不再局限于财务和简单的数据统计,而开始用于饭店的预订、排房、查询和结算。在此之后,适用于旅游企业的计算机系统开始在航空公司的计算机订票网络系统、旅游企业办公自动化系统中得到逐步推广。

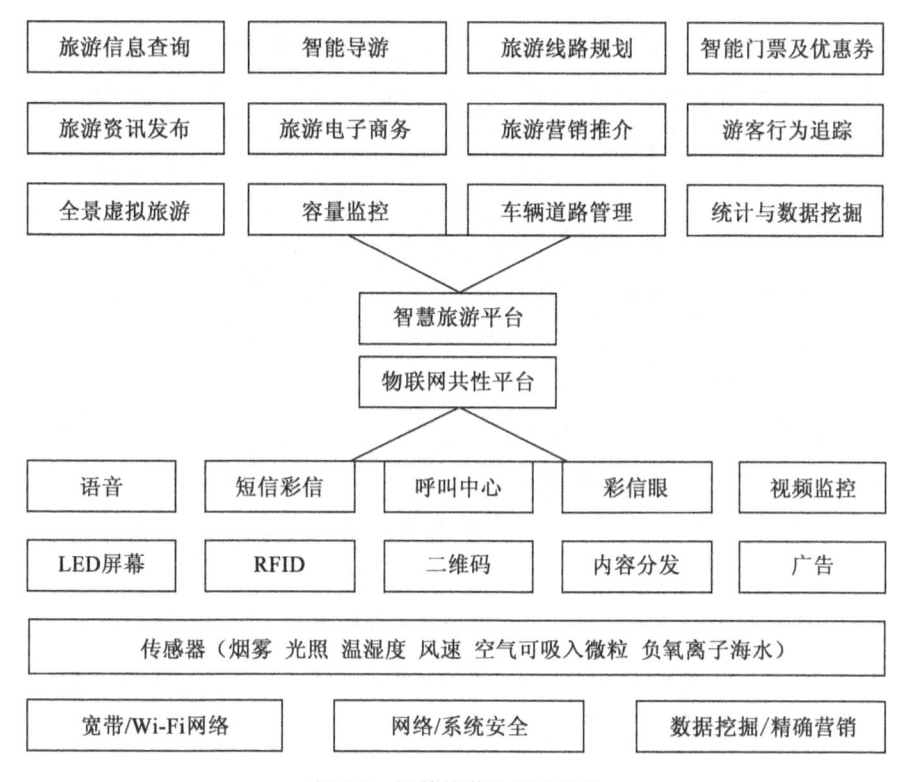

```
┌──────────────┐ ┌──────────────┐ ┌──────────────┐ ┌──────────────┐
│ 旅游信息查询 │ │   智能导游   │ │ 旅游线路规划 │ │智能门票及优惠券│
└──────────────┘ └──────────────┘ └──────────────┘ └──────────────┘
┌──────────────┐ ┌──────────────┐ ┌──────────────┐ ┌──────────────┐
│ 旅游资讯发布 │ │ 旅游电子商务 │ │ 旅游营销推介 │ │ 游客行为追踪 │
└──────────────┘ └──────────────┘ └──────────────┘ └──────────────┘
┌──────────────┐ ┌──────────────┐ ┌──────────────┐ ┌──────────────┐
│ 全景虚拟旅游 │ │   容量监控   │ │车辆道路管理 │ │统计与数据挖掘│
└──────────────┘ └──────────────┘ └──────────────┘ └──────────────┘
                    ┌──────────────┐
                    │  智慧旅游平台 │
                    └──────────────┘
                    ┌──────────────┐
                    │ 物联网共性平台│
                    └──────────────┘
┌────────┐ ┌──────────┐ ┌──────────┐ ┌────────┐ ┌────────┐
│  语音  │ │ 短信彩信 │ │ 呼叫中心 │ │ 彩信眼 │ │视频监控│
└────────┘ └──────────┘ └──────────┘ └────────┘ └────────┘
┌────────┐ ┌──────────┐ ┌──────────┐ ┌────────┐ ┌────────┐
│LED屏幕 │ │   RFID   │ │  二维码  │ │内容分发│ │  广告  │
└────────┘ └──────────┘ └──────────┘ └────────┘ └────────┘
┌──────────────────────────────────────────────────────────┐
│传感器(烟雾 光照 温湿度 风速 空气可吸入微粒 负氧离子海水)│
└──────────────────────────────────────────────────────────┘
┌────────────────┐ ┌────────────────┐ ┌────────────────┐
│ 宽带/Wi-Fi网络 │ │  网络/系统安全 │ │数据挖掘/精确营销│
└────────────────┘ └────────────────┘ └────────────────┘
```

图 7-1　智慧旅游的应用场景

酒店业在这一阶段的信息化发展过程比较有代表性。为了提高服务效率、避免人工失误、加强运营管理,酒店开始引入酒店管理系统(PMS),构建运营局域网等前台系统。主要表现在酒店前台运营系统(前台登记与客房预定系统、餐饮消费和挂账系统、前台收银和结账系统等)的有效整合。但由于技术发展得不成熟,此时计算机页面是用 DOS 版本的命令语言来操作的。酒店的工作人员需要背熟大量的计算机命令后方能熟练操作酒店的局域网系统。

这个阶段,互联网应用尚未普及,旅行社、酒店等对外接触较早的单位开始建设信息化站点,主要进行内部信息化管理。只有少数提供单向的信息发布服务,如滚动屏的航班信息公示等。

(二)单一事件的在线办理及电子商务

20世纪90年代,随着互联网的发展,国内旅游网站全面兴起,不少旅游企业开始注重对信息化技术的应用,使用多媒体技术进行产品和服务的宣传推广。以国际旅行社、中国青年旅行社为代表的众多知名旅行社在此期间形成了多地站点的联网和信息互通。酒店、民航等旅游服务单位的信息网络覆盖区域也不断扩大,逐步形成了覆盖全国的数据管理和信息发布网络。

在旅游信息咨询和电子商务方面,从最早ChinaNet下出现的个别旅游信息服务网开始,逐步发展到多个省市都形成了自己的旅游信息服务热线和网站,如"上海热线""旅游天地"等。同时,行业性旅游服务网站也发展起来,如一些景区、旅游产品厂商、特色餐厅等都开始建设自己的旅游服务网站。

在政府管理方面,中央和各地方政府在如何开展旅游信息化管理上也开始进行探索。国家旅游局从1990年起开始抓旅游信息化管理并筹建信息中心。1994年信息中心独立出来专门为国家旅游局和旅游行业的信息化管理提供服务和管理技术。1997年中国旅游网开通,为旅游企业、社会公众获取全文旅游政务信息和旅游服务提供了重要渠道。

这一阶段,基于互联网的应用服务开始普及,能够为游客提供一些基本的单一事件的在线服务,如订房、订票等服务,并提供了电子支付服务。但是系统建设和使用规模较小,功能单一,系统之间不存在信息交互与关联,缺乏互动性。

(三)移动终端接入、较为丰富的事件服务

进入21世纪,由于3G、4G网络的稳步建设、智能终端持有

第七章　新常态下智慧旅游的规划与开发要点

量的持续增长、3S[①]空间信息技术的推广应用,使得旅游信息化的表现形式较为广泛,应用到旅游业的各个环节。随着技术的日趋成熟,虚拟旅游、基于位置的服务等服务应用更加广泛。总体上,这一阶段的旅游信息化发展具有以下两个方面的特点。

(1)智能终端成为主流

作为旅游电子商务的新兴媒介,智能终端(智能手机、平板电脑、笔记本电脑、互动电视、多媒体触摸屏等)的出现,使得旅游网络营销的方式与手段变得更加多元化,享受在线服务变得更为便捷。用户可以通过移动终端来获得旅游信息、下载旅游电子指南和地图、购买旅游产品和服务、登录旅游虚拟社区等。同时,随着3G、4G网络的普及、移动终端性能的不断增强、3S空间信息技术的发展,目前已能够为用户提供基于位置定位的丰富多样的事件服务,如行程规划、导游、导览等。

(2)旅游在线服务、网络营销、网络预订和网上支付繁荣发展

"十一五"期间,全国已有25个省区市建立了旅游信息中心,建立了健全信息化机构。12301工程的推行,完成全国31个省区市的安装调试工作,大部分省份已开通,基础性建设工作将逐步转入完善和运营阶段。到了"十二五"期间,"互联网+旅游"的在线旅游平台就已经发展得比较成熟了,网络入口变得更加多元化,移动LBS[②]技术撬动了线下万亿规模的传统零售和服务业。如今具有代表性的综合类在线旅游企业包括携程、去哪儿、去啊、同程,依然做垂直类平台的包括艺龙(机票酒店)、航班管家(行程管理)等,线上旅行社包括途牛、驴妈妈等。自由行的普及还让以游记攻略类的内容型在线旅游、以目的地为中心的个性化在线旅游、以驴友交流的社交在线旅游等如雨后春笋般生长。这些在线旅游网站、企业,基本都提供在线预订、支付等服务。

除了官方建设的旅游信息网站外,商业性旅游服务网站开始进入高度发展期。携程、途牛、艺龙、去哪儿等电子商务旅游网站

[①]　地理信息系统(GIS)、遥感(RS)和全球定位系统(GPS)。
[②]　Location Based Service,基于位置服务。

都已拥有人数众多、对象稳定的客户群体,从酒店、机票预订到景区门票预订,为顾客提供一站式旅游信息服务。

总体上看,在这个阶段,旅游在线服务市场快速崛起,新的接入媒体的出现极大地改善了人们访问旅游信息化服务的渠道和手段,而政府和旅游行业在旅游电子商务业务的稳步开展,也为使用者提供了大量更符合需要的交互式服务。

二、我国智慧旅游的发展现状

自智慧旅游的概念提出以来,各省市积极响应,部分省市先行先试,从总体发展规划的编制、相关技术的研究,再到部分项目的运行实施,均展开了积极的探索性建设。

2010年,江苏省镇江市在全国率先创造性地提出"智慧旅游"概念,开展"智慧旅游"项目建设,并由此成立了相应的项目课题组。2011年5月,国家正式确定江苏镇江为"国家智慧旅游服务中心"。该中心负责整个智慧旅游项目的管理、运营和服务。

2010年8月,南京市旅游园林局启动智慧旅游体系顶层设计规划工作,并于9月将南京市"智慧旅游互动式体验终端"投放市场。该终端外形时尚、内容新颖、使用方便,启用42寸彩色显示屏,内置新版南京旅游查询信息,并实现规范化、专业化的联网管理。

2011年1月,福建省旅游局启动了智能旅游的先导工程——"三个一"工程建设。其中,先行网(海峡旅游网上超市)作为"三个一"的先导项目,目标是建设成福建省旅游统一直销门户及同业分销平台。海峡旅游网上超市由一个网站、一个平台和一个网络3个模块组成。一个网站即一个直销网站,其整合全省旅游产品资源,构建食、住、行、游、娱、购一站式旅游直销网站(www.16u.com)。一个平台即一个分销平台,旨在搭建全省统一、共享的网上分销、结算大平台。一个网络即一个终端网络,全省设置旅游票付通终端,实现线上线下实时的订单传递、电子凭证验证、支付结算、信息交互大网络。通过先行网的建设,建立起全省统一的旅游资源分销平台,后台对接携程、同程、驴妈妈、12580等上千家旅游平台,为旅游企业提供更多的销售渠道,带来更多的客流量。

  2011年3月,温州市旅游局与中国电信温州分公司开始合作建设114旅游咨询平台和12301旅游服务热线。之后,又逐步启动10多个相关智慧旅游项目,如旅游实景漫游建设推广、导游助手软件推广应用、数字景区建设等。2011年6月,温州市旅游局与中国移动温州分公司签订"无线城市·智慧旅游"战略合作协议。2011年11月,第四届网络旅游节在温州开幕,本次活动以"智慧旅游·幸福生活"为主题口号。此外,温州市旅游局与多家技术提供商和服务商签署了智慧旅游项目合作意向书。2013年,温州市旅游局发布了《温州市"十二五"旅游信息化发展专项规划》。为了加快该规划的落地实施,温州市旅游局委托北京巅峰美景科技有限责任公司启动了"温州智慧旅游建设示范试点项目实施方案",相关内容见表7-1。

表7-1 温州智慧旅游建设内容

内容	说明
建设目标	①实现温州旅游产业的转型升级;②将温州旅游产业打造成全国智慧旅游城市建设的样板工程;③实现"智慧旅游·服务民生"的旅游发展目标
建设需求	构筑"一核一岛四板块"的旅游空间发展格局:①提升"一核"都市商务旅游核;②拓展"一岛"洞头国际性旅游休闲群岛;③联动"四板块",即"雁荡山—楠溪江"山江度假板块、瑞平文化体验板块、文泰生态养生板块以及苍南山海运动板块。"一核""一岛"是针对高端商务休闲旅游产业的发展规划,"四板块"是针对大众旅游产业发展的规划
建设特色	①建设以推进旅游小微企业发展和旅游产业融合为目标的"温州旅游行业孵化与电子商务平台",实现温州旅游经济的进一步现代化、规模化升级;②建设以强化商务休闲旅游产业的软实力为目标的"温州商务旅游会员制营销服务平台",树立温州商旅品牌,提升温州商旅产品竞争力,进一步提升来温州旅游的人的人均消费水平;③基于"温州旅游行业孵化与电子商务平台",针对乡村旅游、休闲旅游资源经营体,提供简单、易用、好用、必须用的网络化、智慧化分销服务,实现旅游产业和民生的充分融合和共同发展
建设成果	随着温州智慧城市和智慧旅游的实施,智慧旅游相关的技术及服务产业将得到飞速发展。温州旅游功能结构将显著改善,社会效益将不断增强

2011年9月,湖北旅游发展研讨座谈会在武汉召开,会议提出要大力发展旅游科技、智慧旅游产业,推动知识性强、科技含量高的主题公园、文化旅游创意产品、旅游综合体的建设。2013年1月,湖北省旅游局宣布"一卡玩遍""一机玩转""一键敲定""一厅全看"四项成果正式发布。其中,"一卡玩遍"的"灵秀湖北旅游卡"已经推出,可在省内包括十堰、神农架、宜昌、恩施4地的72个景区、酒店享受优惠,为游客提供"全程优惠服务"和"电子支付服务"。

2010年10月,北京市旅游局启动北京市智慧旅游城市建设及首批建设项目。2012年5月10日,《北京智慧旅游行动计划纲要(2012—2015年)》正式发布。2012年10月,海淀区旅游委依据《北京智慧旅游行动计划纲要(2012—2015年)》和《智慧海淀顶层设计》的相关要求,结合海淀旅游委对信息化建设的自身需求,启动了海淀智慧旅游建设规划工作,编制了《海淀智慧旅游总体规划》,确定海淀智慧旅游建设工程按照整体规划、分步实施的原则开展。

2012年9月,天津正式启动智慧旅游"1369"工程,进一步明确了天津智慧旅游的发展目标和主要任务,即综合运用物联网、云计算等新一代信息技术,以满足游客需求、丰富旅游体验为目标。

2009年底,山东省旅游局被正式指定为科技部国家高技术研究发展计划(以下简称"863计划")"基于高可信网络的数字旅游服务系统开发及示范"课题单位,负责该课题在省级目的地的数字旅游开发示范工作。该项目将山东省作为课题的试点区域,从2010年6月开始实施,为山东省建设智能化旅游目的地提供技术支撑。2012年2月,山东省旅游局在863项目的基础上建设的山东省旅游目的地系统,正式建成并开始在全省推广,在全国率先形成覆盖省、市、县、企业四级的目的地数字旅游服务系统。山东省旅游局通过全省范围的旅游企业调查,发布了"旅游信息化示范企业"标准,已经扶持培育了100家"智慧旅游信息化示范企业"。山东省旅游局还在旅游公众服务和旅游网络营销上开展了大量实质性的工作,"中银·好客山东"旅游卡发行量突破200万张,12301旅游服务热线实现全省联网服务。2013年初,山东省旅游局在总结以往网络营销经验的基础上,认为网络旅游营销比常规旅游营销要节省大量经费成本,因此和搜索引擎百度、Google以及多家旅游网站展开了从数据获取到广告投放的全方位合作,从而实现更加"智慧"的旅游营销。

2012年5月,国家旅游局在自愿申报和综合评价的基础上,经认真研究和遴选,确定了18个国家智慧旅游试点城市,包括北京市、武汉市、成都市、南京市等。2012年11月8日至9日,国家旅游局在四川省都江堰市召开了全国智慧旅游景区建设现场会,会议同时公布了全国22家景区为"全国智慧旅游景区试点单位",这22家智慧旅游景区试点单位全部为国家5A级旅游景区,包括四川青城山—都江堰、峨眉山、安徽黄山、北京颐和园、山东泰山等。2013年1月,国家旅游局公布了第二批国家智慧旅游试点城市名单,包括天津市、广州市、杭州市、青岛市等。

2014年,国家旅游局确定该年为"智慧旅游年",围绕"中国智慧旅游年"主题,加快推动旅游在线服务、网络营销、网上预订、网上支付等智慧旅游服务。全国各地在市场推动和政府主导下,积极推动智慧旅游技术的成果应用,推动互联网和数据中心的建设;鼓励智慧旅游企业快速成长,为智慧旅游行业应用提供技术支持和智力支撑;大力发展旅游电子商务业务,使之成为旅游企业的新业务点和盈利点;而旅游管理部门也注重运用最新科技成果提高旅游监管效率,转变旅游监管方式,提升监管服务水平。近几年来,智慧旅游建设和应用在国内各地已蔚然成风。

第二节 智慧旅游规划与建设体系

一、智慧旅游规划

智慧旅游规划是根据现代信息技术发展,规划设计新旅游市场环境的旅游产品与服务,以期望得到创新性的旅游供给,满足旅游市场的需求。智慧旅游规划从行动目标上明确智慧旅游发展任务和建设内容,以形成统筹规划和系统布局的纲领性导向文件,定义并约束智慧旅游各级组织体系及各个服务对象之间的内容衔接与组合。智慧旅游规划是目的地智慧旅游系统的发展目标和实现方式的整体部署过程,规划经相关审批后生效,是各类相关单位进行智慧旅游建设开发的依据。

(一)智慧旅游规划的目标

智慧旅游作为一种社会形态,涉及政府(管理者)、企业(经营者)和游客(消费者)3个群体,对于不同的社会群体来说,智慧旅游的发展领域和建设方向有不同的表现形式。从宏观上讲,智慧旅游规划目标主要有以下3个方面:

(1)政府的智慧旅游。政府部门借助技术手段,促进旅游公共资源的合理安排、整合协调、动态监管,指导旅游信息公共化服务、行业规范性。

(2)企业的智慧旅游。旅游企业通过信息技术的导入和智能设施的建设,实现管理流程优化、运营体系的高效、市场与营销的创新,从而合理配置旅游业务资源,改善经济活动的商业化盈利。

(3)游客的智慧旅游。游客通过能够上网的终端设备,特别是便携式上网终端,即可享用旅游地的网络基础设施和服务,便捷、自由地获取旅游相关信息,实时感知体验,更加通畅地展开旅游活动。

智慧旅游的建设与规划是一项庞大的系统工程,如果缺少社会、政府、企业等的积极参与和相互配合,会使智慧旅游的发展缺乏系统性和耦合性,难以真正实现有效的智慧旅游产业。因此,智慧旅游的发展始终要有"均衡发展"的概念和路线,根据智慧旅游建设和发展规划,完善建设环境,依条件、有节奏、有限度地逐步推进新兴技术应用,形成管理规范,建立健全产业机制。

第七章　新常态下智慧旅游的规划与开发要点

(二)智慧旅游规划的原则

智慧旅游规划应遵循全面、科学；准确、充分；分期、合理；有效、可行的原则。

(1)全面、科学规划

智慧旅游规划，即进行比较全面的长远的智慧旅游发展计划，需要准确而实际的大数据运用，对建设规划系统进行整体到细节的设计。

(2)准确、充分规划

智慧旅游规划应该要依照相关技术规范及标准而制定有目的、有针对性的行动方法，数据要精确，相关的理论依据要充分并且翔实。

(3)分期、合理规划

从时间上而言，智慧旅游规划的制定应该是分阶段的，每个阶段的目标都要清晰、明确，提出的相关行动方案更应该要具有可行性。合理的规划要根据所要规划的内容，整理出有需要的信息，这些信息应该是当前有效的、准确的、翔实的，而且应该要充分考虑到实际情况，具有一定的预期动力。

(4)有效、可行规划

规划应该要为实际的行动提供确切的指导，因此制定的目标必须要准确、专一、合理、有效。同时，规划还考虑各种可能出现的情况，预测未来，并提供相应的应对方案。

(三)智慧旅游规划的主要内容

智慧旅游规划在确定建设指导思想、主题定位和目标的基础上，规划和设计智慧旅游系统的资源整合，包括产业业务结构、系统组织、技术体系、数据标准和运行模式等内容，具体表现在以下几个方面。

1. 规划智慧旅游资源整合机制

旅游业的发展离不开基础设施作为支撑，旅游交通、环境、信息、服务等便民基础设施建设的水准在很大程度上决定了旅游目的地的旅游业发展水平,旅游基础设施不足、发展落后的状况将严重拉大旅游业发展程度的差距。而智慧旅游建设同样严重依赖与基础设施系统的建设,甚至要求系统更完善、信息化水平更高。对此,智慧旅游的建设需要做好统筹工作,既要升级城市基础设施建设、网络化建设、智能交通建设,也要提高旅游市场监管系统的信息化建设,提高公共服务的质量,同时还要兼顾与国家政治经济、文化、环境保护等方面的总体发展目标相协调一致。另外,旅游业还涉及多个行业,因此智慧旅游的建设也要整合旅游行业管理部门、旅游企业与智慧旅游服务企业多方资源的耦合与协调。

2. 规划智慧旅游供给系统结构

智慧旅游的产业领域包括城市智能运转、政府智能服务、旅游智能便捷、企业智能运营4个方面,而旅游行业有6个基本的要素,即吃、住、行、游、购、娱,这其中的每个要素都会涉及智慧旅游的相关产业。"智慧旅游"服务的提供者,包括政府部门、旅游企业、智慧旅游服务企业、电子商务企业,还有网络服务商和运营商等,要规划好智慧旅游的供给系统及不同供给者的利益分配,更好地为市场需求服务。

3. 规划智慧旅游持续发展的资金分配体系

智慧旅游建设的基础是公共服务体系的建设,这需要大量的建设资金与运营资金的投入。现在的智慧旅游产业的主要投资来源是新兴智慧旅游服务企业。智慧旅游运行资金分配机制如图7-2所示。

4. 规划智慧旅游应用系统体系

智慧旅游系统具有多系统和多层次的结构特征,要求其组织和协调解决智慧旅游系统之间与系统内的功能关系。政府(包括旅游局)、企业和游客三大应用层级是整个智慧旅游规划建设的核心。政府部门的智慧旅游监管和公共服务、旅游企业的智慧旅游管理和营销、游客层面的智慧出行和智慧旅游这三大应用系统的规划与建设是智慧旅游规划的重要内容。

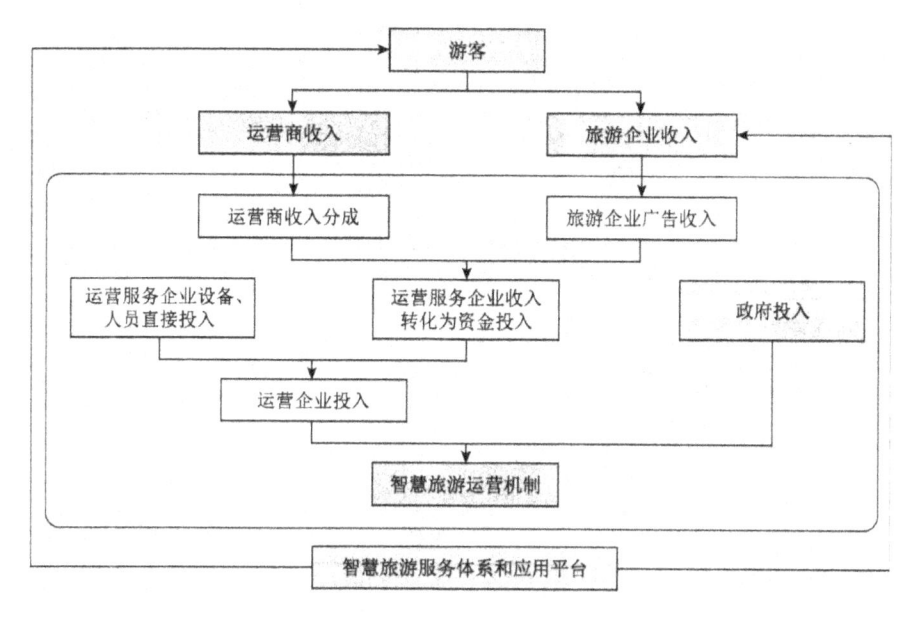

图 7-2[①]　智慧旅游运行资金分配机制

5. 规划设计智慧旅游信息化基础建设

智慧旅游应用各类新技术,如终端显示技术、移动互联网、物联网技术、通信网络、人机交互技术等,这些技术的应用都需要加强相应的基础设施建设。设计信息化基础设施规划时,智慧旅游建设不能片面追求技术上的先进性与前沿性,而要考虑技术应用是否可行、是否适用、成本是否能够承担等诸多问题,更要兼顾信息化基础建设的应用效果和旅游业经济实体的经济效益需求,以保证智慧旅游建设的效率和实用性,为智慧旅游的后期有效运营奠定良好的基础。

---

① 李云鹏.智慧旅游规划与行业实践[M].北京:旅游教育出版社,2014:55.

(四)智慧旅游规划的编制

智慧旅游规划的编制工作最核心的是设计流程、蓝图设计方案以及分阶段的规划方案。

1. 设计流程

设计流程主要包括三大方面:问题定义、逻辑模型设计、物理模型设计,如图 7-3 所示。

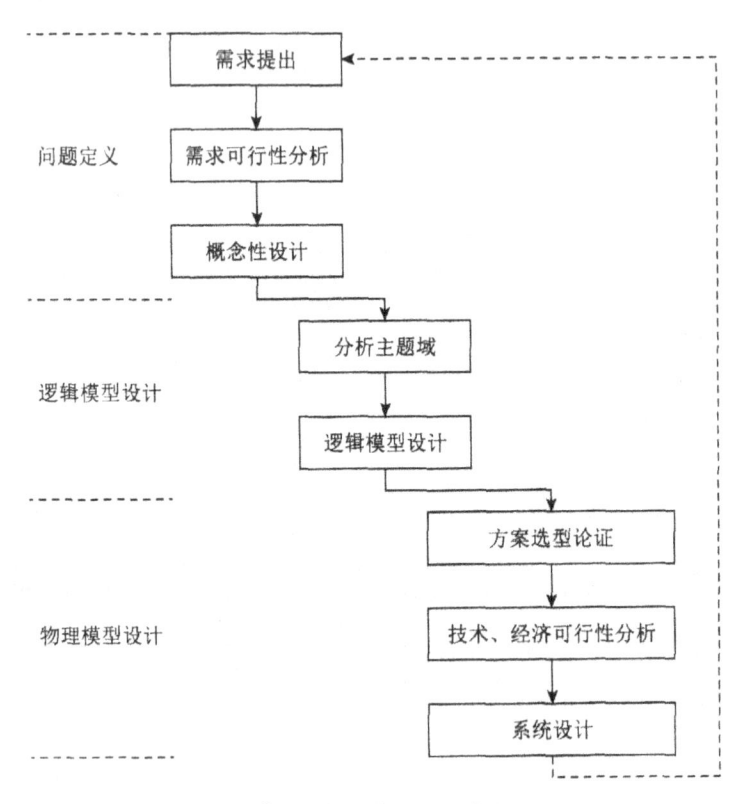

图 7-3[①]　智慧旅游规划设计流程

(1)问题定义

此阶段是明确"为什么"建设智慧旅游系统的过程,提出需求是智慧旅游规划的初始阶段。政府管理部门、景区主管部门、旅

---

① 李云鹏.智慧旅游规划与行业实践[M].北京:旅游教育出版社,2014:62.

游企业等机构通常是提出智慧旅游的需求者,但需求还不太明确。需求描述了组织为什么要开发一个系统,即组织希望达到的目标。提出需求后,要进行可行性分析。需求可行性分析决定问题是否立项。确定可行后,进行概念性设计。概念性设计要给出需求的明确定义。智慧旅游概念性设计是描述未来系统的理想蓝图,它强调思路的创新性、前瞻性和指导性。

(2)逻辑模型设计

在明确智慧旅游系统希望达到的目标之后,要研究规划系统达到目标应该具有的功能(应用)。要了解这些应用是如何实现系统目标的。先要确定系统的主题范围(主题域),论证每个主题范围的目标系统,研究分析每个目标系统的主要功能,然后设计系统功能的实现结构;通过系统分析设计系统的逻辑模型,并从逻辑模型中找出最佳的物理模型。

(3)物理模型设计

在管理信息系统中,物理模型描述的是对象系统"如何做"才能实现系统的物理过程。对此,要经过方案选型论证;技术、经济可行性分析;系统设计方案这3个步骤。

智慧旅游规划在实际操作时,参照上述规划流程设计原则,建立一套以理念塑造、蓝图描绘、整体设计、方案执行、应用实施、咨询监理等各项服务为主的规划设计模式,具体到各个规划设计单位略有不同,但是整体逻辑与原则大体相同。

2. 蓝图设计方案

智慧旅游整体建设涉及多部门多组织,技术应用和组织模式都相当复杂,搭建一个高效可行的架构是规划落地的关键,通过国内优秀规划案例总结出好的智慧旅游规划设计蓝图一般包括五方面内容,概括地讲就是"一个行动纲领、两个发展组织、三个应用对象、四个智慧业态、五个应用平台"。

一个行动纲领:是指智慧旅游建设行动计划纲要,主要涉及智慧旅游建设的规范标准、内容体系、评价指标以及总体的规划指导等内容。

两个发展组织:是指正确处理智慧旅游的项目建设与智慧城市的总体规划之间的相互关系。

三个应用层级:主要指政府部门应用层级、旅游企业应用层级和面向游客的应用层级。其中政府应用层级中的"政府"主要定义为旅游行政管理范畴内的政府部门。

四个智慧业态:旅游景区、旅行社、酒店、交通等业态的智慧运营,是企业应用层级的关键。

五个应用平台:旅游电子政务平台、旅游公共信息服务平台、旅游营销服务平台、旅游资源综合监管平台以及旅游数据资源分析中心平台。这些平台共同组成了智慧旅游的公共后台系统,是智慧旅游建设的核心内容,其中旅游数据资源分析中心属于其中的核心环节。

3. 分阶段的规划方案

智慧旅游建设需要循序渐进、分步实施,根据不同阶段的情况制订不同的设计方案,一般分为三种类型的方案:

(1)概念性设计方案

概念性设计方案是属于一种对智慧旅游宏观发展思路的探讨和研究。主要是对智慧旅游的总体规划,应围绕规划委托方的要求,初步梳理智慧旅游发展和建设的预期目标、蓝图设计和发展路径,设计出基于理想状态下的建设实践方案。

(2)详规性设计方案

详规性设计方案依托于概念性设计方案的展开,即从规划项目的建设背景、主题定位、理想目标、规划路径、业务平台、技术应用系统、阶段任务分解以及建设和运营模式等各个角度全面落实概念设计的内容,使之成为可实现的执行方案。

(3)建设性设计方案

在详规性设计方案的基础上,全面细化规划蓝图的层级关系和业务逻辑结构,并重点阐述各业务平台的实施性方案、运营支撑计划的部署、评估参与建设单位的能力并提出建议、设定技术规范要求等实际建设内容。

二、智慧旅游建设体系

智慧旅游是一个综合性强、涉及面广的系统工程,应从属性(公益性还是营利性)、能力(所具有的先进信息技术能力)、应用(满足各方利益主体的服务和功能)和评价(智慧旅游建设的绩效)4个层面来定义其系统结构,并依照便利性、实用性、经济性的智慧服务目标,实现智能化、高效化、便捷化的智慧管理要求,建立起系统完善的智慧旅游建设体系,如图7-4所示。

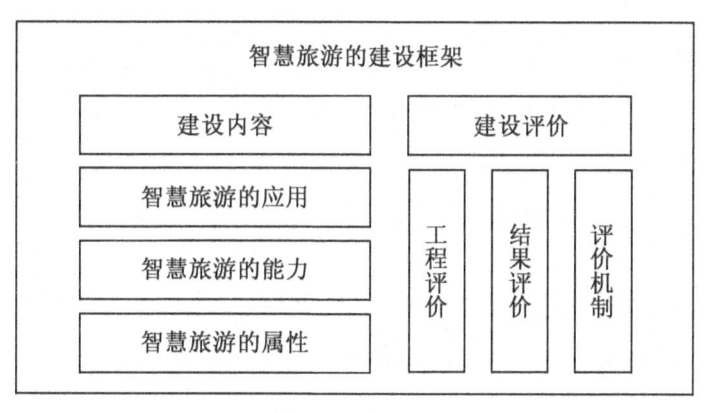

图7-4[①] **智慧旅游建设体系**

按照图7-4所示框架,智慧旅游的建设应包含以下内容。

(一)智慧旅游的运维体系

智慧旅游的运维体系建设应包含以下几个方面的内容。

①确定智慧旅游的属性(公益性与营利性)。在建设之初,就明确智慧旅游整体工程或某一智慧旅游项目的属性,是属于公益性、营利性还是两者兼而有之,进而明确与属性相一致的建设主体、应用主体和运维主体。

[①] 黄先开,张凌云. 智慧旅游:旅游信息技术应用研究文集[M]. 北京:旅游教育出版社,2014:129.

②制定云计算平台(或信息平台)中旅游组织机构(如行政部门、旅游企业等)的信息接入、操作与退出,应用系统之间的数据共享与交换,信息服务需求与供给,以及数据统计口径与标准等。还要建立与其他云计算平台(或信息平台)之间能够实现数据对接、交换和共享的保障机制;制定与智慧城市的其他信息资源系统能够进行对接、交换和共享的操作机制。

③制定鼓励、扶持、引导企业(包括中小企业和小微企业)开展智慧旅游技术研发和应用服务的相关产业政策,制定有利于智慧旅游平台下中小企业和小微企业资源共享、产品研发、成果推广和联合营销的有效措施以及长效工作机制。

④制定有利于吸纳社会资本,应用专利技术,引进专业人才参与到智慧旅游建设,建立新型商业运营模式的相关产业政策,制定有利于智慧旅游应用和推广,特别是在云计算平台应用下的商业模式、运营环境以及市场培育等方面的激励措施。

(二)智慧旅游的应用体系

智慧旅游的应用体系建设涉及旅游公共服务、旅游公共管理和行业监管、旅游企业层面的管理应用。

1. 旅游公共服务

当前优质旅游目的地的建设不仅要满足游客不断升级的旅游市场需求,建立丰富多样的旅游产品体系,更重要的是要考虑游客在旅游过程当中的总体感受,以旅游目的地的综合环境打造为根本,注重为游客提供高质量的旅游体验,注重为游客提供高质量的旅游服务,在质量和价值上服务型政府的建立和旅游产业的快速升级,最终建立与之相匹配的旅游公共服务体系。因此,智慧旅游也应将各种信息技术广泛应用于旅游公共服务当中。例如,基于物联网的旅游公共服务系统应当实现三网链接,即互联网、移动通信网与物联网的相互对接与应用集成,真正使游客体验到"线上"与"线下"无缝整合的旅游公共服务;智能化、高科技的公共服务系统能够向游客提供全程化的动态信息、位置信息、服务信息,实现移动支付、在线支付、扫码支付,为游客的评价、建议、投诉、交流、分享信息等提供便捷、实时、互动的发布渠道和评价系统等。

2. 旅游公共管理和行业监管

①实现动态游客管理。整合已有的旅游信息系统数据,构建旅游数据动态采集、整合、分析及应用的云计算中心(或数据中心),并基于云计算中心(或数据中心)开发游客实时动态管理系统、旅游预警系统和旅游突发事件应急管理系统,实现游客的实时管理、客流的实时调控以及紧急状态下的实时救援。

②实现企业、行业信息动态统计与分析。构建城市旅游行业数据动态采集、统计与分析系统,基于云计算平台进行旅游行业及企业信息的资源整合与链接,完善旅游信息统计系统,进行旅游大数据分析,服务于旅游行业发展和旅游企业管理。

③充分利用云计算平台(或数据中心),与城市周边旅游区域、主要客源地之间进行数据对接、信息共享与资源整合,便于推进区域旅游市场合作与联合营销。

④基于云计算平台建设旅行社的游客信息系统、导游身份识别系统,实现旅游过程中的时空定位与信息收集,以及旅游行业监管系统的信息共享。

⑤实现对多渠道旅游服务质量与投诉处理的实时、动态监控与跟踪,并提供相应的支持。

3. 旅游企业应用

智慧旅游在旅游企业层面的应用十分广泛,包括智慧景区、智慧酒店、智慧旅行社、智慧旅游交通、智慧饭店、智慧博物馆、智慧旅游购物、智慧旅游娱乐、智慧旅游电子商务等各个旅游行业都有所涉及。具体的应用系统是根据旅游企业的性质和需求来建设的,如旅游景区普遍应用的电子门禁和智能导游讲解、在旅游交通中应用的智能停车场和共享单车、移动旅行企业应用APP、智慧饭店中的智能点餐及结账系统、智慧酒店中的智能登记入住及退房系统、智慧购物中的网络支付和扫码支付，以及旅游个性化电子超市等。随着"互联网+"和智慧旅游的迅速发展，旅游企业层面的智慧旅游应用系统建设仍有巨大的发展空间，也为游客带来了难以想象的便捷化服务、个性化支持和智能化展示。

（三）智慧旅游的评价体系

智慧旅游的评价体系建设包含以下几个方面。

①建立智慧旅游工程建设评价体系（工程评价）。评价内容应涉及智慧旅游工程建设的投入—产出效益、示范与推广价值，以及市场化程度等内容。

②建立智慧旅游效益与效用评价体系（结果评价）。评价应包括智慧旅游与旅游产业结构升级、旅游管理水平与服务质量的提升以及产业拉动之间的关系。评价体系应最大限度地考虑游客评价等内容。

③建立评价机制。建立智慧旅游的领导机构、专家咨询委员会以及第三方评价机制。

第三节　智慧旅游建设与应用系统规划

依据智慧旅游常见的三大应用领域——智慧服务、智慧管理和智慧营销来划分，智慧旅游的建设与应用系统规划应当包括3个领域：智慧服务领域，包括面向游客的各类服务系统，即信息技术和工具在导航、导览、导游、导购以及餐饮、娱乐等各个方面的应用系统，以及旅游信息服务、咨询系统等；智慧管理领域，又可以分为两个层面，一方面是旅游行政管理部门的电子政务系统、在线行业数据统计和分析管理系统，另一方面是旅游企业层面的管理应用系统；智慧营销领域，主要是针对旅游企业的营销管理平台建设,如旅游电子商务平台、基于位置服务的旅游营销和旅游信息推送应用系统等。通过加强智慧旅游应用系统建设,进行科学规范,才能促使智慧城市、智慧景区和智慧企业的发展实现标准统一、网络互连、数据共享[①]。

一、智慧旅游企业应用系统

(一)智慧景区管理系统

旅游景区是旅游业的核心要素、旅游产品的主体成分、旅游产业链中的中心环节、旅游产业面的辐射中心,因此智慧景区管理服务系统是智慧旅游服务体系中的重点建设内容。"智慧景区"就是通过传感网、物联网、互联网、空间信息技术的集成,实现对景区的资源环境、基础设施、游客活动、灾害风险等进行全面、系统、及时的感知与精细化管理,提高景区信息采集、传输、处理与分析的自动化程度,实现综合、实时、交互、可持续的信息化景区管理与服务目标[②]。智慧景区管理系统具体包括综合管理系统、电子门票和电子门禁、景区门户网站、动态信息发布、自助导游讲解、客流引导控制、安全防控监控、虚拟旅游体验等多种子系统的建设。

(二)智慧酒店管理系统

酒店是旅游产业的三大支柱之一,在当前包括信息通讯技术在内的智能技术广泛应用的背景之下,酒店管理和服务的系统或者局部的智能化将是今后酒店产品升级换代的必由之路,是酒店

---

① 国家旅游局,《关于促进智慧旅游发展的指导意见》第二款第五条、第十条,2015-01-10。

② 党安荣,张丹明,等. 智慧景区的内涵与总体框架研究[J]. 中国园林,2011(9):15-19。

业发展的趋势之一[①]。在《北京智慧饭店建设规范(施行)》(2012)中指出,智慧饭店是利用物联网、云计算、移动互联网、信息智能终端等新一代信息技术,通过饭店内各类旅游信息的自动感知、及时传送和数据挖掘分析,实现饭店"食、住、行、游、购、娱"旅游六大要素的电子化、信息化和智能化。将现代信息技术与酒店管理相融合,通过智慧旅游酒店管理服务系统的建设可以全面提升酒店的管理与服务水平,从根本上转变酒店行业的运营管理与商业盈利模式,从而满足游客的个性化需求,实现酒店的高效管理及成本的大幅度降低,为游客提供舒适便捷的体验和服务。智慧酒店管理系统具体可以分为酒店运营智能管理系统、酒店自助入住/退房系统、酒店智能客房建设、酒店智能点餐系统、酒店智能结算系统以及酒店智能会议管理系统等多种子系统的建设。

(三)智慧旅行社管理系统

《北京智慧饭店建设规范(施行)》(2012)中将智慧旅行社定义为,指利用云计算、物联网等新技术,通过互联网/移动互联网,借助便携的终端上网设备,将旅游资源的组织、游客的招揽和安排、旅游产品开发销售和旅游服务等旅行社各项业务及流程高度信息化和在线化、智能化,到达高效、快捷、便捷和低成本规模化运行。智慧旅游的兴起必然对现在的旅游业造成巨大的影响,特别是作为旅游业龙头的旅行社行业[②]。智慧旅行社管理服务系统的建设能够有效推动旅行社从以"产品"为中心逐渐转向以"顾客"为中心,促进业务操作与管理的智能化。系统集成各种相对分散的旅行社业务信息和各类资源,向所有联网旅行社提供统一的界面与工作环境,以及快速安全的数据交换标准,从而形成紧

[①] 李臻,朱进. 智慧酒店——酒店产品升级换代的必然趋势[J]. 镇江高专学报,2013(1):31-34.

[②] 杨阳. 浅议"智慧旅游"下的旅行社发展[J]. 商,2012(18):156-157.

密联系的高效共享整体①。智慧旅行社主要包括旅行社信息服务系统、业务管理系统、供应商管理系统、导游和游客管理系统。

(四)智慧旅游交通管理系统

城市旅游交通实现游客从客源地到旅游目的地城市以及在旅游城市内部的空间转移。智慧旅游交通实现交通基础数据的采集、分析和推送,通过 GPS 定位进行行程设计、路况介绍,通过道路监控系统实时掌握公交车、旅游运输车的位置和运行状态,实现对交通事故等紧急情况的预防和及时发现;可以将公共智能自行车(共享单车)加入智慧旅游系统;并建设智能停车场,方便游客的出行和深度旅游;实现智慧旅游交通与旅游数据信息共享,为游客提供智能化的交通服务。

1. 旅游行程设计系统

越来越多的游客转向自助游,他们比较关注旅游行程中的路况、路标、停车场、景区开放时间等状况。智能行程设计系统有成品路线规划、自助路线规划、路线评价、路线信息查询等功能②,预先规划最优旅游路线,显示主要交通枢纽信息,不断动态更新交通阻塞、道路维修等路况信息,如遇到上述情况,及时改变路线,预估到达时间,以方便游客出行,节约游客绕弯路或者连续倒车的时间。同时完善路标及指示牌,便于游客与行程规划系统对照,两者配合,智能引导游客的出行。

2. 旅游智能公交

公共交通工具是游客出行的重要交通方式,智能公交系统首先要便于游客的出行,在韩国、中国台湾等地,游客凭借有效证件,均可在地铁站及其他营业点,交一定押金和费用办理临时公

---

① 邓贤峰,张晓海. 南京市"智慧旅游"总体架构研究[J]. 旅游论坛,2012(5):72—76.
② 林俊. 智能旅游行程规划系统研究[D]. 北京邮电大学,2010.

交卡,离开时交回公交卡,系统退还押金,国内智慧公交可借鉴此做法,或者建立公交车手机刷卡系统,以方便游客乘坐公交车,从而去更多的景点。同时,为公交车配备GPS监控系统,将车辆调度、公交信息发布、实施监控融为一体,统一智能化管理和监控,在公交站亭通过显示屏,实现公交车运行信息的可视化。建立"公交便民"查询微信公众号或手机APP客户端,游客加入系统后,可动态查询公交信息,了解公交是否发车、尚有几站、多长时间到达,让游客能够合理安排时间。

3. 公共智能自行车

慢旅游和云旅游的对接所打造出的新型自由行、半自由行的旅游模式,作为一种发展的趋势已是得到了普遍认同,受到了极度的热捧[①]。杭州首次将自行车纳入旅游交通体系后,满足了游客对慢游和深度游的需求,受到了游客的欢迎。开封举办了"骑单车智游开封"活动,在市区投入一万辆自行车,建成300个自行车存取点,主要在商业中心、旅游景点、交通繁忙及政府办事机构地区为主,且投入使用的每一辆自行车均带有GPS定位、语音导航、景区讲解等功能,可随时查询自行车的停靠地点和时间。这种公共智能自行车的慢游模式可在省内继续推广和借鉴。同时,要方便游客租赁,游客凭借身份证等有效证件,交付一定数额的押金,即可在规定时限内租借单车旅游。

4. 智能旅游车辆定位

在旅游大巴车上安装GPS定位监控系统,部分车辆可适度安装视频监控系统,旅游交通主管部门、旅行社能实时监控旅游大巴信息,实现智能定位、速度监控、安全监测、行车轨迹显示等功能,在突发事件、紧急情况下及时与旅行社、旅游交通主管部门联系并解决。

---

① 魏宇. 慢旅游与云旅游的对接——新型自由行与半自由行旅游模式的构建[J]. 中国外资,2011(8):117.

第七章　新常态下智慧旅游的规划与开发要点

5. 智能停车场管理

在风景区、酒店、餐饮、娱乐等游客旅游休闲场所建立智能停车场管理系统,动态统计和查询停车场的车位停泊状况,通过车辆引导系统,将停车场信息发布在道路的 LED 大屏幕上,便于引导游客分流、合理停车。车辆离开时通过网络系统记录进出车辆数据、智能计时收费、收集车辆客源地信息,随时生成所需的报表,减少了人工引导、收费、统计的工作量,也方便了游客的出行。

(五)智慧旅游电子商务系统

旅游电子商务是利用先进的计算机网络及通信技术,以网络为主体,整合旅游企业内外资源,实现旅游产品的在线发布和销售。智慧旅游可与当前众多的第三方在线旅游企业平台合作,为游客和旅游企业提供交流、交易的平台;具备条件的城市尝试建立旅游一卡通统一支付结算体系,融合更多旅游资源的同时,为游客提供便捷、一体化的支付环境。

1. 旅游电子商务网站

电子商务管理平台,将互联网变成一个可收益的销售和沟通渠道,通过提供标准化的旅游网络交易平台,实现景区、酒店、旅行社、餐饮、车船公司、旅游商品等各企业的网上营销和网上销售,为地区旅游产生更多的收益。南京智慧旅游电子商务平台,主要包括旅游年卡在线办理,天猫旗舰店(购买景点门票,类型、门票价格、年卡价格、人气指数、开放时间、联系电话等景点信息大全)、旅游纪念品、旅行社、乡村旅游的链接,以及旅游地图、天猫旗舰店、官方微信、微博、游客助手的二维码扫描,实现 B2C 快捷交易支付。旅游电子商务平台也可借助淘宝网、携程网、驴妈妈、去哪儿网等第三方在线旅游企业的电子商务平台,整合景区、酒店、旅行社资源,实现旅游业的网上咨询、预定、支付、订单跟踪等功能。

2. 统一支付结算体系

统一支付结算体系即城市智慧旅游服务卡、智慧旅游一卡通,集食、住、行、游、购、娱等各要素为一体的多功能卡,旅游景区、酒店、餐饮、公交、休闲娱乐及大型超市对持卡游客提供一定的优惠折扣,提供技术安全保障,真正实现游客旅游的一卡通功能,提高游客在目的地旅游的便利性、停留时间。而一卡通的便利支付手段,也能将更多的旅游资源纳入游客的旅游行程,提高游客在当地的旅游消费总量。

二、智慧旅游行政管理系统

旅游管理部门具有市场调节、市场监督、公共服务和社会管理功能,智慧旅游的发展是一个系统工程,涉及的主体众多,范围广泛,需要政府发挥强有力的主导作用,带动各服务主体的协作发展,引导系统工程建设。旅游管理部门在加大智慧旅游资金、政策、规划、部门合作、基础设施建设等扶持力度的同时,也要逐步实现智慧政务管理。

对政府而言,可以获取行业市场监管、旅游信息与其他公共服务信息共享与协同运作、旅游目的地营销等价值,实现指挥决策、实时反应、协调运作,政府可以更合理地利用资源、做出最优的城市发展和管理决策,及时预测和应对突发事件和灾害,形成产业发展与社会管理的新模式[1]。国家旅游局《关于促进智慧旅游发展的指导意见》(2015)提出,完善在线行政审批系统、产业统计分析系统、旅游安全监管系统、旅游投诉管理系统,建立使用规范、协调顺畅、公开透明、运行高效的旅游行政管理机制。据此,智慧旅游政务管理主要包括以下重点建设系统,以提高管理和服务效率,为智慧旅游的发展提供支持和保障。

---

[1] 张凌云,黎巎,刘敏. 智慧旅游的基本概念与理论体系[J]. 旅游学刊,2012,27(5):66—73.

第七章 新常态下智慧旅游的规划与开发要点

（一）智慧电子政务系统

电子政务系统包含公文邮件、公文管理、信息采编、日程管理、视频会议、远程办公等功能，能够进一步深化旅游管理部门内部管理的信息化，减少差、误、漏，减免重复劳动，提高工作效率，实现各级旅游管理部门的业务信息共享，从业务办公到公文编制、报送、审批等的无纸化办公，实现对政务公开栏信息发布、编辑、修改的电子化管理。不断推进电子政务系统的内网建设，能够帮助政府主管部门提高工作效率、服务质量和管理水平。

（二）在线行政审批管理

行政审批信息管理与协同办公系统实现网上咨询、网上申报、网上受理、网上审批、网上查询、网上投诉、网上监察等一站式的在线申报及审批，简化办事流程，提高跨部门行政审批的工作和管理效率，增加了行政审批的透明度和公开度。工作内容包括旅行社申报、导游资格考试、景区等级评定、酒店星级管理、工农业旅游等级评定、自驾车基地的审批、旅游规划资质评定、招商引资评审等。

（三）旅游产业统计分析

采用现代信息技术建立完善的旅游信息统计自动化管理网络系统，对旅游相关基础数据进行自动检测和实时数据统计，包括景区经营状况、酒店营业情况、旅行社接待量、自然环境、社会环境、旅游基础设施、旅游资源调查、市场统计、交通流量等信息，并进行分类汇总与转换，便于数据库管理，同时打造与不同组织、媒体间的信息交互平台，实现信息共享。

（四）旅游安全应急管理

北京市旅游安全与应急管理系统已经在试运行，此系统的应用有助于做好旅游安全和应急基础信息的采集和管理工作，随时更新,在系统上安排相关旅游企业安全与应急知识的学习和培训工作,实现旅游主管部门对旅游突发事件的全局指挥与协调功能。通过对基础信息数据进行分析,迅速作出决策,进而协调指挥公安、医疗、消防等部门实施应急救援,同时实现对应急救援过程的实时监控记录。

(五)旅游投诉管理系统

该系统实现对旅游企业资质查询、经营过程监控、投诉处理意见、考核评价档案等的智能化管理。帮助旅游主管单位及时发现旅游企业存在的经营或服务问题,有效监管旅游行业;对游客的投诉记录和企业的问题记录进行数据采集,实现对投诉情况的归档、记录、处理、反馈,以及对投诉数量、特点、来源、变化趋势和受理情况的统计分析,旅游管理部门分析投诉情况,并将此作为整改措施的重要参考依据;融合游客投诉意见,建立用户评价系统和企业诚信档案管理,为游客出行时的相关服务选择提供权威性参考,促进企业产品和质量的改进。应逐渐加大推进各个地区旅游部门使用投诉管理系统的力度,不断提高系统使用率,实现政府、企业与游客三者的良性互动沟通,督促涉旅单位对旅游政策规范的有效执行,提升旅游服务水平,保证旅游产品和服务质量,提高游客满意度。

(六)旅游人才管理系统

该系统主要是对旅游从业人员的智能管理,建立旅游从业人员信息数据库,对专家学者、优秀工作人员、小语种专长等信息加以标注和分类,以便有需要时及时查找相对应的旅游人才。

此外,通过网上报名、网上视频教学、资格审核、成绩审核等线上线下相结合的方式,完成从业人员的培训、考核、考试,逐步实现与全国旅游从业培训与考试管理系统的对接。还可以设置旅游从业人员服务评价栏目,通过游客留言来评价和考核其服务水平。

三、智慧旅游服务系统

（一）旅游信息服务系统

旅游信息服务系统主要包括在线信息门户网站和新型媒体公共服务平台两部分，一般按照统一标准采集旅游信息，并按类别集中存储在旅游信息基础数据平台，然后在门户网站或公共服务平台发布信息，以实现旅游信息的公共服务功能，为游客的出游提供决策依据和相关注意事项。

1. 在线信息门户网站

在线媒体门户网站主要包括旅游官方网站、手机 WAP 官方网站、专业旅游网、旅游资讯网、旅游点评网、旅游贴吧等旅游相关论坛、智慧旅游门户网站等。各类门户网站各有专长，有所侧重地发展，同时也可以共享链接，实现资源共享，以更好地介绍目的地旅游现状，主要发布城市概况、景区景点、主题线路、城市人文、食住行游购娱指南、咨询服务、出行指南、旅游工具箱、旅游投诉、在线咨询等旅游相关的全面信息，通过图像、视频等动态画面展现城市资源特色和吸引力，更专业地为游客提供全面、精确、时效性强的旅游信息。

2. 新型媒体公共服务平台

新型媒体公共服务平台主要包括微博、微信、APP 智能终端应用等。当前游客的出游越来越愿意征求亲朋好友的意见，正面积极的口碑传播有助于增加游客的信任感和品牌亲和力。新型媒体公共服务平台为旅游目的地和游客提供一对一的交流互动平台，可借助平台分享目的地各类旅游要素的实时信息、图片、活动信息、饮食特色、人文风情、旅游攻略等内容，也可以举办抽奖等互动活动，不断强化目的地旅游形象，拉近与游客的距离。譬如，山东旅游局官方微博多达 493 万粉丝，在全国官方微博中位居榜首,被评为2014年"全国十大旅游机构微博",山东17个城市也已全部开通官方微博,微博已经成为山东对外宣传、游客了解山东旅游的一个重要窗口和良好的新媒体公共服务平台。

(二)旅游信息咨询系统

旅游信息咨询系统是游客到达目的地后的首选服务,也是使用最多的一项服务,它是旅游公共信息系统的基础。该系统包括旅游服务咨询热线(可提供多种语言)、旅游咨询中心(多种语言)、游客服务中心、游客集散中心等。这些咨询中心、咨询店、咨询点以网络状遍布目的地各个角落,让游客在需要帮助的时候随时能够找到需要的咨询场所[①]。

1. 智慧旅游呼叫中心

建立覆盖全范围的12301旅游咨询服务热线,为游客提供景区介绍、旅游交通咨询、指路服务、旅游线路介绍、旅游商品推介、酒店机票预订、餐饮预订、旅游紧急救援、旅游企业信息等全方位的旅游服务,实现一号呼入,各地协同答复,提供游前咨询顾问、游中实时帮助、游后投诉受理等信息服务。

2. 旅游咨询服务中心

在重要交通枢纽(火车站、汽车站)、热点景区、商业中心设置大型的旅游咨询服务中心,借助4D影院、电子沙盘、虚拟现实、3D动画、电子导览等新技术展示当地特色。在其他交通枢纽、景区、广场、公园等人力密集处适当设置小型旅游咨询服务点,在各服务点配备电脑,适当配置工作人员,提供旅游信息咨询、旅游相关预订代购、游客投诉接待、免费的旅游资料发放、旅游紧急救援服务、品质商家推荐、公益服务,以及其他商业增值服务,打造全面的旅游咨询管理体系,在游客出行中提供准确、及时的旅游信息。

---

① 乔海燕.关于构建旅游公共信息服务系统的思考——基于智慧旅游视角[J].中南林业科技大学学报(社会科学版),2012,6(2):27—29.

3. 触摸屏自助咨询服务

在旅游集散中心、景区、酒店大堂、机场、车站、广场、商业中心等公共场所,设置旅游信息查询触摸屏,以文字、图片、音像、视频、三维电子地图等多种形式,24小时为游客提供全方位的资讯和消费娱乐服务信息,内置信息主要涉及城市"食、住、行、游、购、娱"相关的旅游信息,常用电话、天气预报、咨询点查询、银行分布等公共信息,提供游客投诉、旅游调查等信息反馈和政府信息;支持远程浏览与控制,实现系统各部分内容的实时更新、添加与发布。

(三)旅游信息指示系统

在我国使用较多的传统旅游信息指示系统有指示牌和目的地的导览图,随着信息化的发展,现代的旅游信息指示系统主要包括智慧旅游信息推送服务系统、智慧旅游信息发布系统和智慧旅游标识系统。

1. 旅游信息主动推送服务系统

旅游信息主动推送服务系统利用短信平台,在游客进入旅游目的地后提供简单的天气、交通等旅游资讯、相关客户端及应用程序的下载链接,实现主动、快捷、智能、实时的旅游信息推送,体现目的地对游客的关怀和智慧服务。

2. 智慧旅游信息发布系统

在目的地集散中心、景区等场所建立LED电子显示屏,显示电子地图、景区人流量、天气、旅游资讯等内容,实时发布现状。游客在前往景区等目的地的过程中,旅游行程规划系统与云计算中心连接,时刻更新和发布景区客流量、路况、停车状况等实用信息,方便游客变更目的地的选择。

3. 智慧旅游标识系统

在游客服务中心、景区、酒店、商场、娱乐场所、交通枢纽和换乘中心等场所的显著位置,设置丰富的智慧旅游相关使用标识,如WIFI标识、WLAN标识、移动终端应用下载、二维码标识等,提示游客可以在该区域范围内使用相应的智慧旅游服务,方便游客获得及时的旅游资讯。

四、智慧旅游营销系统

智慧旅游营销系统作为专业的旅游目的地营销系统,具备旅游营销推介和旅游在线预定两大基本功能,通过打造媒体营销平台和旅游电子商务系统,集成旅游信息网,将新媒体营销与传统营销方式有效融合发展,通过旅游舆情监控与大数据分析,找出旅游热点和游客兴趣点,以确定营销主题和方向,实现互动营销、体验式营销、联动票务线上营销等新型营销方式,不断提高目的地的知名度和美誉度,形成品牌优势。

(一)公共互动营销平台

"社交+旅游"是未来在线旅游服务发展的趋势,公共营销平台主要包括专业旅游网站、旅游贴吧、旅游评价网站、微博、微信、博客等互动平台。在以上平台,旅游活动、目的地旅游新闻可以进行全流程预告、竞猜、直播、点评、转发,并定期举办门票赠送、抽奖、投票评选、照片游记分享、趣味测试、有奖知识、粉丝游记随拍等在线活动,分享旅游新闻、旅游企业信用等级、网友体验口碑、景区拥挤程度、交通等待时间等互动信息,形成热帖效应,开展互动营销,在互动中不断拉近与游客的距离,解决游客信息不对称问题,使游客能够放心消费、安心出游。

与游客互动的同时,旅游网站、贴吧、微博、微信等平台也应与知名官方微博、客源地官方微博、旅游企业微博、百度贴吧、天涯社区等知名网络平台联动,与多种社交平台形成良性互动,不断吸引潜在游客关注,提高点击率和曝光度。

旅游企业可以对营销内容、营销活动进行评估、管理和数据分析,以曝光量、回复量和转发量为营销评价指标,在长期合作中,筛选出营销效果较好的互动营销平台,以此为依据并逐步强化效果。

(二)体验式互动平台

体验式互动平台包括虚拟旅游、在线旅游游戏、旅游动漫、旅游微电影等虚拟旅游子系统,通常运用视频、图片、3D 动画模拟等手段制作虚拟旅游产品,全面展示景区、景点真实现状;将历史故事、景区故事、当地风土人情等历史场景编入虚拟旅游、游戏、动漫、微电影情节中,全方位展现目的地的地域文化和旅游资源,让游客有身临其境的感官体验。虚拟旅游子系统可免费供游客在门户网站在线游览、观看,还可以上传至多个视频观赏平台进行宣传。例如,借助中国旅游智慧景区动景游网络展播平台(动景游网址 http://trip.taagoo.com/)实现展播与推广,为游客提供互动式的虚拟旅游体验,使游客身临其境地感知旅行产品的实景动态。游客还可以在互动平台参与活动,如果游客在规定时间内进行虚拟旅游体验或游戏过关即可获得景区、酒店的电子优惠券,从而最大限度地宣传推广旅游目的地,最终达到吸引游客到实地旅游的目的。

(三)基于位置服务(LBS)的营销

LBS(基于位置服务)在智慧旅游实现旅游路线优化、实时位置跟踪、行程智能引导、应急智能保障、分享旅游体验五大服务[①],基于 LBS 的营销传播方式通过用户主动参与的方式,为商家提供高度聚焦的可营销人群,通过对用户行为、偏好、消费习惯、区域位置、意见表达等信息的数据挖掘和深入研究,为商家经营活动

---

① 陈兴,史先琳. 基于 LBS 的旅游位置服务思考[J]. 技术与市场,2013(4):214、215、219.

提供参考,向潜在目标消费者推送适时实地的精准信息,实现有效的客户关系营销。主要包括签到式的互动营销、基于地理信息的社交营销两种模式。

签到式的互动营销即通过线上荣誉、实物奖励、价格优惠、打折促销等方式,使游客不断关注旅游企业,定期虚拟签到以获得优惠及奖励。由于游客的持续关注,从而带来更多的收入,逐渐培养游客的忠诚度。

基于地理信息的社交营销,通过手机定位功能,旅游企业推送广告、优惠信息,方便游客查询的同时,实现了对旅游企业的营销宣传。游客在旅程中,随时随地定位分享照片、视频、游记等,也是对旅游目的地强有力的口碑宣传。

(四)"O2O"营销平台

"O2O"(Online to Offline)电子商务模式是将线下的商务机会与互联网结合,让互联网成为线下交易的前台,实现消费者线上挑选服务与结算,线下享受,可以弥补线上购物体验不足、线下购物优惠与便捷不够的缺陷。旅游"O2O"营销主要是旅游企业与电商企业合作,电商企业负责在线商城的建设和运营管理,旅游企业将产品和服务从线下转移到线上经营,实现旅游产品和服务的在线推广和销售。主要表现为以下三种形式:第一,旅游企业与发展成熟的第三方在线企业合作,如携程、艺龙、去哪儿网、飞猪旅行等,借助第三方平台庞大的影响力和先进成熟的电子商务平台,通过在线信息查询、预定来推广和宣传旅游地;第二,旅游企业与拉手、美团网等团购网站合作,打造团购直销平台,提供打折优惠的旅游产品,吸引潜在游客;第三,部分旅游企业通过官网直接开展旅游电子商务服务,如售卖门票、旅游电子优惠券等,与游客直接互动营销,在网上交易中扩大旅游企业的知名度。

第四节 智慧旅游安全保障系统规划

智慧旅游在预示着旅游行业的创新机遇和旅游安全的智能

保障同时,也给旅游行业埋下了新的安全隐患,带来了一些新的风险,最显著的就是信息安全问题。为了维护海量旅游信息数据和客户信息的安全,还须对网络平台进行安全防护。因此,应当对智慧旅游建设的安全保障系统进行规划,制定应用系统的安全管理技术标准,一旦出现问题能够确保在可控范围之内。

一、智慧旅游建设的安全保障标准

智慧旅游依赖于信息技术的发展和应用,智慧旅游借助监控、监测技术等高科技手段,显著增强了对旅游活动的安全保障功能,但信息技术本身就隐藏着一些安全风险。例如,智慧旅游的建设往往涉及各种数据库的建立和维护,包括:GIS地理信息数据库、旅游资源数据库、客户关系数据库等,这些数据和信息一旦遭到窃取和泄露,可能会给旅游企业和旅游者带来一定的安全风险。另外,旅游电子商务给游客带来了极大便利的同时,也滋生了日益严峻的网络诈骗活动,需要警惕虚假网站、虚假信息和钓鱼网站可能给游客造成的利益损失。旅游行业在向游客提供APP链接、二维码服务和信息推送的同时,也要防范一些木马软件、病毒和恶意程序的入侵,否则可能存在消费者信息泄露的威胁,还可能对消费者权益造成损害。因此,智慧旅游建设系统还需要考虑到游客安全保障系统的建设和维护,提高信息系统的安全性。

对这些智能安全系统也要制定标准化的规定。例如,在智慧旅游建设工程中,出于环境承载安全的目的,应当建立视频监控和预警系统,对客流量进行监控,以便必要时进行游客分流,确保游客数量在环境承载力范围之内;出于生态安全的目的,应对景观资源进行环境监控和智能分析,保障资源环境的可持续发展;出于旅游市场安全的目的,应对旅游市场的舆情进行实时监测,并及时反馈调整;在旅游危机管理问题上,需要预备应急处理方案,设立应急广播装置、应急报警装置、应急消防装置等,并且安排好应急装置响应和处理事宜。另外,在网络媒介上,应当规定及时发布旅游安全注意事项和有关出行安全的必要信息,如旅行目的地的安全指数、天气指数等。

二、智慧旅游安全保障的技术实现

面对旅游安全,任何谨慎都不为过,任何投入都不为过,下列几方面的应用系统和技术能够有效保障旅游安全的智慧化。

(一)旅游安全预警和发布系统

旅游安全预警信息应该通过网站、手机应用等第一时间以醒目形式发布,系统后台应该设置专门的预警通知按钮。对于涉及游客安全的信息发布,应该具有主动推送、默认接收的特性。

另外,如果某旅游团在某区域出现安全问题,系统可以对旅游团所在位置进行快速定位,并根据具体情况提示其他旅游团注意避开相关区域。

基于物联网技术还可以实现对重要旅游设施的安全预警。例如,在缆车、索道、栈道和主题公园的娱乐设备上加载感知芯片,记录设备安全相关的参数。这些参数通过某种算法产生一个预警值,一旦超过预警值,系统就向控制中心发送一条预警信息;控制中心收到预警信息后,将依据预先设置的预警方案采取紧急措施,如立即终止相关设备的运行,并根据实际情况决定是否实施安全救援预案等。

(二)旅游车辆定位监测系统

2011年3月,我国交通运输部、公安部、安全生产监督总局、工业和信息化部曾联合下发了《关于加强道路运输车辆动态监管工作的通知》,要求所有旅游包车、三类以上班线客车[①]安装使用具有行驶记录功能的卫星定位装置。强制性的要求给行业的健康发展带来了保障,但企业也应积极配合,从软件和管理系统上

---

① 指非毗邻县之间的客运班线。

进行配置。

例如,深圳东部华侨城采用了基于位置云服务的景区综合管理系统,实现景区项目、车辆、游客、人员以及景区导游车辆的综合指挥管理调度。广西旅游包车安装GPS监控系统确保游客安全。监控系统采用GSM、GPRS、GPS技术等进行信息和数据的无线传输,达到精确定位。对于提供旅游包车服务的旅游企业来说,在车辆上安装GPS监控系统,确保游客的人身安全,也有利于提升企业形象,从而增加业务量。

(三)团队行程监管系统

旅游企业可以针对某个景区的情况,给当地导游配发一个带有GPS功能的手机,在导游带团过程中要求打开相关应用,系统就可以对旅游团队行程进行监控管理。例如,可以监控到导游是否带团偏离线路轨迹,避免发生临时增加购物点、随意取消景点等问题;监控旅游团队在景区停留时间,保障游客游览时间;一旦旅游团队出现安全问题,可以快速定位并启动紧急救援。建设团队行程监管系统,能够保障团体旅游的健康运行,如果出现意外问题,能够做到及时响应、及时解决。

(四)旅游应急救援系统

旅游应急救援系统针对游客突发的紧急救助需求,快速协调公安、工商、医院、城管等行政执行部门及时处理。旅游应急救援系统还需要建立健全应急预案知识库,对各种可能出现的旅游安全事件给出对应的操作预案,缩短处理问题的时间,把损失降到最低。例如,黄山景区的旅游应急联动系统,是"智慧黄山"规划框架中的政府应急指挥系统建设工程的一部分。该系统通过集成的信息网络和通信系统将公安、消防、交通、卫生急救等突发事件应急指挥与调度集成在一个管理体系中,从而为游客提供更加便捷的紧急救援及相关服务。

（五）游客信息安全保障系统

游客的隐私安全也是旅游安全的一个范畴，在智慧旅游规划和建设中也应该考虑到这方面的问题。在智慧旅游的项目建设上，如果涉及对游客个人信息的收集，要从隐私安全角度进行相应的技术处理。第一，对游客信息收集进行提示说明，并明确相关信息的用途。第二，从系统安全上保护用户信息，防止游客隐私泄露。对于在线提交个人资料、网上支付、录入信用卡信息等环节，要符合电子商务和在线交易的安全要求。第三，规范用户信息收集内容和流程。第四，监控设备应该向游客明示，告知游客已经进入监控范围。第五，建立游客信息的存档机制。对于临时性的信息，应该及时删除；对于客户数据等资料，应该进行必要的安全处理。

总之，智慧旅游安全保障体系应按照国家等级保护的要求，从技术、管理和运行维护等方面，对智慧旅游的信息网络采取"主动防御、积极防范"的安全保护策略，建立计算环境安全、网络通信安全、计算网域边界安全三重防御体系，并在感知层、通信层、数据层、应用层和服务层，通过建设安全的传感网络、通信网络、数据中心和应用平台，实现对智慧旅游的层层防控。

第八章　新常态下文化创意旅游的规划与开发要点

新常态为我国经济的转型升级提供了必要的可能,而经济的转型升级为旅游业的发展提供了良好的背景环境。在这个背景环境下,如何将中国传统文化融入现代生活,融入旅游,使其变得可触、可视、可听、可感,使传统文化风俗随时代变迁而依然保持传承和延续,是一个需要研究的重要课题。加强文化与旅游产业的融合,用创新的文化包装旅游,可以促进旅游业转型升级和结构调整。

第一节　文化创意旅游的需求及类别

一、文化创意旅游的需求

随着社会经济的不断发展,人们的旅游需求也不断发生变化。当旅游市场适应游客需求变化,从"大众观光市场"发展为"休闲旅游市场"和"体验旅游市场"时,传统的旅游产品已很难满足旅游者不断增长的物质文化需要,而个性化强、创意性好、体验性高的旅游产品则越来越受到游客的青睐。

近年来,体验经济风靡全球。旅游体验经济通过各个方面的努力使游客达到深度体验,从而极大地刺激旅游消费。与一般旅游产品不同,体验旅游注重旅游者的主动参与及亲身体验。随着旅游者素质的提升,一般的观光性旅游产品已很难激发其热情,文化逐渐成为人们旅游需求的重要内容。因此,旅游产品应更注重文化的深度挖掘。游客需求的变化推动了旅游业的转型升级。

文化创意旅游正是旅游业与文化创意产业融合发展的新型业态,顺应了旅游业转型升级的发展要求。

由于创意能够给旅游活动注入无限的生机与活力,各国重视创意产业的发展。创意产业具有很强的渗透力,可以和多种产业巧妙融合,激发其潜在的活力,是目前发展势头最为强劲的产业之一。近年来,国内的创意旅游实践也得到了很大的发展。其中,较具影响力的是"印象系列"。"印象系列"是由张艺谋、王潮歌、樊跃组成的文化创意团队在旅游目的地政府的支持下,以当地的实景山水为背景,利用当地的民间文化资本和群众演员共同参与打造的系列创意旅游项目,其中最成功的演艺项目是广西阳朔"印象刘三姐"。在"印象刘三姐"之后,浙江的"印象西湖"、云南的"印象丽江"、海南的"印象海南岛"、福建的"印象大红袍"等相继诞生,成功打造为国内知名的文化创意旅游品牌。国内外的发展实践表明,文化创意旅游产业发展迅速、前景广阔。

二、文化创意旅游的类别

按照不同的文化内容,文化创意旅游可分为影视旅游、动漫旅游、事件旅游、主题公园旅游、特色街区旅游、演艺旅游、科技旅游、红色旅游、民俗旅游、交通旅游等。

(一)影视旅游

影视旅游,指影视艺术活动与旅游相结合的一种新型旅游活动方式。西方称影视旅游为"电影引致旅游",认为它是由于旅游目的地出现在荧屏、影带、银幕上促使旅游者造访这些旅游地和吸引物的旅游活动。国内一个得到较多引用的定义是刘滨谊等(2004)提出的:"影视旅游是以影视拍摄、制作的全过程及与影视相关的事物为吸引物的旅游活动。"[1]开展影视旅游活动所依据的载体主要包括影视主题公园、影视制作基地、影视拍摄外景和影

---

① 宋子千.旅游融合发展论[M].北京:中国旅游出版社,2015:119.

第八章　新常态下文化创意旅游的规划与开发要点

视节事活动等,因此也发展出不同类型的影视旅游产品。影视旅游始于20世纪60年代初期,标志是美国好莱坞环球影视城建成之后,从一个影视拍摄场所逐渐演变为著名的参观游览地和国际著名旅游目的地,成为影视文化与旅游相结合的成功典范。21世纪初,全球性的影视城约有5个,主要集中在美国。另一国际知名的影视旅游典范是迪士尼主题乐园,主要是以迪士尼公司旗下的影视品牌及角色形象为主题乐园的文化基础,并打造为全球性的旅游度假区。同时,世界影响最大的国际性电影节,如柏林电影节、戛纳电影节和威尼斯电影节举办期间,举办地往往吸引成千上万的游客前来旅游。在中国,较为知名的影视旅游基地有浙江横店影视城、无锡中视影视基地、广东南海影视城、山东威海影视城、河北涿州影视城等。另外,国内相关的电影节也吸引了一批影视游客,如上海国际电影节、上海电视节、长春国际电影节、四川金熊猫电视节等。

（二）动漫旅游

动漫旅游是动漫业与旅游业相结合的产物。"动漫"是动画和漫画的合称。动漫产业是以创意为核心,以动画、漫画、游戏三大行业为主体,借助影视、电玩、网络、移动通信增值服务及衍生产品的相互渗透融合而形成的一个完整产业链。对于动漫旅游的概念,目前学术界尚未达成共识,但大多数学者比较认同动漫旅游是以动漫资源为核心,经过深度开发而形成的新的旅游形式。动漫旅游的创意开发模式主要有动漫主题公园模式、动漫影视基地模式、旅游景点动漫化模式、动漫产业园区景点化模式、动漫节会模式及动漫街区模式。迪士尼乐园既是世界知名的影视旅游典范,同时也是世界知名的动漫旅游开拓者,是动漫主题公园模式的创立者及成功范例。旅游景点动漫化模式分为两种类型,一种是旅游业借助动漫业的技术优势,将旅游景点虚拟化、动漫化。例如,天畅科技网络公司在"大唐风云"游戏的开发过程中,将浙江丽水地区一个旅游景点虚拟化为网络游戏景点,融入

"大唐风云"游戏中,从而将该旅游景点打造为动漫旅游景区,达到了意想不到的效果。另一种类型是将动漫作品中的场景真实化,开发现实版的动漫景点。例如,杭州宋城集团将网络动漫游戏"传奇世界"作为旅游资源,将宋城打造成现实版的中州皇城,为动漫游戏迷提供了线下体验游戏魅力的空间。动漫产业园区景点化模式主要指赋予动漫产业园区旅游功能,将其打造为旅游吸引物。近年来,国内动漫产业园区逐渐增多,浙江太湖源动漫文化创意产业园、北京中关村海淀科技园的网络游戏动漫产业基地、杭州滨江白马湖创意文化园、山东沂南动漫文化创意产业园等具有一定影响力。动漫节会模式是动漫旅游创意开发的又一重要模式,为动漫旅游开发搭建了良好平台。目前全球有四大极富影响力的国际动漫节,即法国昂西国际动画电影节、加拿大渥太华国际动画节、克罗地亚萨格勒国际动画节和日本广岛国际动漫节。动漫街区模式主要指以动漫产品及其衍生品为旅游吸引物的动漫特色主体街区。日本秋叶原是动漫街区模式的典范。

(三)事件旅游

事件旅游是以各类型事件及其衍生现象和相关因素为旅游吸引物,通过对事件的规划、开发及营销传播,促使潜在旅游者产生旅游动机的专项旅游活动或旅游产品。关于事件的分类,目前国内外有很多分类方法,但并没有一个统一的分类。国际节日和事件联合会把节日和事件分为大型事件、小型事件、艺术节日、体育事件、展览会、与公园和游憩相关的事件、城市组织的事件以及会议与观光局组织的事件。国内学者根据事件旅游主体,将事件旅游分为民族文化型、历史文化型、特有物产型、独特景观型、宗教文化型、民俗文化型、康体文化型。例如,北京市从2012年春节开始举办的新年倒计时庆典活动,便以北京文化地标为载体,营造特殊的景观效果和节庆氛围,并通过全球媒体运作向世界投放旅游营销信息,效果十分显著。再如,国内西安、洛阳、开封、大同等一些古都开展的元宵灯会是将我国传统上元节(即元宵节)

的风俗文化发扬光大,通过现代视觉技术打造灯展景观,大力发展现代灯会旅游。另外,四川自贡的国际恐龙灯会则是另辟蹊径,借助元宵节的节庆事件,开创出一种创意灯会旅游。

(四)文化主题公园旅游

文化主题公园旅游是以特定主题文化为线索,通过特色建筑、雕塑、游乐设施、演艺项目、场景体验、服装租赁等旅游设施及吸引物,为消费者提供有较强体验性的游憩场所。美国的主题公园起步早、投资大、主题类型多样,取得了全球范围内的成功。国内现代意义上的文化主题公园出现于20世纪80年代后期,初期以长江乐园和河北正定的西游记宫为代表。20世纪90年代,"锦绣中华"的成功,产生了强烈的示范效应,由此在全国形成了文化主题公园的投资热潮。目前,深圳主题公园群、苏州的苏州乐园、杭州的宋城、浙江的横店影视城、江苏常州的淹城春秋乐园等是发展良好的几大主题公园,其中深圳华侨城是佼佼者。

(五)特色街区旅游

特色街区是城市历史的浓缩和城市文化的结晶,是彰显城市形象、展示城市物产、体现城市品位的重要载体,具有购物、餐饮、休闲、娱乐、旅游等多种功能特质的开放式街区。因此,特色街区也就成为重要的文化旅游资源。作为独特的城市公共空间,特色街区通常以城市建设发展为依托,以同一主题或某种元素为核心,为城市发展提供创意平台,为人们提供全新的工作和生活模式。特色街区是城市多维元素的有机互动与融合,能够把生活与创业、文化与经济、历史与现代、传统与时尚、商贸与旅游等高度融合,是城市文化、商业与旅游的黄金结合点。特色街区可分为历史文化特色街区(如北京国子监街、苏州平江路、青州昭德古街等)、现代商业特色街区(如伦敦的牛津街、北京的王府井大街、上海南京路)、时尚休闲特色街区(如重庆嘉陵江畔的重庆天地)、民俗风情特色街区(如北京天桥民俗街)。

(六)演艺旅游

演艺旅游就是以演艺作为吸引物而开展的旅游活动。这里的演艺范畴,既可以是历史文化的,也可以是民俗风情的;具体的表现手法既可以继承传统的精髓,也可以融入现代的时尚等。对于演艺旅游来说,演艺本质上是一种演出活动,但这种演出活动的演出对象是旅游者。演艺旅游可分为室内文艺表演、主题公园演艺、景区实景演出、演艺节事活动。我国的文化创意演艺产品除了前述的"印象系列"外,中国很多旅游目的地都投入巨资开发文化创意演艺节目,如河南嵩山"禅宗少林·音乐大典"、陕西西安"长恨歌"等。

(七)科技旅游

科技旅游主要指客观存在于一定地域空间,因其所具有的科学价值而对旅游者产生吸引力,许多游客把眼光投向了大型工厂和各种工业陈列馆。早在20世纪30年代,法国三家汽车制造公司雷诺、标致、雪铁龙组织公众参观汽车生产流水线,不但起到了宣传企业形象、展示汽车制造工艺的宣传作用,而且还获得了不错的经济效益,这就是科技旅游的雏形。工业与旅游的相互协作能满足游客的求知欲、好奇心和参与愿望,也能提高企业的声望和吸引力,为企业带来良好的社会效益。20世纪50年代以来,西方旅游业发达的国家(地区)以工业旅游为契机,进一步开发科技旅游。美国造币厂每日吸引着成千上万的游人,游客可以在四方形的参观平台上观看造币过程。我国的科技旅游也有所发展,如南京市1997年率先以"科技旅游"的理念推出了爱国主义教育科技旅游专线,北京市自1998年也开始将"科技旅游"纳入了北京市的重点发展项目[①],四川省在1999年推出了"工业科技旅游线

---

① 石美玉,等.北京主题旅游发展研究[M].北京:中国旅游出版社,2014:103.

路",武汉在2002年推出"光谷科普游"。上海是国内科技旅游发展较快、运作较好的城市之一,上海科技馆已经成为上海旅游的地标性旅游点。据不完全统计,"上海共有科普基地120家,全年共接待1500万人次参观。科普基地的70%已成为科普旅游景点,并有两条科普旅游专线开通。"[1]国内如西安的大唐芙蓉园等各种以科技为主题的公园通过声、光、电等高科技的应用,开发出光幕电影、全息影像等旅游吸引物,把各种虚拟情景和梦幻世界真实地展现出来,从而吸引了大批的旅游者慕名而来。

(八)交通旅游

交通旅游是以旅游交通设施、交通工具和沿线风景为体验对象,强调旅游过程中能够满足游客审美需求、服务需求和休闲需求的一种特殊旅游产品形式。交通旅游可分为城际交通旅游和区内交通旅游。城际交通旅游一般依托公路、铁路和水路等交通设施,强调在各个沿途景点的停留时间。区内交通旅游的交通工具包含景区内的道路铺设,索道、缆车、轻轨、滑道、电梯的架设等,主要是让游客在交通工具上欣赏沿途的风景,而不会有路途中的短暂停留。依托沿线风景的交通旅游产品有公路旅游、内河旅游、火车旅游,依托交通工具的交通旅游产品有邮轮旅游、游艇旅游、房车旅游、自行车旅游,人与自然和谐统一的特种交通旅游产品有空中旅游(如太空旅游、直升机旅游、热气球旅游等)、陆地旅游(如滑雪旅游、徒步旅游等)、水上旅游(如漂流旅游、潜水旅游、滑水旅游、翻板旅游等)。一些具有地方特色文化的特种交通旅游,如轿子、滑竿、羊皮筏子、竹筏、骆驼等特种交通工具更是将地方传统文化与现代旅游相融合,成为创意旅游的一大亮点。例如,北京什刹海景区中的人力三轮车,可以说是对过去的人力黄包车的改进,体现了现代科技的发达,同时也保留了一定的传统特色。另外,人力三角车的车夫还给游客讲解什刹海景区各个景

---

[1] 刘艳.科技旅游的理论与实践阐释[D].东北大学硕士论文,2005.

点的历史渊源和特色,又在一定程度上扮演了导游角色。这是交通旅游发展中文化创意的良好体现。

第二节 文化创意景区的旅游运营

一、文化创意景区的旅游运营模式

文化创意景区旅游运营模式是由景区内外能够促进旅游发展的相关部门机构或主体元素共同构成的一个整体系统。既包括从景区内部产生作用的动力群,也包括从景区外部发挥作用的动力群。通过景区运营的内外部动力主体共同发挥作用和影响功能,促进文化创意景区的文化品牌挖掘、创意产品结构优化、景区运营要素不断完善,从而推动文化创意景区旅游的发展。

文化创意景区旅游运营的一般模式如图8-1所示。

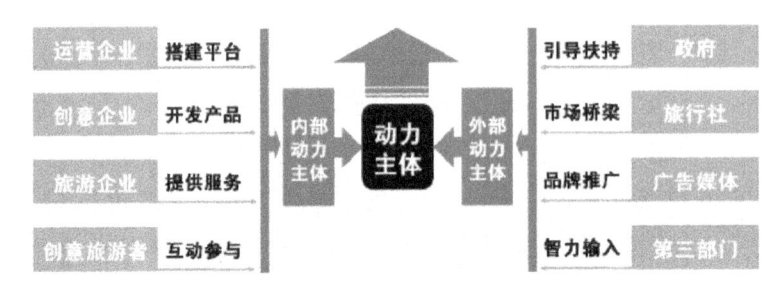

图8-1 文化创意景区旅游运营的一般模式

(一)文化创意景区旅游运营的内部动力主体

文化创意景区旅游运营的内部动力主体主要包括运营企业、创意企业、旅游企业、创意旅游者等。

景区的运营企业,作为文化创意景区的运营主体,负责文化创意景区的开发、经营、管理、营销、宣传和接待等工作流程,其对文化创意景区旅游发展的作用如图8-2所示。

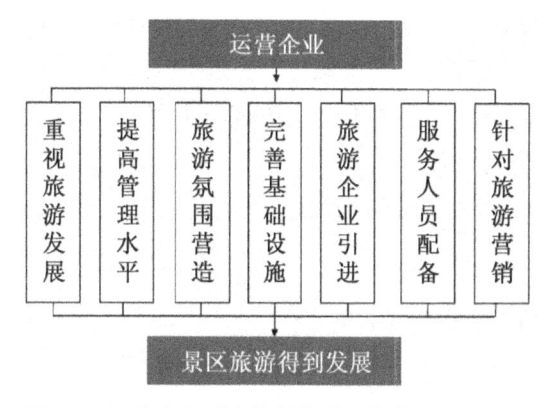

第八章 新常态下文化创意旅游的规划与开发要点

图 8-2 运营企业对文化创意景区旅游发展的作用

景区的创意企业,可以倡导创意理念,开发创意产品,引领艺术生活,为景区营造浓厚的创意氛围,丰富景区的文化产品,提升景区旅游的知名度,从而影响景区的市场号召力。

旅游企业和各种机构组织可以为旅游者提供完善的、高质量的旅游服务,包括吃、住、行、游、购、娱。文化创意景区旅游的发展也同样需要饭店业、交通业、娱乐业、餐饮业、购物业五大类旅游企业作为其旅游服务的支撑。为了使游客获得文化创意旅游的高质量体验,还需在这些配套服务领域推陈出新,提供完善的服务功能。因此,旅游企业也是文化创意景区旅游发展的重要动力主体。

创意旅游者也能够成为文化创意景区发展的内在动力来源。因为任何商业活动的开展都必须以市场为导向,文化创意旅游产品的开发和旅游活动的开展也同样来自旅游市场的需求。因此,文化创意景区的发展首先要考虑如何满足创意旅游者的需求,并将其纳入整个景区旅游规划和发展体系之内进行考虑。同时,旅游者的口碑相传,也是文化创意景区进行扩大宣传和后续发展的动力来源。

(二)文化创意景区旅游运营的外部动力主体

文化创意景区旅游运营的外部动力主体主要包括政府、旅行社、广告媒体及第三部门等。

在中国,旅游产业的发展主要是采取政府主导型的战略,政府的政策支撑程度决定了文化创意旅游发展的程度。因此政府对旅游业的推动作用非常大。目前我国政府正大力倡导"创新创业"的双创理念,以此作为引领我国行业转型的理念变革。在此契机下,文化创意旅游的发展既契合创新创业的理念,又能够进一步倡导创新生活和创意旅游,因此在政府部门的推动下,有利于文化创意旅游的迅速发展。首先,政府通过举办或参加文化创意产业展销会、文化产业博览会等展会活动,能够对区域内的文化创意旅游进行大力宣传和推广;也能够通过大众媒体甚至国际性媒体宣扬和塑造区域旅游形象,扩大区域内文化创意旅游的知名度,营造创意旅游的氛围,刺激旅游市场对文化创意旅游的需求;同时,政府可以通过成立文化创意旅游协会、开展文化创意旅游示范项目评选等工作,推动区域内文化创意旅游的发展和完善;政府还能够对一些社会影响大、综合效益好的文化创意旅游项目给予一些政策、资金、税收方面的相关支持。

在文化创意景区旅游发展过程中,旅行社发挥着桥梁的功能,也成为文化创意景区旅游运营的重要外部动力主体。旅行社在旅游经济活动中连接着游客市场和旅游企业两端:在游客市场方面,对游客的需求更为敏感,能够及时反馈、传递和协调市场信息,在创意旅游产品的设计、包装、宣传和服务方面做出专业的调整、安排和经营;在旅游企业方面,旅行社能够将文化创意景区融入旅游线路设计中,对文化创意旅游产品进行合理的包装和市场定位,帮助文化创意景区提升知名度、扩大市场,拓展文化创意旅游的空间产业链。

文化创意旅游作为一种比较新兴、时尚的旅游产品,要想迅速扩大知名度,占领部分旅游市场,必须通过现代媒体进行旅游产品的宣传和促销,甚至可以帮助营造创意生活、个性化旅游的消费理念。因此,报纸、电视、网络等广告媒体在文化创意旅游的发展中具有至关重要的作用。另外,现代媒体的介入、无处不在的网络媒介,还可以将文化创意景区的发展动态、创新理念、最新科技应用等信息及时传递给公众,引起公众对景区的关注和口碑宣传。

文化创意景区旅游运营的第三部门是指能对景区旅游发展产生影响,但既非政府单位又非一般民营企业的事业单位的总称,一般包括高等院校、科研机构和行业协会(如旅游协会、饭店行业协会、酒店行业协会等)。第三部门可以对文化创意景区的发展产生举足轻重的推动作用。以高等院校为例,通过将最新科研成果与景区内部资源相整合,实现资源共享,为景区不断输出新的制造工艺、新的专利成果、新的经营模式、新的盈利方式以及创意型人才等智力支持,能够极大地促进文化创意型景区旅游产品类型的丰富和完善。

二、文化创意景区的旅游规划模式分析实例——成都东区音乐公园

以四川成都东区音乐公园为实例,分析文化创意景区的旅游规划模式。

成都东区音乐公园是成都市唯一一处城市工业用地更新和工业遗址保护项目,地处四川省成都市成华区建设南支路四号。从 2009 年开始,成都市就将文化产业作为地方战略性新兴产业来抓,并制定了《成都市文化创意产业发展规划(2009—2012)》,2012 年又出台实施了《成都市文化产业发展"十二五"规划》。一直以来,成都市都格外注重文化产业的发展,力争使文化产业成为当地国民经济的支柱性产业。成都市作为国家首批认定的历史文化名城,文化底蕴深厚,其中以文化和旅游相结合的文化产业品牌项目在国内外享有较高的知名度。在此背景下,成都市政府委托成都传媒集团投资超过 50 亿元,按照生态、文态、业态、形态"四态合一"的发展策略,利用成都东郊老工业区的工业遗址,即原成都红光电子管厂生产区改建成创意文化体验园、音乐新媒体发展基地和数字音乐产业集聚区。并通过与中国移动无线音乐基地、APTLAVIE 音乐生活馆等数字音乐产业核心企业合作,

共同构建了完善的数字音乐产业链条。

成都音乐公园的开发模式开创了全新的文化创意旅游开发规划模式,使之成为独具亮点、使人耳目一新的音乐文化创意园区。成都东区音乐公园通过打造"世界华语音乐之都"的品牌项目,推出一批具有成都特色的演艺娱乐剧目,在发展文化演艺旅游方面形成了成都品牌效应。音乐在文化旅游方面的作用不可小觑,如曾获得最受欢迎民谣歌曲的《成都》,就引发了一波国民对成都的回忆和憧憬,刺激了大量游客到成都寻访和旅游体验。成都东区音乐公园正是基于音乐文化旅游消费的发展理念和数字音乐全产业集聚区的规划模式,成功打造了国内首个集生产、体验、消费等音乐全产业链于一体的音乐主题娱乐旅游目的地。

(一)成都东区音乐公园开发规划主体和构架分析

围绕成都东区音乐公园的建设和音乐产业的发展,目前园区的开发运营主要涉及成都市政府、成都传媒集团、中国移动通信集团、成都音乐学院等多个动力主体。

1. 内部动力主体

成都传媒集团是成都东区音乐公园的投资建设和运营管理主体,其旗下的成都传媒文化投资有限公司主要负责园区的规划、设计、建设工作;成都传媒文化产业园运营公司主要负责园区的日常运营、管理工作。由于成都传媒集团的媒体资源优势,使得广告传媒不但成为促进成都东区音乐公园文化创意园区旅游运营的外部动力,同时也从运营内部发挥强大的推动作用,在提升成都东区音乐公园的知名度和品牌价值方面具有独特的优势。

中国移动通信集团和成都传媒集团联手打造的中国移动无线音乐基地,涵盖了中国移动无线音乐俱乐部、明星专访的访谈直播间、专辑制作的录音棚以及数字音乐实体版权库等多个产业形态。以中国移动无线音乐基地为平台,成都东区音乐公园主要汇聚了CHANNEL[V]、星空传媒(中国)有限公司、北京歌华中演文化有限公司及四川省歌舞剧院、嵩山少林寺文化传播中心等音乐演艺资源。此外,D9数码音乐集团及全球四大唱片公司、德国歌德学院、中国电影集团、四川省歌舞剧院等都是依托中国移动无线音乐基地这个平台,融入成都东区音乐公园的运营当中。围绕音乐这一主题,成都音乐公园还成功引进了德国保险箱、音乐互动仓、香薰音乐馆、FIX音乐工坊、哈雷公路音乐部落、MINI LIVE音乐现场等小型创意主体,他们的入驻促进了音乐公园企业类型、演艺模式的业态体系完善,更在音乐创意文化的引领、音乐创意氛围的营造、音乐演艺效果的体验方面能够充分满足旅游者,特别是音乐爱好者的体验需求。这些企业主体和小型创意主体都是成都音乐公园的运营主体和内部动力主体。

另外,依托于成都舞台、演艺中心、MINI LIVE音乐现场、音乐互动仓这些互动体验项目,一些热爱音乐、渴望展现自己音乐潜能的旅游者也将这里作为实现其音乐梦想的场所,可以获得深度的旅游体验效果,并推动创意音乐的创新发展。因此,这些音乐爱好者及创意旅游者也成为成都音乐公园的内部动力主体。

2. 外部动力主体

成都音乐公园的建设主要是为了顺应成都市政府的文化创意产业发展战略,在成都市文化产业发展规划的推动下,利用全市唯一一个工业遗址保护项目,引进先进的数字音乐核心企业为合作伙伴。政府部门从引进文化产业人才、投融资、财税政策等方面提出了系列保障措施,助推成都东区音乐公园的基础设施建设,将其打造为国内中西部的演艺娱乐中心,培育为成都市的一个文化创意产业增长极。

另一外部动力主体——成都音乐学院为成都东区音乐公园输送人才,并将园区作为实践教学基地,联合举办国际音乐赛事及公益文化演出系列活动,将东区打造成为中国面向世界的音乐传播基地。成都传媒集团与四川音乐学院还共同推出偶像艺人生产线——东区星工场,通过这一项目的打造和运营,为音乐公园输送源源不断的新生代后备人才。另外,借助四川音乐学院在音乐界的专业优势、资源优势和巨大影响力,成都传媒与成都音乐学院在成都东区音乐公园共同创建"中国流行音乐博物馆"。

在第三部门的行业协会中,成都东区音乐公园主要与中国音乐家协会合作,充分利用其丰富的专业音乐艺人资源和行业号召力,为音乐公园的产业发展奠定坚实的专业人才基础,并获得音乐家协会方面的顶级专业指导和智力支持。

总之,在成都东区音乐公园的运营过程中,各内外部动力主体之间强力互动,相互融合,通过各种创新模式进行有效合作,实现了资源的高度整合和充分利用,最终将成都东区音乐公园塑造成了颇具创新性的音乐创意园区规划模式。

成都东区音乐公园的运营管理框架如图8-3所示。

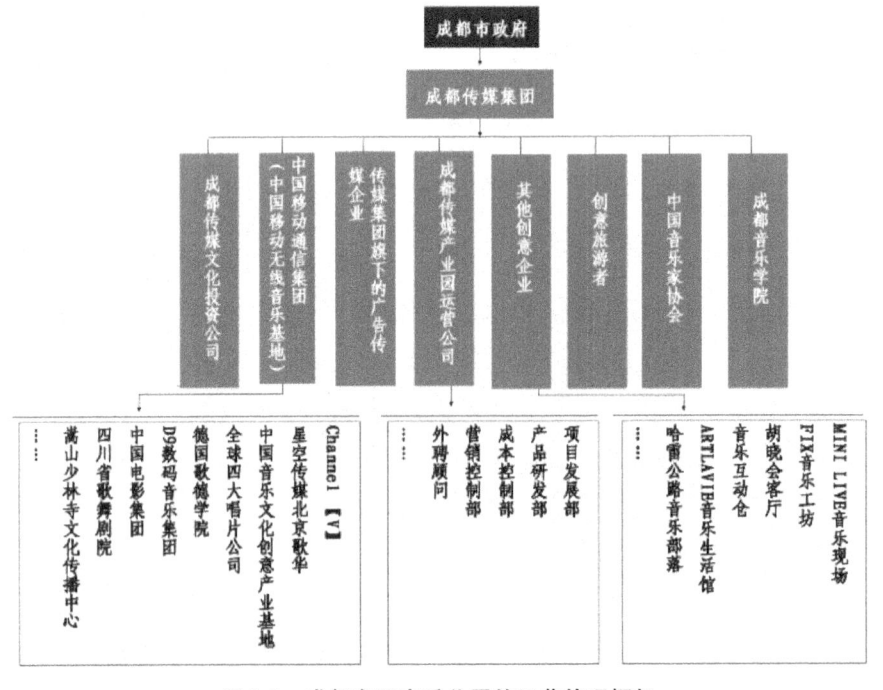

图8-3 成都东区音乐公园的运营管理框架

（二）成都东区音乐公园旅游开发模式构成要素

1. 项目管理模式

在成都东区音乐公园的项目建设中，成都传媒集团全资组建成都传媒文化投资有限公司，作为成都东区音乐公园的项目建设管理主体和实施主体。而成都传媒集团负责对园区的规划建设及实施进行全局性掌控。随着成都东区音乐公园项目建设工作的逐步推进，成都传媒集团又注资组建成都传媒文化产业园运营管理公司，作为成都东区音乐公园的运营管理主体。这一项目建设和运营管理相分离的项目管理模式，使得成都音乐公园实现了项目的边开发、边运营，保证音乐公园项目建设的顺利推进。

成都东区音乐公园的项目管理模式如图 8-4 所示。

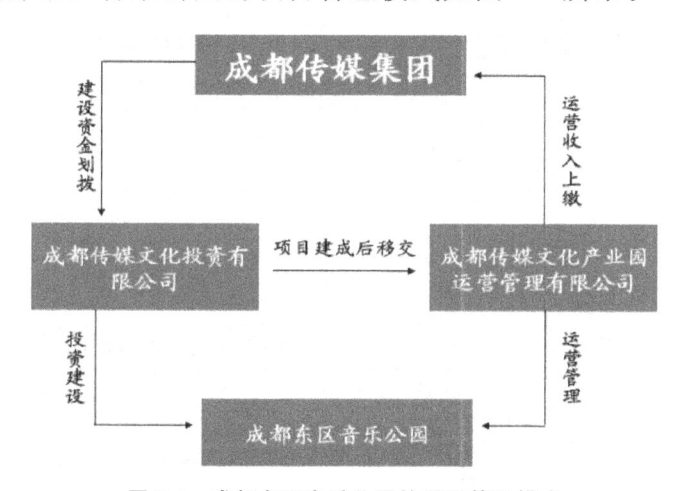

图 8-4　成都东区音乐公园的项目管理模式

2. 音乐产业发展模式

成都传媒集团通过与中国移动通信集团联手中国移动无线音乐基地，打造音乐公园的综合性音乐产业服务平台，开创了音乐产业和旅游消费双业主互动的文化创意园区发展模式。

成都东区音乐公园产业发展模式如图 8-5 所示。

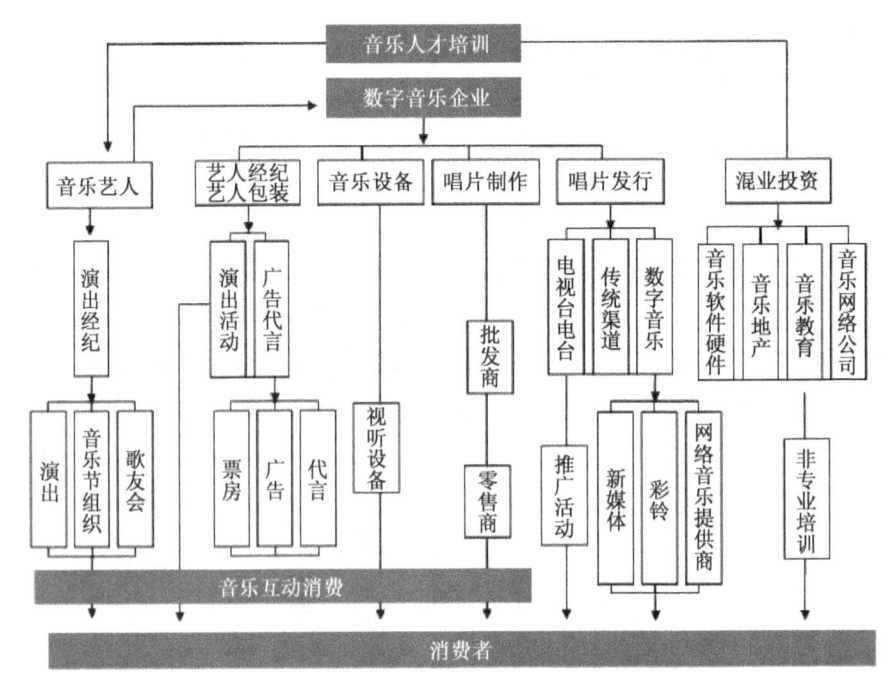

图 8-5① 成都东区音乐公园产业发展模式

3. 园区文化经营模式

作为国内目前唯一以音乐为主题的娱乐目的地,成都东区音乐公园在招商运作过程中制定了严格的招商评审制度,确保引进商家类型的多元化和代表性,有针对性地引进各类型的音乐产业和创意主体,打造完整、完善的现代音乐产业链条,塑造突出醒目的园区音乐主题,设置丰富多彩的音乐消费内容。在具体商家配比和选商过程当中,特别注意消费市场主体的大众化消费特征,强调旅游消费对音乐的创新体验,并凸显出音乐文化的公众性和文化传播功能。因此,在文化经营的招商过程中,对能够聚集大量人气的中小型创意主体和侧重音乐创新体验等类型的商户进行倾斜,如作为大众音乐消费典型代表的成都舞台、成都演艺中心、MINI LIVE 音乐现场等。

---

① 刘成. 文化创意园区旅游运营模式研究[D]. 成都理工大学硕士论文,2012.

第八章　新常态下文化创意旅游的规划与开发要点

4. 整合营销与品牌塑造模式

成都东区音乐公园的市场营销模式,突出表现出整合营销和品牌塑造的特点。首先,成都东区音乐公园的建设和管理主体——成都传媒集团,充分利用其旗下丰富的媒体资源和宣传途径,广泛宣传音乐公园举办的文化创意活动、音乐盛事等,使公众持续了解园区发展动态,提高音乐公园的大众关注度,塑造独具一格的音乐创意园的品牌形象。其次,邀请国内外音乐界知名大腕、团队举办各种极具影响力的音乐会、演唱会,并经常性地举办一些大规模公众参与性的音乐文化活动或选秀活动,最大限度地刺激市场消费,扩大园区旅游产品的市场营销,逐渐凝聚、塑造并增强音乐公园的品牌号召力。

5. 开发盈利模式

纵观国内外各大文化创意园区,其盈利模式主要有:主导产业发展盈利模式、园区地产盈利模式、游憩服务盈利模式、旅游相关服务盈利模式、园区商业盈利模式、旅游门票盈利模式等。成都传媒集团的产业背景,决定了成都音乐公园的开发并不以短期商业投机性盈利为目的,而是基于对闲置的工业遗产基地的创意性使用,促使其在音乐文化产业整容般的塑造下能够"老树开新花",形成一种创新型的长期规划模式和盈利模式。在成都东区音乐公园的开发运营中,一是通过创新音乐产业发展模式,打造多功能音乐产业园区,囊括音乐文化产品的研发、生产、销售、消费,以及衍生产品的包装、设计、创新等各个环节的音乐文化全产业链,从而在音乐产品消费、文化旅游、音乐创新体验领域获得盈利。二是创新性运用了以地产反哺文化产业的盈利模式,即通过对生产区内的工业建筑进行改建,打造既具有工业文明风格,又展现现代音乐产业元素的文化创意产业基础设施,通过音乐产业的发展重聚园区的核心吸引力和竞争力,进而带动整个园区及周边的商业、物业、住宅的地产业通过出租、出售等形式获得盈利,并反哺于园区音乐产业的发展,促进音乐公园的长期可持续发展。

第三节 文化创意产业园区的发展与规划

一、文化创意产业园区的发展

利用产业集群化发展优势而兴起的文化创意产业园区,通过园区公共平台对资源的优化配置与整合,从而有利于实现产业链条的无缝链接,大大加速园区内文化商品的产、供、销一体化进程。处于产业链上下游彼此紧密关联的各家企业通过集群化发展的模式,在相互共享生产要素,降低企业成本的同时,还极大地方便了企业之间的合作与交流,使各企业间能够相互取长补短,增强彼此的自主创新能力,从而达到企业自身的良性循环,实现可持续发展的目标。

文化创意产业园区的理念传入我国的时间并不是很长,但得到了广泛的认同和接受。近几年来,我国政府对振兴本民族的文化产业给予了越来越多的关注,优惠政策频频出台,这在很大程度上鼓励了文化创意产业园区的发展。自北京、上海等一些发达大城市率先建立文化创意产业园区以来,其他城市也纷纷加快了自身发展文化创意产业园区的步伐。同时,越来越多的企业也自发地或有组织地纷纷选择"扎堆"发展,从而使得大大小小的文化创意产业园区遍地开花。表8-1为2013年中国文化创意产业最受关注与最具特色的十大园区,表8-2为2016年度中国文化创意产业十大先锋园区。

表8-1 2013年中国文化创意产业最受关注与最具特色的十大园区

最受关注的十大园区	最具特色的十大园区
TOP1:北京798艺术区	TOP1:五千年文博园
TOP2:成都东郊记忆	TOP2:酷车小镇

续表 8-1

最受关注的十大园区	最具特色的十大园区
TOP3:深圳 F518 时尚创意园	TOP3:台湾两门红楼
TOP4:上海田子坊	TOP4:北京国家音乐产业基地示范园区
TOP5:兰州文化创意产业园	TOP5:天津民园西里
TOP6:中关村科技园区雍和园	TOP6:福建莆田工艺美术城
TOP7:上海沪西德必易园	TOP7:樟树林文化生活公园
TOP8:源和 1916 创意产业园	TOP8:白马湖生态城创意城
TOP9:吉林东北业文化创意产业园	TOP9:常州环球动漫嬉戏谷
TOP10:"艺术 8"创意产业园区	TOP10:方家胡同 16 号

表 8-2　2016 年度中国文化创意产业十大先锋园区和十大新锐园区

最受关注的十大园区	最具特色的十大园区
TOP1:长宁德必易园	TOP1:东莞 33 小镇文化创意产业园
TOP2:北京 798 艺术区	TOP2:699 文化创意产业园
TOP3:北京尚 8 人文创意产业园	TOP3:上海大树下新媒体创意园区
TOP4:新华 1949 文化创意产业园	TOP4:辽河国际艺术区
TOP5:创意 100 旅游衍生品创客基地	TOP5:上海芳华德必运动 LOFT
TOP6:台湾松山文创园区	TOP6:珠海 V12 文化创意产业园
TOP7:深圳 F518 创意园	TOP7:青岛非物质文化遗产博览园
TOP8:苏州工业园区	TOP8:郑州国际文化创意产业园
TOP9:敦煌国家级文化产业示范园区	TOP9:济南国际创新设计产业园
TOP10:杭州之江文化创意园	TOP10:北京德必天坛 WE

我国文化创意产业园区的形成和建设主要有三种情况。第一,改建旧厂房旧仓库,另辟文化创业园区。例如,北京 798 艺术区前身就是北京七星华电科技集团有限责任公司的厂房。北京方家胡同 46 号前身为原中国机床厂的厂址,是北京工业史上重要的"机床基地"。上海 M50 创意中心,位于普陀区苏州河边的莫干山路 50 号,原是一家建于 1932 年的老纺织厂区。成都"东

郊记忆"音乐公园前身是原红光电子管厂。上海 1933 老场坊建于 1933 年,曾是上海工部局宰牲场。第二,依托大学文化创意人才,形成产业园区。中国人民大学文化科技园、杭州之江文化创意园、深圳大学 3 号艺栈等都是依托周边高校建立的。第三,依附高新产业园区,实现科技与文化产业相融合,共享资源。位于中关村高科技园区内的中关村创意产业先导基地、中关村科技园区雍和园便是此类。

值得注意的是,从总体上看,大多数文化创意产业园区仍然停留在提供空间载体的阶段,有少部分园区已经开始迈向产业节点的阶段,也有部分园区开始打造专业领域公共服务功能。例如,上海部分园区已经开始注意到打造特色功能的重要性,通过建设公共服务平台来形成特色优势。截至 2012 年,上海的 87 个市级创意产业集聚区共建有 235 个公共服务平台,这些平台涉及工业设计、动漫游戏、网络文化、数字内容、多媒体等多个领域,平均每个集聚区拥有 2.6 个平台。但应该注意到的是,这些公共服务平台仍然处于专业领域的范畴,仍未对园区整体功能的形成提供助力。

客观来说,短期内速成的很多产业园区由于缺乏管理经验与经营策略,园区发展模式仍然处于低端模仿阶段,园区定位不清的现象普遍存在,缺乏产业领域的发展欲望和竞争动力。很多由于经营不善而沦落为城市建设的"鸡肋",成为徒有虚名的形象与政绩工程。因而,如何才能实现文化创意产业园区的良性循环和可持续发展,在大力弘扬和发展本土文化的同时,造福于当地的人民群众,是建设文化创意产业园区的宗旨所在。振兴和发展文化创意产业,重要的不是大规模地兴建各种文化创意产业园区,而是要对既有园区进行深入的精耕细作,在注重对园区进驻企业政策与资金扶持的同时,加强对园区平台这一公共资源的规划和管理,充分调动市场经营理念,为树立良好的园区形象、打造知名的园区品牌奠定坚实的基础。在打造园区品牌时应注意园区所在区域的文化特点,充分挖掘区域文化特色,打造具有个性文化的园区品牌。

二、文化创意产业园区的规划

文化创意产业实际上是文化创意产品的产业化,它是以创意为核心,向大众提供文化、艺术、精神、心理、娱乐产品。文化创意产业园区就是汇聚文化创意产业,专门进行文创旅游商品开发的特色区域。文化创意产业园区的规划一般可从文化创意旅游接待设施、文化创意旅游景观、文化创意旅游活动、文化创意旅游社区等方面着手打造独具一格的文创基地。

1. 创意设施(文化创意旅游接待设施)

主要包括主题酒店和一些具有旅游体验功能的文化创意型餐厅、会所、酒吧等。北京方家胡同46号文化创意园区内,不但有快捷酒店、咖啡厅、小剧场,还有各种文化沙龙空间、艺术中心等机构,各自具备不同的创新理念,呈现独特的艺术成果。主题酒店不仅是住宿设施,也是一种吸引物,在国内外已经有了很多案例。例如,北京的"长城脚下的公社"就融合了长城文化元素,体现长城景观建筑风格,给游客创造了十分特殊的住宿体验。

2. 创意景观(文化创意旅游景观)

创意景观大到创意地标或大地艺术,小到创意景观建筑、创意园林景观或创意景观小品。创意景观主要是指赋予了创作者文化价值的创作类型。例如,上海红坊创意区改建于上钢十厂原轧钢厂的厂房,利用老工业建筑的钢筋铁骨,将厂房的高大空间、框架结构等特点与现代建筑艺术相结合,使新旧空间互相结合、自然过渡,与上海城市雕塑艺术中心融为一体。又如,前述的长城脚下的公社,它既是一种创意设施,也是一种创意景观。

3. 创意活动(文化创意旅游活动)

创意活动包括创意节事、新型文化活动,以及在旅游营销等方面采用的各种创意活动,这些创意活动往往基于某种新的消费理念、流行文化、时尚行为等。例如,一些创意街区或创意基地会经常性举办一些文化活动,如设置涂鸦区、趣味拍照区、体验区,举办一些户外露天摇滚音乐节、后现代艺术展、雕塑展、摄影展、动漫展、cosplay动漫真人秀、原创环保装置作品展、机器人展览以及创业黑马比赛等创意活动。

4. 创意社区(文化创意旅游社区)

创意社区是指以社区形态呈现的某种创意旅游体验空间,它一般包含前述的创意产品、创意设施、创意景观和创意活动。创意社区是发展到一定规模、比较成熟的创意区域,一般拥有较为固定的投资主体和经营模式,已经吸引了一批商户或企业长期入驻,有某种文化主题,也有自己的目标顾客市场。例如,城市中的创意街区(如北京798艺术街区),也包括创意聚落(如文化创意基地、文化创意村落)等。

三、文化创意产业园区的开发要点

文化创意产业园区一般是由政府政策引导的,利用周边高新科技型资源,通过业态调整和产业重组的形式对原有老工业遗址和建筑或其他废弃场地进行改造,并植入新的服务产业形态,如时尚产业、艺术展览、商业购物、旅游体验、动漫产业、娱乐产业、影视产业等,营造一种浓厚的都市创意文化氛围,形成多元文化生态和创意服务产业集聚区及现代创意产业基地,使其完成空间功能转换的一种开发模式。在文化创意产业园区开发过程中最重要的几点包括:

(一)通过业态调整和产业重组,完成空间功能转化

文化创意产业园区的选址通常在原有的老工业遗址、废弃场地等,根据再利用原则进行功能转换和重新规划。要实现老工业遗址和废弃场地的空间功能转化,必须由政府开发部门推出有吸

引力的招商引资政策,考虑周边区域的产业布局,并结合产业园的开发主题,有规划地引进一批创意产业及中小商户,在此基础上加快业态调整,进行产业重组。可以在富有历史感的工业遗址装饰一些创意景观,建立艺术展示区、工艺集市、酒吧街、音乐街、动漫城、户外咖啡厅等创意空间,打造文化创意产业聚居区。

例如,位于台北的华山创意文化园区,室外空间设有休闲区与餐饮服务区,平时供大众休憩,也作为大型艺术作品展示、演唱会、小型表演活动及个人创作展示场地;室内场馆主要包括创意市集、美食、餐厅,也提供会议、展览、演出的空间;有许多明星将工作室设在该园区,并在园区内举办新唱片、新影视、新书发布会或见面会;此外,华山创意文化园区内还持续举办一系列雅俗共赏、老少兼宜、喜闻乐见的文化体验活动。

(二)以文化体验为理念,营造创意旅游环境

文化创意产业园区要迎合旅游发展,需要营造出创意旅游的环境氛围,应将体验经济理论融入文创旅游中,在满足游客参观、游览基本需求的基础上,要深入挖掘其文化价值、艺术价值和技术价值。文化体验强调游客对文化的、生活的、历史的体验,强调参与性与融入性,具体可以通过运用创意空间、创意景观打造具有艺术性和文化性的环境氛围,充分融入游客的游程,给游客带来与众不同的体验与感受;还可以借助先进设备为游客提供兼有文化性、知识性和趣味性的体验活动,这些活动属于文化体验的内容,不需要投入大量资本,同时能提升经济价值,更能满足游客在休闲体验方面的特定需求。

(三)突出特色文化主题,开发丰富的旅游活动

文化创意产业园在规划中要明确定位自身的特色文化主题,如音乐主题、怀旧主题、动漫主题、瓷器主题、陶艺主题、青春主题等,独特的文化主题是文化创意产业园的灵魂和核心竞争力,应牢牢把握这一主旨,因地制宜地规划设计创意设施、创意景观和

创意活动。例如,一些瓷器遗址等特色古代工业遗产,可与教育相结合,策划瓷器制作全过程DIY体验、虚拟瓷器制作体验、瓷器SOHO体验、陶瓷工厂旅游、游客陶艺秀、街头艺人表演、陶艺培训班以及陶瓷业相关的论坛、讲座教育等一系列文化旅游活动;而一些社会主义革命时期的近现代工业遗产,可以围绕时代特征,开展产品制作、时代穿越、工人现代生活、摄影基地、艺术节、特色公寓和技能培训等丰富多彩的旅游体验活动。

(四)融合文化、科技与生活时尚,打造文化地标

文化创意产业园的开发应集文化、科技、生活时尚等多重元素于一体,既有助于拉长产业链,也能够最大限度地吸引民众的参与和关注,进而打造成当地的文化地标,形成品牌效应。在产业融合中,要以文化的传承和创新为依托,将传统的陈列手段与高科技展示手段(如全息投影技术、虚拟现实技术和增强现实技术等)相结合,提供参与度高和娱乐性强的旅游产品。文化元素一旦与现代科技和时尚生活相结合,就会产生巨大的社会影响力。例如,老工业基地遗留的独特工业景观、特定的时代故事、鲜明的地方文化特色等所展现的场所精神,经过合理的包装和功能设计,使工业时代记忆与艺术、休闲、娱乐、文化活动等现代生活时尚相结合,能够引领独特的文化潮流,成为当地的一个文化地标,也是吸引游客的重要因素。

第四节 文化创意旅游演艺产品的开发

一、文化创意旅游演艺产品的创立要素

(一)氛围营造

氛围是服务的一个关键因素。它可能是顾客决定是否产生消费行为的重要原因。氛围至少可以通过四种方式影响购买行

为。首先,氛围可以起到唤起注意的媒介作用。例如,杭州宋城利用仿宋建筑和穿着宋代特色服装的演职人员来引起人们的注意。其次,氛围可以起到向潜在客户提供信息的媒介作用。例如,宋城景区内斗拱飞檐车水马龙,还原了宋代都市风貌。再次,氛围也可以作为一种创造效果的媒介。例如,在宋城主题公园中,王员外家小姐抛绣球招婿表演闻名遐迩,非常有利于吸引顾客、留住顾客。最后,氛围也是一种创造情绪的媒介。高负荷环境创造出一种紧张的、刺激的情绪,而低负荷环境创造一种放松的、愉快的情绪。因此,在设计旅游演艺产品时,一定要考虑氛围因素。

(二)资源获取

旅游演艺产业是文化产业、演艺产业、音乐产业等诸多产业的交叉融合,可以带动诸多领域的经济发展,因此在开发准备阶段需要进行一系列内外部条件的匹配工作,增强旅游演艺产品和资源相互间的契合度。旅游演艺产业是以旅游演艺产品为主的综合产业,旅游演艺产品按照不同的资源类别表现为不同的旅游演艺产品层次和产品形态,具体可以分为核心层、附加层、辐射层,如图 8-6,图 8-7 所示。通过充分挖掘、整合文化资源,可以寻找不同的文化与旅游的结合点,诞生出百花齐放的文化创意演艺旅游产品。对于旅游演艺资源的挖掘,不仅限于文化资源,也要考虑到旅游企业本身的资源,包括社会资源、人才资源等,在综合各方面因素的基础上对旅游演艺产品进行项目开发。例如,上海的《时空之旅》就集中高效地整合了上海杂技团、上海文广新闻传媒集团、中国对外文化集团公司等各个方面的资源,完成了一次大手笔的文化融资运作。

(三)内容创作

随着人们文化品位的提升,游客对旅游演艺产品的需求,不再满足于传统的观光游,其诉求具有多元性、地域性、娱乐性、体验性、衍生性等特点。因此,旅游演艺项目开发过程中的内容创作越来越重要。根据旅游演艺节目知晓度的实际调研结果来看,如图 8-8 所示,游客更青睐有文化品位的旅游演艺产品。在文化内涵方面,游客的需求更偏向于有地域文化特色、涵盖民俗风情的旅游演艺产品。文化尤其是地域文化是旅游演艺产品的精华,旅游演艺产品的开发制作应在仔细考察本土文化背景的前提下创作,将本土文化特色进行提炼和升华,并运用艺术形式、科学技术的支撑将其可视化、符号化地表现出来。体验性是旅游演艺产品吸引游客的要素,旅游演艺产品的创造凸显旅游地特色文化的同时还应注重观众的参与和互动,增强观众的体验感。因此,在内容创作阶段,文化创意旅游产品开发应该要充分提炼文化资源,增加文化价值的同时,增加社会价值。例如,上海《时空之旅》的文化内容特色就在于它从人脉、文脉、地脉角度展示上海的昨天、今天、明天,运用新媒体的方式演绎海派文化。

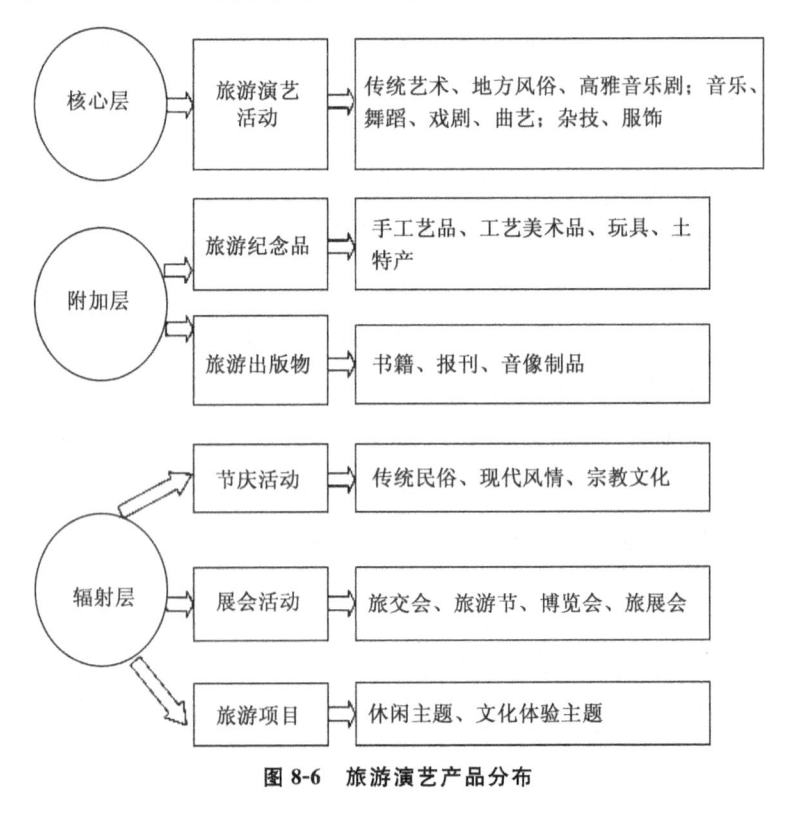

层级	类别	内容
核心层	旅游演艺活动	传统艺术、地方风俗、高雅音乐剧;音乐、舞蹈、戏剧、曲艺;杂技、服饰
附加层	旅游纪念品	手工艺品、工艺美术品、玩具、土特产
附加层	旅游出版物	书籍、报刊、音像制品
辐射层	节庆活动	传统民俗、现代风情、宗教文化
辐射层	展会活动	旅交会、旅游节、博览会、旅展会
辐射层	旅游项目	休闲主题、文化体验主题

图 8-6　旅游演艺产品分布

第八章　新常态下文化创意旅游的规划与开发要点

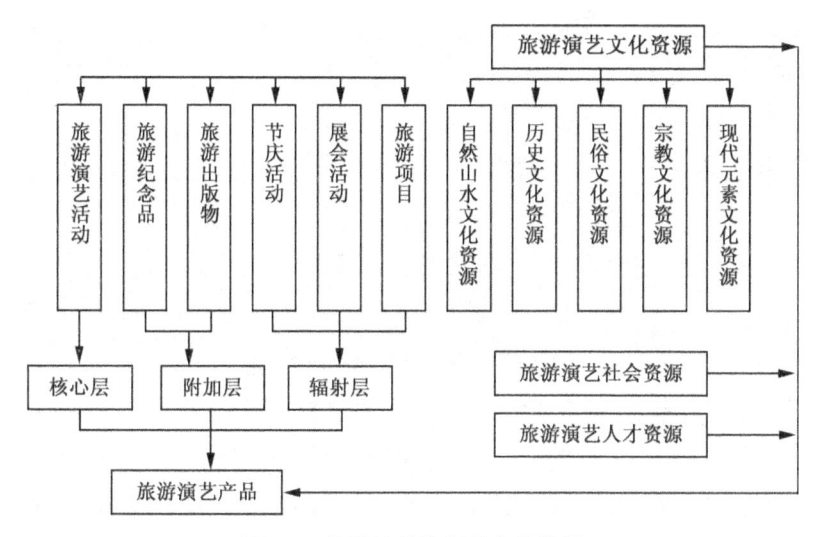

图 8-7　旅游演艺资源整合效果图

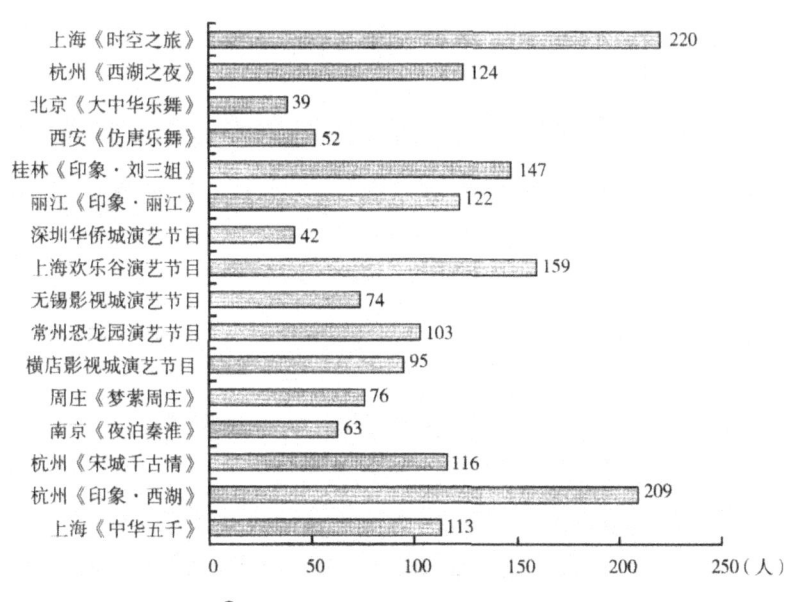

图 8-8① 旅游演艺节目知晓度的实际调研结果

（四）生产制作

文化创意旅游演艺产品的生产制作过程就是旅游企业通过

---

① 杨卫武,等.旅游演艺的理论与实践[M].北京:中国旅游出版社,2013:93.

— 199 —

专业设计团队,将抽象的文化作品转换为显像的演艺产品,将创意通过实践落实为具体节目的过程。资本雄厚的旅游集团通过延揽"高、精、尖"艺术人才组建自己的演艺团队,创作排练特色品牌的旅游演艺节目。例如,深圳华侨城集团率先在"世界之窗""中华民俗文化村"组建了闻名遐迩的特色演艺团队。广西南宁用7年的时间,挖掘广西民歌资源,延揽全国民歌人才,全力塑造中国独一无二的国际民歌节,成功地打造出一个具有国际影响力的《大地飞歌》旅游演艺品牌。在旅游演艺产品的生产制作过程中,与其他商业产品的生产过程类似,同样要关注产品的生产效率、产品质量和生产成本三要素的均衡,另外还要重点关注文化创意要素,确保旅游演艺产品的创新性和文化要素的融入性。

二、文化创意旅游演艺产品的结构

基于现代营销理论的观点,旅游演艺产品的开发人员需要从以下4个方面对产品进行研究即核心产品、有形产品、附加产品和心理产品。

(1) 核心产品

在旅游演艺产品结构中,由于旅游演艺的异地性特征,核心性产品必须是具有异于消费者日常生活的娱乐休闲体验。要做好旅游演艺产品的开发,就要从创意出发为消费者营造出一种新奇的感官体验。

(2) 有形产品

在设计产品时,需要了解目标市场对辅助性服务的要求,以利于有形产品对核心产品的有效支持。例如,为配合舞台表演和观众互动所需要的道具荧光棒、彩旗,增强观看效果的望远镜,帮助观众理解节目故事背景的宣传手册等。

(3) 附加产品

在旅游演艺产品中,附加产品包括提供给消费者额外的服务或者有形商品,如送票服务、短驳车接送服务、免费演出纪念品等。附加产品是针对核心产品所追加的代表额外利益的产品。在激烈的市场竞争环境下,商家获胜的法宝不是产品本身,而是产品能提供何种附加利益。设计者应该巧妙地提供一些不容易被竞争对手抄袭或超越的附加产品。

(4)心理产品

心理产品指产品的品牌和形象对游客心理上提供的满足,同时包括游客的情感感知。针对旅游演艺产品中的心理部分,它包括氛围营造、游客的参与和互动、情感体验、感悟认知等,应当具有可进入性、可融入性、可观赏性等特征。

三、文化创意旅游演艺产品的开发思路

(一)旅游演艺产品创意设计的路径

旅游演艺产品设计,包含诸多相互交叉、相互影响的因素,其中最主要的因素是主题、精品、娱乐参与性以及创新性。

1. 主题

主题是旅游演艺产品的基调,是产品的核心。那些具有巨大市场召唤力和影响力的旅游演艺产品,都具有鲜明的文化特色主题,能让旅游者通过产品的外在形象、演绎形式及对演绎产品的观感等领会到其特定的文化主题。例如,横店旅游景区的大型实景演艺节目《梦幻太极》,不管历经多少次改版,其主题都始终秉持对古老文化的传承与演绎,即对人与自然、人与人、人与自我既对立又统一的关系的演绎。又如,《禅宗少林·音乐大典》实景演出主题以禅宗理念引领少林功夫,而《印象·刘三姐》则以"天人合一"为主题,市场反响非常热烈。

2. 精品

产品的高质量是保证旅游者获得高品质审美体验并激发消费者重复消费的关键要素。创造精品,不但要考虑市场需求,事

先进行详细具体的市场调查和定位,还要注意产品与文化资源潜在的文化底蕴的契合,更需要有优秀的表演团队。创新视野指导下的主题策划、高水平的编创能力以及专业且高超的表演技巧往往具有锦上添花的效果。例如,现在为人们所熟知的"铁三角组合"——张艺谋、王潮歌、樊跃,他们推出的"印象"系列在全国各地都颇受欢迎。

另外,需要优质的硬件设备。例如,西藏首个大型旅游文化常态演艺项目《喜马拉雅》充分利用声、光、电、多媒体等高科技技术,以华丽的舞台布景、优美的藏族歌舞、绚丽的民族服饰、动人的音乐旋律和高难度的特技动作等手段,将杂技与歌舞融为一体,艺术地表现了西藏独特的人文风情。大型原生态歌舞剧《寻找·香巴拉》依托林芝的四季美景,运用激光、全息投影及LED等现代声光技术,为传统的歌舞表演带来崭新的视觉冲击力,充分展现了林芝的自然之美、人文之美以及人与自然的和谐之美。又如,《印象·刘三姐》《宋城千古情》等一系列优秀的旅游演艺产品都运用了缤纷绚烂的灯影效果以及声光电高科技设备的辅助展现,为观赏者带来非凡的视觉享受与强大的舞台震撼,使其享受到一场视觉盛宴。

3. 娱乐参与性

旅游演艺产品自身的娱乐功能极为显著。《宋城千古情》在舞台器械的摆放设计和节目内容编排上都充分考虑了娱乐性以及演员与观众的互动效果。

旅游演艺是文化体验最好的表现手段,参与性和体验性强是旅游演艺的一个重要特征。旅游演艺产品的主题选择、活动文化含量、整体氛围、节目编排、场景搭建、参与程度等都可成为游客获得难忘回忆的关键渠道。例如,延安推出的大型模拟实战表演——《梦回延安保卫战》,其营造的真枪实弹的战争场面,舞台上下的互动,尤其是演出后期,演员将花生、红枣等"胜利果实"送给观众,真实地表现了军民欢庆胜利的场面。

4. 创新性

较之一般的旅游产品,旅游演艺产品的生命周期可能要短得多,因而对产品的衍生能力与创新性提出了更高的要求。不断丰富节目内容、改换表演形式是增强旅游演艺产品持续吸引力卓有成效的手段。由著名舞蹈艺术家杨丽萍编导的《云南映象》,其定位为大型原生态歌舞集,已经成为云南省标志性艺术精品。这一旅游演艺产品在剧目的表现形式上创新突破,将少数民族的传统歌舞与新锐舞蹈、现代舞完美融合;又秉持开放性的创作模式,为剧目内容留下了再行创作和发展的衍生空间,为产品的永续拓展提供了动力。

(二)旅游演艺产品创意设计的过程

旅游演艺产品的开发过程,糅合了大量的创意,对创新的要求颇高。在国内众多旅游演艺产品中,不乏表演内容雷同、表现形式单一、缺乏创意、不善创新的产品。要解决这个问题,需要认真做好新产品开发计划,并为找到和培育的新产品建立系统的新产品开发程序,如图 8-9 所示。

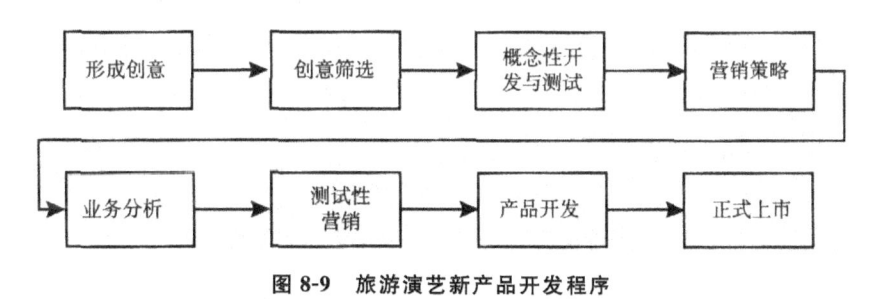

形成创意 → 创意筛选 → 概念性开发与测试 → 营销策略 → 业务分析 → 测试性营销 → 产品开发 → 正式上市

图 8-9 旅游演艺新产品开发程序

1. 创意的形成

为了使旅游演艺产品不断地更新换代,开发商需要选择以下几个好的创意来源。第一,内部来源。公司可以通过正式的研究开发来发现新的创意。第二,顾客。通过消费者调查,可以深入了解顾客的需要和欲望,从顾客的角度设计创意产品。第三,竞争者。可以通过观察竞争对手的广告和其他传播出来的信息,寻找有关产品的线索。第四,其他来源,包括媒体报道、政府机构、研讨会、新产品咨询机构等。

2. 创意的筛选

创意形成阶段的目的在于促进各种创新性想法的大量涌现。但面对大量的创意,必须从艺术创新性和综合效益性方面进行筛选,以便更快地找到好的创意,更好地推向市场。

3. 概念性开发与测试

在创意基本成型后,设计团队下一步需要根据创意的可行性进行演艺产品的设计、节目的筛选与排演。在节目排演的过程中,再根据各方面的意见逐步改进、调整。通过试验性的演出进行现场测试,进一步淘汰效果不好的创意。

4. 营销策略

成功的旅游演艺产品都是以市场为导向的,因此营销是将旅游演艺产品推向市场的关键一步,这关系到旅游演艺产品能否被消费者知晓和期待,能否最终被消费者接受和消费。例如,西藏旅游演艺《江孜印迹》实景剧与《幸福在路上》在营销方式上十分注重与旅行社等企业联动对接,根据市场的"晴雨表"及时作出有效反应,合作建立风险共担、利益共享的机制。旅游演艺产品具体的营销策略可以结合产品自身的生命周期来设定。

5. 业务分析

业务分析是指基于收集到的与项目和产品相关的有用信息,以多维度的分析来得出结论,推动商业决策的进行。业务分析可以帮助组织更智能地运营,更准确地预测结果,发现以前无法预见的商机及风险,并在整个企业范围内予以功能上的实现。业务分析贯穿整个旅游演艺产品开发的始终。

6. 测试性营销

测试性营销环节,需要按照规划好的初步营销策略进行测试性实践操作,针对不同的受众市场,进行营销活动。在得到营销效果反馈之后,进行营销综合效果分析,统计总结出较优的营销方案,准备进行大规模实施营销。

7. 产品开发

在这个阶段要设计出旅游演艺产品的成品,最后的成品要综合考虑到前面步骤中收集到的市场信息、营销策略和消费者反馈的信息,务必要符合旅游演艺市场的需求。

8. 正式上市

在以上的步骤就绪之后,接下来就是将旅游演艺产品正式推向市场。在旅游演艺产品上市的过程中,也存在一个调整期和磨合期,需要协调各方面的工作,在消费者的正式反馈后重新审视演艺产品的呈现效果,为了达到更好的观看效果,增加互动体验的环节,还需对演出的时间、舞台的布置、光影的效果、节目内容的设计、文化主题的挖掘与呈现等不断进行修改和完善,以不断提升消费者的满意度。

9. 渐进式创新

由于文化旅游市场是不断变化的,旅游演艺节目也需要随着市场环境的变更进行渐进式创新,以满足消费者求新求异的需求。旅游演艺节目的设计团队应当结合竞争对手的评估结果,满足潜在消费者的真正需求,不断激发文化创意,促进演艺产品的更新换代。

第九章　新常态下全域旅游的规划与开发要点

在过去我国的旅游业发展主要是靠建景点、景区、饭店、宾馆的这种"景点旅游"模式。这种模式使我国旅游产业从无到有、从小到大、从弱到强,得到了较快发展。然而,在人们的富裕程度和社会文明程度普遍得到提高的新时代,旅游业发展的不平衡不充分状况已经不能满足人民群众日益增长的对更加美好旅游生活的需求。传统的以抓点方式为特征的景点旅游建设模式,经实践证明已经不能完全适应现代社会全民旅游、自助、自驾游蓬勃兴起的发展阶段。因此,我国旅游业的发展需要进行一次战略再定位,打破以往局限性的景点旅游模式,进入以全域旅游模式为核心特征的全新阶段。今后,全域旅游将切实为我国旅游产业升级以及世界旅游强国的全面建设注入新动力,旅游业作为综合性产业在经济社会发展中发挥的作用和影响也将更加广泛。

第一节　全域旅游的发展重点及趋势

2015年,我国初步提出了全域旅游这一概念。这一年,国家旅游局发布了《关于开展"国家全域旅游示范区"创建工作的通知》,首次从国家层面正式提出了全域旅游的发展理念。自2016年起,全域旅游得到全面发展,其在我国旅游业中的战略地位也得到了进一步提高。

一、全域旅游的意义

全域旅游作为一种新型的旅游开发模式,具有十分重要的意义,具体表现在以下几个方面。

(一)能够促进地区"大旅游产业"的形成

全域旅游开发模式是一种全社会的开发模式,要想得到顺利实施,需要政府、企业、社会、个人等的有机组织与密切配合。对于各个阶层、各个行业以及各个团体的人们来说,他们既可以是旅游者,也可以是旅游从业者,即为旅游业的发展出谋划策、为旅游产品开发的各个环节提供支持等。这样一来,旅游业与其他行业的融合便会进一步加深,也能够使政府以及旅游企业将更多的资金用于培养旅游人才以及进一步提升旅游从业人员的整体待遇。在此推动下,旅游业在社会经济发展中的战略产业地位、支柱产业地位和龙头产业地位便能真正得到实现,继而实现真正意义上的"大旅游产业"。

(二)能够促进个人和社会的协调发展

当前我国社会发展中有不少社会问题制约了社会的进一步发展,如利益分配失衡、社会道德缺失、生态破坏严重等。要有效解决这些社会问题,发展全域旅游不失为一个重要的举措。通过全域旅游,可促使各个地区的发展需要与个体的自我发展需要进行有机结合,实现公平和效率齐头并进。这样既能确保有效实现经济效益,又能促使就业问题、贫困问题等得到逐步解决,继而不断提升社会的整体效益;既能对生态环境进行最大限度的保护,又能确保居民能够获得进一步发展的机会。

(三)能够促进我国经济的转型升级

全域旅游是传统旅游经济的升级版,主旨是以全域旅游为重要抓手,带动城市建设、城镇发展和新农村建设,并引发工业、农业、交通、制造、科技、文化、旅游等一连串行业变革的连锁效应,实现现代经济全面均衡发展的一种创新发展模式。在全域旅游的宏观指导下,旅游经济更有利于持续发挥扩大内需和稳定增长的龙头作用,同时有助于推动我国产业结构调整,变革经济增长机制,提高资源配置效率,推动经济转型升级。

二、全域旅游的发展重点

全域旅游发展的重点,就当前来说主要有以下几个。

(一)对旅游资源进行泛整合

以超旅游资源观的理念跳出资源看资源,对所有利于旅游业开发的"资源"进行重新整合评价,将能够挖掘到的资源整合在一起,能够利用到的优势整合在一起,能够培育的产业要素整合在一起,能够打造的片区联动发展,对旅游功能和产业分布进行重新"洗牌",最终形成全域旅游的大开发格局。

(二)促进开放、平等的旅游大市场的形成

全域旅游的发展,特别注重构建开放型的发展空间,即要求在打破地域、行政等各种分割以及各种制约的基础上,积极促进开放发展的大格局形成,继而充分发挥旅游业所具有的综合带动作用,为居民(包括游客)共建共享美丽的生活以及生态环境提供重要的支持。此外,全域旅游在发展的过程中,注重推进城乡一体化的发展。这不仅能有效缩小城乡之间的差距、提高城乡居民的整体生活质量,而且能切实推进统一、高效、平等、有序的城乡旅游大市场的形成。

(三)进行全面系统的全域旅游发展规划

传统规划大多各自为政。以旅游交通服务为例,公路是公路的规划,铁路是铁路的规划,民航是民航的规划,各有各的枢纽,各有各的标准,很难做到互通有无。发展全域旅游,必须打破传统规划思路,推进多规合一,各方面的规划协调一致,绝不能因循守旧、分割治理。发展全域旅游,必须将旅游规划理念融入经济社会发展全局,推动公共服务一体化发展,使包括旅游资源在内的各类经济资源合理化配置。

此外，全域旅游模式的规划与景点旅游模式的规划不同，不再只是规划景点景区、宾馆饭店的点线布局。而是以游客体验为中心，以提高游客满意度为目标，按照全域景区化的建设和服务标准，系统全面规划景点景区内外协调发展，整合各类资源要素，优化旅游服务的全过程。比如，从景点景区、城市的旅游厕所革命拓展为景点景区内外一致、城乡一体化推进的全面厕所革命。

（四）提供更加安全便捷的服务

全域旅游所带来的是居民生活方式的变革，这种变革使得旧式旅游服务不再能满足人们的出行需求。原有的类似"圈地式服务"使得旅游诉求都仅限于特定的空间与时间，而现在旅游者更迫切要求的是一种"此心安处是吾乡"的旅游体验，所体现出来的是一种无所不在又处于无形的服务。由此，发展全域旅游，首先要解决的是基础设施与基础服务问题。从交通到食宿、从虚拟搜索到现场服务、从经济成本到精神成本，都应该是关注焦点，以满足旅游者多层次的需求，提供更加安全便捷的服务。

（五）构建全域旅游发展综合协调管理体制

全域旅游在构建自身的管理体制时，特别强调综合效应，以切实实现区域旅游的综合化发展。为此，全域旅游在发展的过程中要求从根本上改变旅游资源要素分属多头的管理与体制弊端，强调政府要充分发挥自己在旅游市场中的引导作用，以便对旅游资源要素进行更加合理的配置。此外，全域旅游的发展注重推进旅游市场综合监管格局的形成，并进一步对旅游综合执法模式进行创新，以便切实构建起全域大旅游综合协调管理体制，推动旅游业的健康可持续发展。

三、全域旅游的发展趋势

全域旅游是一种大的战略，现在国家对全域旅游的发展给予了很高期待。综观当前全域旅游的发展形势,可以发现其在今后一段时期内会呈现出以下几个鲜明的发展趋势。

(一)全域旅游发展更加注重共享平台的细分与完善

随着大众旅游时代的到来,散客自驾旅游需求的不断高涨以及旅游主体因"互联网化"而呈现出越来越明显的个体需求差异,使得传统的观光旅游越来越无法满足旅游者的多样化旅游需求,旅游产业的转型升级也变得势在必行。而在旅游产业的转型升级中,积极构建全域旅游的共享平台是一项十分重要的改革举措。也就是说,在今后发展全域旅游时,要将全域旅游共享平台的构建与布局放在一个重要的位置,并不断根据实际情况对其进行细分与完善,以充分满足旅游者个性化、多样化、自助化的市场需求。

(二)全域旅游发展更加注重主题性

地理范畴的"全域"概念,就是要在地理区域范围内实现"到处是风景"的目标,即通过全域风景之间的衔接与联系,打造整体旅游产品。要有效实现这一目标,一个重要的举措就是利用主题把线路串起来,即依据景区的特点属性将同类的划到一起,这样便于景区打包。用主题设定的方法去划定旅游路线,一方面可以丰富旅游内容,指向明确,便于游客市场细分,另一方面能够延长旅游链条,扩大旅游收入。

(三)全域旅游发展更加注重基础设施设备的建设与维护

全域旅游的发展,对相关的基础设施设备有着较大的依赖性。因此,在推动全域旅游发展的过程中,必须积极进行基础设施设备的建设,促进基础设施设备的完善,否则全域旅游的实施将大打折扣,全域旅游的效果也难以呈现。除了需要投入大量的基础设施设备外,还需做好公共基础设施的维护工作,一方面完善相关的保护规章制度,另一方面通过公共资源的共享使多方受

第九章 新常态下全域旅游的规划与开发要点

益,促使公共财产与个人利益息息相关,增强公众维护基础设施设备的道德意识,以确保全域旅游能够得到有效实施。

总的来说,未来全域旅游发展过程中的旅游不再简单围绕着旅游业的价值链展开,而是在整个产业群落的网状互动中提高整体质量,增强经济效果,以功能性支配资源配置关系,以共享性促进产业融合,以智慧化打造市场平台,以动态性推动协同创新,以"旅游＋"实现优化升级。

第二节 全域旅游规划的内容要点

习近平主席曾经说过:"规划科学是最大的效益,规划失误是最大的浪费,规划折腾是最大的忌讳。"[1]因此,在发展全域旅游时,应在有章可循、有规可依的框架下发展,即要做好全域旅游规划。

一、全域旅游规划的内容

一个完整的全域旅游规划,通常应包括以下几方面的内容。

第一,全面分析与预测全域旅游区域内的客源市场需求总量、客源结构、消费结构等。

第二,界定全域旅游区域的地理范围,对区域内的旅游资源进行现状调查和分析,进行旅游资源的科学评价。

第三,确定全域旅游区域的旅游主题,策划品牌形象,实施品牌策略。

第四,确定全域旅游规划区的功能分区和土地利用,预测规划期内的旅游容量。

第五,筹谋全域旅游规划区对内、对外的交通系统布局和主要交通设施的规模、位置。

---

[1] 北京巅峰智业旅游文化创意股份有限公司课题组.图解全域旅游理论与实践[M].北京:旅游教育出版社,2016:231.

第六,安排全域旅游规划区内的景观系统和绿地系统的总体布局。

二、全域旅游规划的焦点

全域旅游规划的焦点主要有以下几个。

(一)聚焦全域标准建设,打造全域旅游示范区

在进行全域旅游规划时,一项重要的工作是推进全域旅游的标准化建设。也就是说,要以旅游景区的建设标准为依据进行全域旅游景区规划,积极打造旅游景区内外一体化布局,制定科学合理的区域旅游景区建设与服务标准,以便在尽可能满足旅游者多样化旅游需求的同时,推动全域旅游的进一步开展。同时,要评估全域旅游的综合效益时,不能仅仅看重门票价格,需要从对消费者的需求满足状况、对旅游经济发展的影响、对生态环境的保护、对旅游资源的利用效率等方面着手开展全面评价。只有这样,才能推进全域旅游示范区精品的建设工作,为全域旅游的进一步开展提供有效的参考。

(二)聚焦全域存量优势,综合盘活旅游要素资源

在进行全域旅游规划时,要改变传统的只规划区域内旅游资源的旧识,而改以大旅游资源观为引导,整合区域内的各类资源要素,盘活区域内可利用的资源存量,包括生活资源、产业资源、文化资源等,使之为旅游发展所用。同时,全域旅游规划要聚焦产业存量优势,对特色产业、支柱产业进行引导,赋予其旅游功能,并对区域现有旅游项目进行提档升级,以便在拓展原有产业发展空间、提升旅游附加值的同时,实现与其他产业的有机融合。

(三)聚焦全域政策驱动,改革全域旅游管理体制

进行全域旅游发展规划,必然要聚焦到政府层面的政策驱

动,借助各项利好政策,规划设计全域旅游综合管理体制。具体来说,在进行全域旅游规划时,要从全域发展大局出发整合区域资源、统筹推进全域旅游的工作开展,形成各部门的联合管理机制;要将旅游公共服务设施的建设融入城市公共服务设施规划之中;要聚焦旅游综合执法机制的创新改革,关注旅游执法的"抓权"与"放权",切实保障全域旅游规划的顺利落地。

(四)聚焦全域业态融合,目标锁定新业态旅游

在当前全域旅游经济的增长以及全域旅游新需求的创造过程中,新业态发挥着越来越重要的作用。同时,全域旅游核心竞争力的增强也越来越依赖于新业态。因此,在对全域旅游进行规划时,应注重提档升级区域内已有的旅游业态以及旅游产品,并注重通过进一步推动全域旅游与其他相关产业的融合而产生新的业态,通过以旅游者的需求为依据进行新业态开发等。只有这样,才能确保全域旅游在未来旅游业发展中充分发挥自己的引领带动作用。

(五)聚焦全域投资创新,引领全域大旅游时代新时期

在进行全域旅游规划时,要积极利用政府投资与市场资本,综合运用BOT(建设-经营-转让的项目融资模式)、ABS(以项目资产为支持的证券化融资方式)、融资租赁等多种融资方式,拓宽全域旅游发展的资金来源渠道。同时,要加大对亲子游、养生游、会奖游等新兴旅游业态的开发投资,包装推出种类丰富、内容多样、品质优秀的全域旅游产品,在全域大旅游的时代背景下抢占市场先机。

三、全域旅游规划的基本原则

在进行全域旅游规划时,需要遵循一定的原则,其中较为重要的有以下几个。

（一）系统性原则

全域旅游思想强调把旅游区作为一个开放的系统，同时把它作为社会、经济、生态大系统的一个子系统进行规划和建设。因此，在进行全域旅游规划时，应遵循系统性原则。在全域旅游规划中要切实遵循这一原则，就需要在规划过程中对旅游区资源和环境的未来状况予以充分重视，并积极谋求整个产业系统的整体综合效益的最大化以及整个社会、经济、生态大系统的协调发展；既要注重满足旅游者的需求，也要注重通过旅游业的发展来促进当地居民生活水平的提高、生活环境的改善等。

（二）整合性原则

这一原则要求在进行全域旅游规划时要充分体现产业间的整合，积极寻求产业间的交叉、渗透、融合，通过产业间的整合形成新的产业经济效益增长点，甚至催生出新的产业。也就是说，在全域旅游规划中要强调建立全域产业链，同时满足游客、供给者、旅游地居民等多方利益和福利，创造更多的就业机会，产生巨大的社会效应，以利于扩大社会全方位的对外开放。

（三）区域联动发展原则

这一原则是为了解决全域旅游规划中存在的区域联动问题而提出的，即要求在发展全域旅游时，各级政府以及各旅游地的居民要树立大格局观，对旅游发展形成统一认识，并切实认识到在旅游发展的过程中，一个大的区域内不同地方的独具特色的旅游资源，只有进行有机组合与互补，实现大区域的资源共享和市场共享，发挥旅游资源的整体优势，才能对旅游者产生更大的吸引力，并尽可能满足旅游者的多样化旅游需求。只有这样才能增强整个区域的竞争力，促进全域旅游的发展。因此，在具体进行全域旅游规划时，要切实从区域的整体利益出发，处理好不同旅游地以及旅游景区的关系，以真正实现各地旅游业的共同发展与繁荣。

第九章　新常态下全域旅游的规划与开发要点

（四）可行性原则

一个全域旅游规划做得再好，没有可行性也是毫无用处的。因此，在进行全域旅游规划时，必须遵循可行性原则。通常而言，在衡量某一全域旅游规划是否具有可行性时，一要看其是否具有政策可行性，即政策是鼓励还是限制，是否允许，是否符合法规的要求；二要看其是否具有技术可行性，即所有项目的设计是否都有严格的技术论证，是否有成熟的技术作支撑；三要看其是否具有市场可行性，即开发的项目是否能获得巨大的市场和众多的客源；四要看其是否具有投资可行性，即能够获得足够的资金投入，这影响着全域旅游规划能否真正予以实施。

四、全域旅游规划的步骤

在开展全域旅游规划时，通常要经过以下几个步骤。

（一）分析全域旅游区的发展现状

在对全域旅游区的发展现状进行分析时，可从以下几方面着手。

第一，要对全域旅游区内的历史现状和发展能力进行分析，包括自然和文化资源、旅游市场要素、社会经济基础和发展环境、旅游产业发展基础、产业发展能力、旅游发展支持系统等。

第二，对全域旅游区的现实地位、影响作用及其发展潜力进行研究，对旅游地所在的区域环境内的位置进行准确的核定。

第三，通过对全域旅游区的旅游发展状况与其所处社会经济发展水平、客源市场作出判断，找出全域旅游区发展中关键要素的作用与其发展目标达成协调的核心问题，为梳理和开辟全域旅游的发展思路和对策提供前期支持。

（二）分析全域旅游的发展目标

在对全域旅游的发展目标进行分析时，可具体从以下几方面着手。

第一，全域旅游目的地及其发展主题定位在全省、全国旅游系统中的位置，乃至定位于世界旅游大格局的地位。

第二，旅游业在本地区国民经济产业体系中所占据的位置，以及当地政府对本地区旅游业的预期与定位。

第三，在明晰旅游地发展的制约因素，把握旅游地可能取向的基础上，确定旅游业发展的预期目标。

第四，明确全域旅游发展战略和产业布局，并以量化打分形式确定全域旅游建设标准和全域旅游目的地建设的差距，进而明确全域旅游规划的重点任务。

（三）明确全域旅游区的功能空间划分

依据因地制宜、合理布局、生态第一、项目引领等布局原则，结合各区域产业功能，进行分区布局规划，分别对每个功能片区的公共吸引物集聚区域、限制开发区、优化发展区等空间进行划分，重点划定区域边界，界定土地性质和条件，分析片区空间结构，确定片区的重点开发空间，并进行片区旅游生产要素配置。各功能片区内容重点在各区域如何联动发展、片区核心吸引物如何构建、新增项目如何融合与引领、原有项目如何提升、片区旅游业态如何配置、环境承载力如何计算、公共服务设施如何配套等。

（四）规划全域旅游的服务体系

在进行全域旅游规划时，服务体系规划是一项极为重要的内容。具体来说，要通过全域规划，以"多规合一"方式构建区域旅游服务体系，推进"全域旅游"理念统筹、引领、整合城乡规划、土地利用规划、村镇体系规划、交通规划等专项规划，以旅游业为主导来进行结构调整和资源配置。

（五）确定全域旅游发展的近远期规划

全域旅游必须结合区域国民经济与社会发展规划的期限，近远期结合,重点确定近期实施行动计划和启动性项目,以便政府决策、招商引资和项目落地实施。

第三节 全域旅游开发的内容体系

全域旅游开发简单来说就是整合区域内的旅游资源,这样能够推动旅游产业结构向高度化发展、旅游行为向深度体验升级。同时,全域旅游的开发在很大程度上影响着全域旅游发展的好坏。

一、全域旅游开发的基础支撑

全域旅游开发的基础支撑,具体有以下几个。

第一,旅游吸引物,是旅游赖以发展的基本前提,例如旅游景区、休闲区、度假区、旅游综合服务结构、旅游活动以及有开发潜力的旅游资源。

第二,旅游区,包括旅游景区、风景名胜区、休闲区、度假区、旅游综合体等,是一个区域旅游发展的基础和前提。

第三,旅游交通,通过推进旅游交通环境的提升,可有效提高全域旅游的通达性,并实现旅游交通的多功能性。

第四,乡村,通过休闲旅游与乡村旅游推进全域旅游的发展,并通过美丽乡村的打造手法实现精准扶贫的新突破。

第五,城镇,通过全域泛旅游产业整合发展,形成了产业的聚集、集成与集群化,由此带动城镇化进程。

二、全域旅游开发的主要内容

在进行全域旅游开发时,通常包括以下几方面的内容。

(一)进行旅游景区的建设与升级

全域旅游景区首先要做到对区域内新景区进行合理的开发,按照全域旅游规划的顶层设计,开发出适合区域内的新景区,并实现景区内外一体化。然后是对区域内老景区的升级改造，如环卫设施改造、停车场扩建、游客服务中心建设等工程。另外，可以通过景区联合发展，整体升级的模式进行全域旅游景区的发展。

（二）进行城镇的改造与升级

全域旅游的开发建设要求，首先改善城镇环境问题，然后依据当地的历史文化、地域特色及风土人情将城镇改造为一个具有独特地域氛围的特色城镇，反对旧城改造中忽视对文化遗产保护的行为。防止简单模仿，千城千村千景一面；防止粗暴复制，低劣伪造；防止运动式、跟风式一哄而起，避免大拆大建，应创造富有特点的地段给居民及游客留下深刻印象。

此外，发展全域旅游也要积极打造具有特色的旅游小城镇。旅游小城镇是指依托于当地具有开发价值、独具地方特色的旅游资源，以旅游业和休闲产业为支柱性产业，突出与城市旅游、其他城镇旅游不同的甚至独一无二的风格与主题，能够提供较高品质的旅游服务与产品，并拥有较大比例旅游人口的小城镇。它淡化了"城"的概念，强化了小镇建设对旅游资源、景区景点的依托以及旅游的带动作用。在打造旅游小城镇时，城镇风貌及建筑特色要体现一定的文化主题，并要围绕休闲旅游完善小城镇中的公共服务设施。

（三）进行美丽乡村建设

在进行魅力乡村建设时，可从以下两方面着手。

1. 打造特色旅游村

乡村根据自身资源特点，因地制宜地发展特色产业，充分发挥旅游＋的作用，创建特色旅游村。

2. 改造、提升乡村的面貌

在改造、提升乡村的面貌时，应本着保持村庄田园风光、增加现代设施、绿化村庄院落、传承优秀文化的要求,大力实施环境整治、设施配套、服务提升、生态建设工程,实现村庄布局优化、民居美化、道路硬化、村庄绿化、饮水净化、卫生洁化、路灯亮化、服务优化等目标。另外,还要对村庄的民居改造、垃圾处理、厕所改造、土地整理、新能源利用等方面进行提升。

(四)搭建合理的投资模式

就当前来说,全域旅游发展的投资模式主要有以下几种。

1. PPP 模式

全域旅游发展投资的 PPP 模式,具有"融资＋管理"双管齐下的鲜明特点。在旅游业的转型改革中,采用 PPP 模式可以突破旅游业发展的融资瓶颈,更好地引导社会资金进入旅游产业之中,继而有效推进旅游产业的转型升级;可以使社会资本的投资渠道得到进一步拓宽,并促使经济增长的内生动力得到进一步增强;可以推动不同类型的资本之间的融合与互补,使投资主体变得日益多元化;可以进一步梳理政府与市场的关系,并引导政府在进一步转变自身职能的同时,充分发挥自己在资源配置中的决定性作用。

2. 投资并购

旅游业正处发展成熟期,尤其是全域旅游时代的到来,促使行业结构不断调整。旅游业内的并购与重组是行业逐渐走向成熟的一种表现。通常行业在发展一段时间后,必定不断经历一些合并、整合、重组的调整与变革,这也是市场机制在发挥作用。

3. 引导基金

政府引导基金又称创业引导基金,是指由政府出资,并吸引有关地方政府、金融投资机构和社会资本,不以营利为目的,以股权或债权等方式投资于创业风险投资机构或新设创业风险投资基金,以支持创业企业发展的专项资金。例如,山东省滨海旅游发展引导基金围绕好客山东十大文化旅游目的地品牌打造,培育以"仙居、道宴、逍遥游、养生修学"为主体的度假综合体,积极发展邮轮、游艇、温泉、海上垂钓、海岛旅游、养老养生、文化演艺休闲度假产品,大力推进度假酒店集群建设,促进滨海旅游业提档升级,真正起到首批省级股权投资引导基金的引领示范效果。

三、全域旅游开发的注意事项

在进行全域旅游开发时,要确保开发结果的科学性、有效性和效益性,以下几方面应特别注意。

第一,推进全域旅游,进行全域旅游开发并不是到处建景点景区、到处建宾馆酒店,而是要从总体布局上更加关注景点景区、宾馆酒店等建设的系统性、耦合性和分散布局的合理性。全域旅游项目建设中要对景点景区进行合理的管理、系统的管理,要提高景区和酒店的规格档次。

第二,在全域旅游规划的大格局中,要做到到处布局旅游风景区、旅游吸引物,而不是简单地罗列旅游景点景区,千万不能把增加景点景区和宾馆饭店数量、扩大规模等同于发展全域旅游,全域旅游是一种循序渐进的发展理念。要防止出现景点景区同质化发展,缺乏创意地遍地开花。

第四节　全域旅游建设的保障体系

全域旅游建设要想得到有效实施,必须要有一定的保障体系做支撑。就当前而言,全域旅游建设的保障体系主要包括以下几方面的内容。

一、全域旅游的市场保障

全域旅游的市场保障,也就是全域旅游的市场营销保障。它是全域旅游开发与经营战略的核心,在很大程度上影响着全域旅游的发展状况。

面对当前国内外旅游市场更新换代快、日趋多样化的发展趋势,全域旅游发展必须牢牢把握住旅游市场的形势和走向,谋划新型的市场营销战略,对内打造精品,对外进行整合营销,要有创新,有突破,有影响力,结合新的技术,创造出全域旅游营销的新业态。还应推出品种多样、层次丰富、有市场竞争力的旅游产品,制定出适应各类旅游消费的价格体系,采用现代的、高效的、快捷的市场营销方式,营造长期稳定的全域旅游营销网络。

此外,在制定全域旅游市场营销策略时,要做到以下几个方面。

第一,要从全域旅游旅游者的大众性出发,定位无差异市场,采用规模经营、整体开发的战略。

第二,要从全域旅游需求的多样化出发,定位有差异性市场,采用特色经营、主题经营的策略。

第三,要通盘考虑旅游产品销售和过程服务,健全销售渠道体系建设,塑造舒适便利的消费氛围,刺激游客的消费需求欲望,并关注与游客的信息沟通畅通,重视游客的互动交流与信息反馈,做到服务优质高效、过程服务无盲点。

第四,要以市场为导向超前开发后续产品,并注意在保持地方特色的前提下开发多样化的旅游产品。

二、全域旅游的资金保障

在全域旅游发展中,资金保障具有十分重要的作用。它会影响全域从旅游规划的实施到旅游项目的开发、旅游产品开发和旅游资源的开发利用走向、旅游者的到访流量、旅游接待设施的建设、旅游企业融资环境的改善、旅游企业的规模效应和竞争力以及其他经济环境的改善等。因此,发展全域旅游时必须做好资金保障。就当前来说,全域旅游的资金保障主要来源于以下几种途径。

第一,财政投入。目前,全域旅游正成为撬动旅游产业大发展、大提升、大跨越的支点。为了切实推进全域旅游的进一步发展,必须建立合理的旅游业财政体制,实施正确的财政政策,以促进全域旅游目的地内国民收入在全域范围的合理分配,并为全域旅游的快速发展提供强有力的资金保障。就目前而言,全域旅游发展的财政保障主要是通过区域财政投入和地方税收来实现的。其中,区域财政投入是全域旅游发展最重要的一个资金来源。区财政局应积极构建预算安排、统筹整合、政策撬动的多元投入机制,全力推动全域旅游发展。具体来说,区财政局应加大针对全域旅游发展的专项资金投入,并要统筹整合交通、水利、电力、通讯等行业资金,强推路、水、电、讯、气等基础设施建设,提升景区服务功能。地方税收是对方财政的收入来源之一,是地方用来作为调控经济运行的手段之一。负税的轻重对于经济的发展有着十分重要的影响,地方政府可以通过税收上的优惠政策来引导人们进入全域旅游行业,从而推动这一产业的进步。

第二,招商引资。全域旅游的发展不能光靠政府部门的投入,因其发展涉及产业广泛、发展周期长,政府在发展时就要善于招商引资,对资源或者项目进行认真的评估与分析、认真的策划与包装,形成项目可达性招商文件,大举招商。

第三,金融机构的融资。这里所说的金融机构的融资,就是金融机构对旅游企业的融资给予优惠措施,促进其快速发展。全域旅游的发展离不开区域内旅游企业的发展,而大部分的旅游中小型企业资金短缺,并且融资途径有限,大大地限制了它们的规模扩张与区域联合发展。因此,金融机构应加大对旅游企业的融资力度,以确保全域旅游的发展有充裕的资金支持。

三、全域旅游的法治保障

全域旅游实践中,旅游关系在悄然发生深刻变动,旅游秩序将面临重构。尽管我国颁行了《旅游法》,然而调整变动着的旅游关系与旅游秩序的规范侧重于国家政策,与全域旅游相适应的法治保障未予到位。在任何改革都必须有法可依的今天,法律规范

第九章 新常态下全域旅游的规划与开发要点

效力高于任何其他规范,法治是全域旅游实践发展的有力保障。也就是说,在发展全域旅游时要积极构建法治保障体系,具体可从以下几方面着手。

(一)不断推进旅游标准化工作

当前,旅游业发展的新形势对旅游的标准化工作提出了更高的要求。特别是在全域旅游战略实施的背景下,要格外注重区域空间内不同产业之间的协调与耦合,不同资源之间的重新配置与组合,更加凸显出旅游标准化工作的重要性和迫在眉睫。因此,发展全域旅游必须要尽快改进和完善旅游标准化体系,使全域旅游的开展和评估工作都严格参照和依据所设定的标准化体系,充分发挥旅游标准化工作对全域旅游发展的保障性作用。

(二)不断推动旅游政策的法律化

为把握当前旅游业发展的机遇,推动旅游的健康、快速、可持续发展,国家和地方相继出台了一系列指导性政策。在这些政策的引导下,旅游业得以顺利发展。但是,这些政策所规范和保障的旅游市场秩序要得到持续、稳定的发展,仅仅依靠政策还不够,必须要将这些政策上升到法律的高度。也就是说,在全域旅游的发展过程中,应积极构建全域旅游的法治保障,将与全域旅游发展相关的政策法律化。

我国当前的全域旅游政策,是为了实现国家供给侧结构性改革的任务而制定的,且具有鲜明的时代性、阶段性特点。由于这些政策在当前还处于试验阶段,未完全确定,因而全域旅游政策还具有明显的变动性和灵活性特点。不过,对于阶段性和实验性的全域旅游政策中所获得的成功经验,如不及时将其上升为法律范畴,旅游产业的转型升级以及旅游市场秩序的稳定发展便无法获得强有力的法律支撑。因此,在全域旅游的发展过程中,要及时将相关的政策上升为法律。

(三) 不断创新旅游市场的监督机制

将全域旅游的相关政策上升到法律的高度，仅仅是为全域旅游的实施提供了法治之"法"，而要确保全域旅游在实施的过程中真正实现法治保障之"治"，还必须推动这些上升为法律的政策得到全面实施。为此，必须加大对旅游市场的有效监管，确保全域旅游的相关法律法规能够真正予以实施。也就是说，与全域旅游相关的法律需要在监督机制的监管下，才能真正在全域旅游的发展中充分发挥自己的作用，并有效实现自身的价值。

在当前，我国的旅游业正在全域旅游的引导下积极进行转型。在这一过程中，出现了一些十分突出的问题，如旅游主体多元化问题、旅游业态多样性问题等。由于旅游主体的多元化，旅游经营者的质量也变得参差不齐，一些旅游经营者为了谋求自身的利益而不惜破坏旅游资源、损害公共利益等；旅游业态的发展呈现出多样性，但对其进行规范的相关法律法规却未得到有效完善，从而使旅游新业态在发展过程中出现了众多问题。要有效改变这一现状，必须在不断完全相关法律法规的基础上，创新旅游市场的监督机制，以更好地适应全域旅游发展的需要。

(四) 积极推动地方旅游综合协调机制的有效运行

全域旅游发展的方向与成败，与政府是否全面、充分地发挥了其协调功能有着直接的关系。因此，积极推动地方旅游综合协调机制的有效运行是全域旅游法治保障的基石。

随着国家对全域旅游发展的高度重视以及全域旅游示范区创建工作的有效推进，人们对全域旅游的发展有了更深一步的认识，即全域旅游的发展需要有效的地域整体、要素整合、参与整齐、信息整编等。而这些方面能否得到有效实现，与政府的协调与整合工作做得好坏有着密切的关系。

要想实现全域整体化发展，需要政府在对本地区的各类旅游资源和旅游吸引物进行规划时，切实做好统筹规划工作；要素整合的实现,依赖于政府是否对本地区的各类资源进行了科学合理的配置。但是,我国的法律体系和政府结构决定了不同旅游资源的管理权分属于不同的政府部门,由此导致旅游资源在行政管理中存在着明显的条块分割现象,这对于旅游资源的统筹开发来说是极为不利的。要改变这一现状,必须要对旅游资源的管理职责进行整合,并切实由各地政府承担管理职责。

全域旅游的发展要求参与整齐,指的是在全域旅游的发展过程中,要积极倡导旅游经营者、旅游地居民、旅游者都参与其中,并有效协调三者之间的利益,确保他们真正为全域旅游的发展贡献一份力量。而要对三者之间的利益进行有效协调,必须要依靠政府的力量。

全域旅游的发展要求信息整编,指的是在全域旅游的发展过程中,必须在对各类旅游信息进行整合与分析的基础上,积极构建信息共享机制和共享平台。而这一共享机制与共享平台的建设,必须由政府出面组织。

总之,在全域旅游的发展过程中,各地政府必须充分发挥自身的作用,以便为全域旅游的发展创造有利的条件。

四、全域旅游的人力资源保障

在全域旅游发展中,需要一批素质好、富有事业心和责任感,有专业理论、实践经验,又有较高文化程度的旅游专业人才。因此,在发展全域旅游时,应积极打造一支高素质的旅游专业人才队伍。具体而言,在构建全域旅游的人力资源保障体系时,可从以下几方面着手。

(一)树立"以人为本"的管理理念

发展全域旅游,需要从人力资源开发的角度,培养和引进一批适应市场需求的旅游专业人才,保障全域旅游工作的顺利开展。在全域旅游规划工作中,需要制定一套人力资源招聘、旅游人才培养和培训机制、高层次急需人才的引进制度,并通过人才测评、绩效评估、薪酬管理、奖励机制和约束机制等管理办法,提升全域旅游行业的整体竞争力。为了避免旅游行业中常见的人员流动率高、缺乏高素质专业人才的问题,在人力资源规划制度中,要着眼于从业人员的职业生涯发展,伴随全域旅游的长期发展,员工自身价值也能够不断得到提升;充分挖掘从业人员的创新能力,鼓励发挥人的积极性、主动性和创造性,为全域旅游的创新活动提供智力支持和人力保障;盘活现有人才存量,合理配置人力资源,使人尽其用、物尽其才,激发员工的潜能,最大限度地发挥人力资源的核心竞争力,创造出全域旅游发展的可持续竞争优势。

(二)加强对从业人员的培训

在当前,旅游的发展已经进入了全域旅游发展新时代,旅游电子商务、乡村旅游、自驾旅游等旅游新兴业态迅速发展,旅游业发展面临着前所未有的机遇和挑战,这对旅游人才培养工作提出了更高的要求。而目前旅游行业存在高层次人才结构性短缺、人才队伍整体素质偏低、人才资源开发投入不足、人员流动性大及管理乏力等问题,这些问题既是旅游发展中的阶段性矛盾,也体现出行业人才队伍知识结构、服务技能与人民群众日益增长的旅游需求之间的差距和不足。因此,在今后发展全域旅游的过程中,必须积极加强对从业人员的培训,以确保全域旅游的顺利实施。

(三)推进旅游人员教育国际化

在培养全域旅游发展所需要的人才时,要注重提高旅游人才的全域旅游视野和全球眼光。为此,要在高校旅游专业的建设、教学与实习过程中采取国际化的战略,积极发挥国际国内两个市场在旅游人才培养中所具有的作用,加大"一带一路"沿线国家全域旅游应用型人才培养力度。此外,高校旅游专业也要注重"双语型"教师队伍的培养和双语型专业课程的设置,提高旅游专业外语的教育质量。这样一来,教师在对全域旅游人才进行培养时,便会有目的地实施"外语＋专业"或"专业＋外语"的模式,以切实提高全域旅游人才的国际视野。

(四)完善旅游从业人员资格考试和认证体系

要确保全域旅游的顺利发展,逐步完善旅游从业人员的资格考试和认证体系也是一项十分重要的举措。为此,必须建立严格的旅游从业人员的资格考试与职业认证制度,以逐步提高旅游从业人员的综合素质。

旅游从业人员的资格考试与职业认证制度的建立与完善,是促使旅游从业人员不断提升自身的专业技能与职业素质的一项重要举措。在这一过程中,需要适当提高旅游从业人员资格考试的学历要求和考试难度,并对服务于旅游一线的人员增加外语水平测试。此外,还需要进一步推动导游职业的法制化和市场化建设,确保导游在不违背法律的前提下能够进行自由有序的流动。

第十章　新常态下旅游扶贫的规划与建设

　　旅游扶贫是通过发展旅游业来带动贫困地区的经济发展,帮助贫困地区的人口依托于旅游业找到谋生的道路,进而脱贫致富,这是一种特殊的产业开发扶贫方式,而非传统的财政拨款援助型扶贫方式。近年来,旅游扶贫为我国经济欠发达地区的经济增长开辟了新的路径,受到了国家战略层面的高度重视,并在国内诸多贫困地区开展了广泛的旅游扶贫试点工作。在新常态下,旅游扶贫的规划与建设与一般情况下的旅游规划不同,应当以扶贫为最终目标,在旅游规划工作中牢牢贯彻这一宗旨,使旅游扶贫能真正收到实效。本章主要从旅游扶贫及其存在问题、开发背景与意义、模式、路径等方面来分析新常态下旅游扶贫的规划与建设。

第一节　旅游扶贫及其发展中存在的问题

一、旅游扶贫概述

　　鉴于旅游扶贫还是一个正在摸索中的事物,目前,学术界对旅游扶贫的认识尚未达成统一,在旅游扶贫的对象和目标、旅游扶贫的作用机制、旅游扶贫的侧重点等方面认知不同,难以形成一个理论界公认、十分明确的旅游扶贫的定义。尽管在旅游扶贫的概念认知上存在差异,但是随着旅游扶贫实践及研究的发展,学术界对旅游扶贫的对象及目标逐步达成共识,相对而言,国内研究更侧重于将经济欠发达的区域视为旅游扶贫的对象和目标加以研究,而较少将个体居民或其他单位个体作为旅游扶贫的对象和目标进行直接研究。

在1999年旅游扶贫(Pro-Poor Tourism,以下简称PPT)概念提出之前,也有一些研究提出了旅游对于减少贫困的作用以及贫困人口能够从旅游发展中获利的问题,但获利与减贫更多的是考虑社区整体,并未对贫困的具体对象进行关注,因此一些弱势人群的诉求常常被忽视,扶贫这一主题还没有被放到优先发展的地位。[①] 自从旅游扶贫的概念提出后,才开始将旅游与减少贫困真正结合在一起进行研究,成为不同领域交叉研究的一项卓越成果。旅游扶贫也受到世界各国的普遍重视,在实践中得到推广和广泛应用。此时,旅游扶贫的目标明确定位于贫困人口的净收益及其发展机会的保证,即贫困人口从旅游发展中获得的综合收益(包括社会、经济、文化、生态等收益)要大于其在旅游发展中的付出。

二、旅游扶贫发展中存在的问题

当前,旅游扶贫开发还有许多不尽如人意的地方,存在严重的瓶颈,在各种问题的影响下,旅游扶贫的效果尚不尽如人意。只有准确找出问题,破解旅游扶贫工作难题,才能使旅游扶贫工作顺利开展,实现更具针对性的精准扶贫。目前,旅游扶贫发展过程中出现的问题主要集中在以下几个方面。

(一)贫困人口不能分享旅游扶贫的成果

贫困地区经济基础差,为了加快经济建设,只能靠招商引资,但当前,招商引资并不能使贫困人口分享到旅游扶贫的成果。一方面,在引入外来资本时,贫困地区没有经济实力来投资本地的旅游市场,就被外来资本占据了大部分旅游市场,外来资本也分得了绝大部分的旅游经济收入。另一方面,在与旅游相关的工作岗位中,贫困地区的人口由于缺乏相关专业知识,很难从事收入

---

① 邓小海.旅游精准扶贫理论与实践[M].北京:知识产权出版社,2016:9.

较高的管理岗位,只能提供一些简单的人力劳动,收入较少。所以,即使能够成功招商引资发展旅游,依据利益分配与资源投入相挂钩的原则,贫困人口从旅游业所能获得的经济利益十分有限,难以达到脱贫致富的目的,无法分享到旅游扶贫的成果。

(二)自然环境遭到破坏

许多贫困地区的自然资源在未开发之前,往往是"养在深闺人不识",具有良好的原生态性,自然风貌保存较好。但扶贫旅游的开发意味着接待地的旅游资源投入、使用和消耗,在游客对旅游资源的消费活动中,不可避免地对旅游接待地的环境造成或多或少的破坏,比如造成当地的水污染、土壤污染、大气污染以及固体废弃物污染等。由于国内游客的公民素质尚待提高,也可能会破坏旅游接待地自然景观的完整性,造成难以挽回的负面影响。这些都是扶贫旅游不得不付出的一些代价。

(三)地方传统文化的丧失

随着旅游业的深入开展,旅游开发促进了一些乡村地区及少数民族地区经济的发展,一定程度上提高了当地居民的收入水平。但是伴随着旅游业的发展,大量旅游接待设施的建设、外地游客的涌入和旅游活动的开展,可能会对贫困地区的地方民俗文化或少数民族传统文化带来冲击,例如,可能引起接待地传统文化的变迁,使接待地丧失自己的文化个性,结果又引发另一场"精神和道德上的贫困"。

(四)旅游扶贫目标聚焦错位

真正意义上的旅游扶贫,其宗旨和目标不是为了发展旅游,而是通过旅游实现贫困人口利益的保障和发展机会的创造。[①] 但在旅游扶贫工作的实际操作中,很多地区政府部门对旅游扶贫开

---

① 王兆峰.民族地区旅游扶贫研究[M].北京:中国社会科学出版社,2011:76.

发的核心目标理解得不够透彻,对旅游扶贫目标的聚焦产生错位,没有着眼于贫困人口的"生存、生活、生产"问题,而是简单地将旅游扶贫等同于旅游开发,把旅游业的繁荣、地区经济的整体增长视为主导目标,把旅游开发活动的目标集中在努力获取最大数量的经济收入上,严重忽视开发贫困人口的经济发展机会,甚至使当地的贫困人口由于技能与资金的短缺而被孤立在旅游开发活动之外。[①]

(五)资金流向失当

在旅游扶贫开发中,一些地区政府投入的旅游扶贫资金流向失当,常常忽略对当地贫困人口的扶持,当地农民因缺乏启动资金被排斥在旅游活动之外。有些地区为了让资金产生集聚效应,地方干部为了做大做强某个产业或企业,将扶贫资金或扶贫项目资金主要投向已经具有一定规模和影响的项目或企业,而真正需要扶贫的贫困家庭、贫困人口并未得到实质性的帮助和扶持,他们仍然是创业没有资金、就业没有机会、兴业没有能力,生存、生产、生活状况没有得到改善或改变。富者越富、贫者越贫或贫者还贫的状况越发严重。

(六)产品开发乏术

旅游产品缺乏创新,一味仿效现象严重,是我国旅游业中普遍存在的问题。一些贫困地区在开发旅游资源时,两眼只盯着自己的"一亩三分地",表现出较强的封闭性和盲目性,其他地方怎么搞,本地区就怎么弄,或者心血来潮,胡乱开发,缺乏规划。一提到扶贫旅游产品开发想到的就是开发一个景区或发展农家乐、渔家乐等传统方式,这样的旅游扶贫产品开发模式势必出现资金困难和资源短缺等制约因素。一味地跟风炒作、模仿他人,尤其是近邻地区的旅游产品开发大同小异,可能会造成同类旅游产品

---

① 郭清霞.旅游扶贫开发中存在的问题及对策[J].经济地理,2003(4).

的恶性竞争,造成旅游市场的过度饱和;而且开发大量低品质的旅游产品,也会让游客产生厌烦感。其实只要转换一下思路,认识到差别就是市场,确立旅游产品的差异化定位,那么,农耕生活、民俗活动、乡土建筑、田园风光、传统作坊等也是可资开发、可供体验的旅游产品,旅游扶贫产品就会大大地丰富起来。

（七）监管的实效与时效性不够

在旅游扶贫开发中,部分地区监督管理工作做得还不到位,主要表现为以下两个方面。

1. 监管的实效不够

部分地区监管机构不够健全,还没有建立完善的监督机制,在监管的执行中注重形式、不重实效,对于社区居民的不良行为、旅游企业的不道德行为以及部门的不作为行为等现象,相关管理部门往往是睁一只眼、闭一只眼,处置不力。

2. 监管的时效性不够

部分地区只注重旅游扶贫开发启动期的监督和管理,忽视对旅游扶贫开发的运行与管理过程的监管,从而出现旅游扶贫资金浪费、旅游开发与管理粗放、旅游污染物处理能力弱、贫困人口在旅游开发中获益不高、村民与旅游开发商产生利益冲突等问题。

（八）涉旅部门互动不够

由于旅游涉及"吃、住、行、游、购、娱"等多个环节,旅游扶贫工作需要多个部门共同协作。从现实情况来看,由于旅游管理部门掌握的财力和资源有限,所以由其直接开展的旅游扶贫开发工作不是很多,其他的农业、林业、文化、交通、水利等相关部门可能进行了一些旅游扶贫的前提工作或其许多工作与旅游扶贫相关联,为旅游扶贫工作打开了局面。旅游行政管理部门理应对涉及旅游扶贫的工作给予一定的指导,但由于条块分割,部门之间缺乏良好的协作,旅游与相关联行业的配合也不是很到位,互动也不够,致使旅游产业扶贫开发的功效没有得到充分发挥。

(九)过于依赖政府投入

资金是旅游扶贫开发的关键因素之一,有些贫困地区虽然拥有丰富的旅游资源,但由于自身条件落后,缺乏足够的资金来支持旅游业的发展,致使许多独特的资源未能变成特色旅游产品。而很多贫困地区,普遍还未建立与旅游投资活动相适应的投资管理机制和市场引导机制,投资方式较为单一,多以政府部门投入为主。但是政府部门用于旅游扶贫的资金有限,除在开发启动阶段给予资金扶持外,以后就放手让其自谋出路,使得贫困地区的旅游业发展长期处于依赖景区门票收入为主的初级阶段。

(十)地方政策制约凸显

旅游扶贫政策既是指导旅游扶贫的工作方针,也是推进旅游扶贫开发的重要保障。然而,在部分地区的旅游扶贫开发中,政策的制定还存在一些问题,主要表现为政策的针对性不强。现有政策较为笼统,缺乏分类指导,招商引资政策和旅游扶贫开发中的人才、税收、土地等专项优惠政策还未出台,一些重要景区的管理体制还没有理顺。此外,旅游扶贫政策在具体化、系列化和可操作性方面还有所欠缺。

第二节 旅游扶贫开发的背景与意义

一、旅游扶贫开发的背景

(一)国际背景

贫困问题自始至终都伴随着人类的发展,无论是富裕的还是贫穷的国家和地区,都存在贫困现象,其差别仅仅是贫困的程度和数量以及政府是否将消除贫困作为首要任务。

1945年,联合国成立之初就把"消灭贫困"庄严地写进了《联合国宪章》。然而,随着人类社会的不断发展,贫富之间的差距日益增大,世界上的贫困现象依然严重,那些生活在社会底层的人甚至都很难实现最基本的温饱。

第二次世界大战之后,旅游业获得了迅猛发展。在这样的背景之下,旅游扶贫这一观念开始步入研究者的视野,他们开始探讨如何将旅游与扶贫结合起来,并就此进行了一些尝试,取得了显著的成果,证明了旅游扶贫的强大生命力。难能可贵的是,通过旅游消除贫困的方法将多年来一直倡导的可持续发展与减贫结合起来,使扶贫从一种负担转变为社会、经济发展不可或缺的内容。2002年8月,世界旅游组织召开题为"旅游及其对减贫的贡献"专题研讨会,并于会后出版了《旅游扶贫》一书,旅游扶贫理论开始受到世界各方的广泛关注;2003年,"旅游:消除贫困、创造就业与社会和谐的动力"被选为世界旅游日的活动主题。这标志着旅游扶贫被正式纳入世界减贫消贫的重要举措中,并在全球掀起了旅游扶贫的实践浪潮。

(二)国内背景

我国幅员辽阔,人口众多,各地区自然、社会和文化资源条件和禀赋千差万别,再加上我国近百年来的坎坷发展经历,导致我国贫困人口众多,贫困地区分布广泛。截至2016年10月17日(我国首个扶贫日),国家级的贫困县共有592个,其中中部省份217个贫困县,西部省份375个贫困县,少数民族八省区有232个贫困县,可见我国的扶贫开发工作任务十分艰巨,旅游扶贫开发同样任重道远。

我国是从20世纪70年代末80年代初开始进行扶贫工作的,最初的扶贫主要是一种道义性的、慈善性的救济行为,表现为政府的财政拨款或地方的捐款援助,主要用于基本生活救济。但这种扶贫模式不可持续,而且被动依赖性过强,无法从根本上解决贫困问题,被生动地比喻为"输血"式的扶贫模式,而非"造血"式的可持续性扶贫模式。

20世纪80年代中期,中央政府根据当时的贫困特点,制定了新的扶贫政策。到了80年代后期,"七五"计划将旅游业正式纳入国民经济和社会发展计划,标志着旅游业同农业、工业等行业"平起平坐",这无疑给蓬勃发展的旅游业注入了新的生机。而我国大部分贫困地区都蕴藏着丰富的旅游资源,在自然景观、民俗文化方面均有待开发,这就在"发展旅游业"与"扶贫"之间建立了有机联系。

20世纪90年代,一批贫穷落后但拥有较高质量旅游资源的地区得到了国家和地方计划内资金的优先扶持,开始有计划地开发旅游资源、发展旅游经济,在旅游扶贫开发方面取得了可观的成效。旅游业已成为贫困地区脱贫致富最卓有成效的主打行业之一。2000年之后,旅游扶贫模式受到国家高度重视,提升为国家层面的重要扶贫政策,进一步加大对贫困地区的旅游扶贫开发,提供资金、技术、人才方面的大力援助,使旅游扶贫成为国内许多贫困人口脱贫致富的有效途径。

总之,旅游扶贫开发作为一种最富活力的扶贫模式,具有其他扶贫模式难以比拟的优越性,如关联性广、带动性大、受益面宽、操作性强、具有可持续等优点,尤其对农村社会经济和少数民族区域经济的可持续发展起着不可估量的作用。

二、旅游扶贫开发的意义

首先,旅游扶贫开发有利于深化旅游体制改革。在贫困地区开展旅游活动,不仅要实现旅游本身的经济效益,更要通过对旅游功能的充分发挥,帮助当地更多的人口脱贫致富。因此,旅游扶贫开发要对当地的经济结构进行调整,深化体制改革,引导当地人民建立跨地区的、混合所有制的、具有一定规模的企业来促进贫困地区旅游业的发展。

其次,旅游扶贫开发有利于贫困地区脱困。前文已经说过,我国很多贫困地区都蕴藏着丰富的旅游资源及大量的劳动力资源,非常适合发展旅游业。而且旅游扶贫目的明确,目标清晰,脱贫致富见效快、受益广、受益期长,是一种特别有效的扶贫模式。

最后,旅游扶贫开发有利于因地制宜地发展区域经济。旅游扶贫的具体开发方式是取决于贫困地区本身的旅游资源、经济基础、地理区位、文化底蕴、社会结构等方面的综合条件,必须以区域资源为依据对贫困区开展针对性的旅游开发。这样有利于对贫困地区的资源禀赋进行充分挖掘、评估、重新组合和有效利用,从而形成千地千面、百花齐放的地区旅游经济开发模式,在国内打造一批各具特色的旅游特色小镇、美丽乡村等。而对于缺乏旅游资源条件的地方,则不适合采取旅游扶贫模式,而应根据自身条件因地制宜地选择其他发展经济、脱贫致富的路径。

第三节 旅游精准扶贫的主要模式

旅游精准扶贫是指深入分析和评估各贫困地区的旅游资源、地理区位、社会经济发展、人力资源等既有条件,在深入挖掘和借助优势资源,扶持或避开劣势资源的基础上,采取有针对性的旅游扶贫开发模式,选择适宜的旅游扶贫开发路径,准确把握目标扶贫对象和对应的扶贫方式,走各具特色的旅游精准扶贫之路。本节主要分析旅游精准扶贫的主要模式。

一、业态创新型旅游扶贫模式

业态创新型旅游扶贫模式,即准确把握或创造业态融合产生的新市场契机,通过与农业、工业、水产、林业、交通、信息等现代科技的交叉融合,培育新型的旅游业态、研发新型旅游产品,以此带动经济不发达区域的旅游开发和经济发展,实现旅游扶贫的目的。当前,业态创新型扶贫旅游产品的功能拓展及新增长点主要反映在民俗旅游、民宿旅游、体验旅游、培训旅游、考察旅游、拓展训练旅游、疗养旅游和修学旅游等领域。业态创新型旅游扶贫模式实现了扶贫地区各种社会资源的优化整合,带动多种业态的创新型发展,受益面更广;而且在外援的基础上,更加注重激发自主性和创造性,旅游开发更具活力,有利于当地经济的"造血"机制建设,避免一般旅游扶贫开发的因循守旧、体制依赖及后续乏力的问题。

二、景区带动型旅游扶贫模式

景区带动型旅游扶贫模式,是指贫困地区依托周边著名风景名胜,或者利用自身良好的自然、人文旅游资源,共享景区的固定客源以及已有的较为完善的基础服务设施,开发与区域主要景区一脉相承的旅游产品或是开展互补性强的旅游活动,如开展农家乐、休闲接待、采摘旅游、特色乡村生活体验游等旅游产品,提供具有当地特色的旅游商品和纪念品以及配套的旅游接待服务。景区带动型旅游扶贫模式,依托于区域内核心景区的发展促进贫困地区旅游业的快速发展和消除贫困,能够最大化地发挥核心景区的影响力和市场带动力,实现旅游资源的高效配置和利用,也有助于打造区域旅游产品的整体形象,促进区域旅游的可持续发展。

三、责任包干型旅游扶贫模式

责任包干型旅游扶贫模式,是指通过指定相关部门或地区,对贫困地区有针对性地开展一对一的"定点"扶贫或"对口"扶贫,制定适当的扶贫目标,明确扶贫责任与义务,建立一种权责明晰的旅游扶贫模式。例如,若贫困地区缺少开发技术即提供专业技术支持和技术培训;若当地部门和居民不懂旅游规划与开发即提供智力支持帮助其进行旅游规划与开发,或提供旅游开发方面的专业培训;若贫困地区缺乏相关旅游产业就努力招商引资,引导品牌企业入驻或帮助其兴建产业,促使当地形成旅游产业及相关产业的发展链。责任包干型旅游扶贫模式通常采用的有资金扶持、智力扶贫、技术扶贫、市场扶持和人才扶持等方式。

一般针对分布较分散、资源条件较差的点状分布型贫困地区,可采取责任包干型旅游扶贫模式。省市政府部门可以牵头组织旅游相关部门(如旅行社、景区、旅游交通部门等)到当地进行考察,到外地举办旅游产品推介会,或在本地举办旅游交易会、土特产品交易会等展会展销活动。另外,针对旅游人才不足的情况,政府部门和高校也可以选派部分领导或专家学者以及旅游相关企事业单位的专业人员到当地挂职进行专业指导。

在实践运用中,以上三种主要的旅游扶贫模式不是割裂的,而是可以相互结合、灵活运用,或者另辟蹊径开发精准扶贫模式。例如,国内知名的位于陕西省关中平原腹地的袁家村,历经近十年的旅游开发,旅游发展迅速,并不断开发新的旅游产品,增强旅游吸引力,成功摆脱了之前的贫困面貌,并塑造了"关中印象体验村"的旅游品牌形象,重点开发关中美食和民俗文化体验旅游、休闲旅游、民宿旅游等,实现了因地制宜的乡村旅游业态创新扶贫模式;同时,也遵循了"分干到户、责任到人"的包干型精准扶贫模式,由当地政府部门和袁家村基层组织牵头,扶持培养了一批农户专门从事关中特色的油辣子、酸奶、醪糟、醋、香油、面粉、粉条等农副产品的合作社,向游客提供农副产品生产制造流程的旅游参观和体验,这些具有地方特色的农副产品也成为颇受游客欢迎的旅游商品和伴手礼,为袁家村创造了可观的旅游收益,使袁家村成为国内乡村旅游扶贫模式的成功典范。

第四节 旅游扶贫开发的路径选择

旅游扶贫开发,不仅要促进地区经济的发展、促进地区经济结构优化与产业转型升级,更重要的是要通过发展旅游业,促进贫困地区的贫困人口获得脱贫致富的机会与能力。而要实现这一目标,对开发路径的选择非常重要。不同的旅游区有不同的旅游资源,因此,在选择开发路径时要根据实际情况来进行。

一、多层级试验区

建立旅游扶贫试验区是我国制订的一项帮助贫困地区脱贫

致富的战略决策,是在国内符合旅游资源开发条件的经济不发达地区尝试发展旅游业,并"规划建设一批旅游扶贫试验区,在旅游资源丰富的贫困地区,通过发展旅游业培育特色产业,带动贫困地区群众脱贫致富"的一种探索。建设多层级试验区应从以下几方面入手:

(一)政府引导

贫困地区经济落后,市场发育程度低,市场机制不完善,单纯依靠市场来完成资源的优化配置是不现实的。贫困地区的旅游开发需要发挥政府的特殊职能与作用,由政府制定扶贫政策,扶持试验区发展旅游业,实现脱贫致富的政策目标。在旅游扶贫开发过程中,政府职能应由"政府主导"转变为"政府引导""政府辅导"和"政府督导",并重点体现在宏观规划、政策扶持、组织引导、统筹协调、监督管理等方面,如图 10-1 所示。

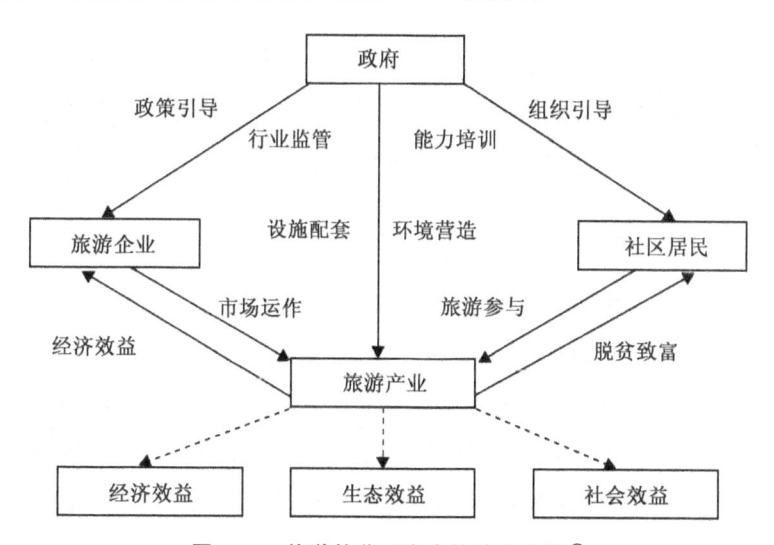

图 10-1 旅游扶贫开发中的政府职能[①]

"政府引导""政府辅导"和"政府督导"的政府职能改革,其目的是进一步厘清政府权限,建立权责明晰的旅游扶贫开发制度,

---

① 黄细嘉,陈志军. 旅游扶贫:江西的构想与实现途径[M]. 北京:人民出版社,2014:120.

也是促进旅游扶贫开发健康发展的前提保障。在旅游扶贫开发过程中,政府的职能主要表现在:"在政府规划指导下,采取各种措施,包括决策工程、人才工程、引导工程、资金工程等,对旅游开发给予积极引导和支持,营造旅游环境,有意识地发展旅游业,以带动社会经济的全面振兴。"[①]旅游扶贫是一种在市场经济环境下的扶贫开发模式,当贫困地区的经济被旅游业激活以后,政府就应该逐步放手,引入市场经济机制,进行企业化运作,做到"政府引导、企业运作、社会协同",以实现旅游扶贫开发的可持续发展。

(二)部门主管

旅游业是专业性较强的新兴产业,旅游主管部门应通过制定相关的旅游政策法规加强对试验区内旅游业的管理和监督,在旅游业的规划指导、资金扶持、技术援助、市场监管、人才引进等方面充分发挥宏观管理作用;在旅游扶贫方面也要做好试验试点,在扶贫对象的确立、扶贫方法的拟定、扶贫措施的推广、扶贫机制的运行,以及利益分配等方面也需要试验区的地方主管部门进行管理和指导,发挥监督和保障作用。

(三)市场运作

旅游扶贫的目的是扶贫,而扶贫的途径是发展经济,所以,在管理试验区时,政府应以市场经济的要求为依据,按照市场规律运作,调研旅游市场的需求,使旅游产品和服务的供给能够适应市场需求;改善旅游消费的结构,使旅游者的消费效果能够获得最大满足;促进试验区旅游企业间的竞争与合作,实现旅游资源的合理化配置,以期最大限度地提高试验区的经济效益。

(四)社区参与

旅游扶贫试验区内的社区是开展旅游扶贫开发的基层单位,

---

① 冯学钢. 皖西地区旅游开发扶贫探讨[J]. 经济地理,1999(2).

在试验区的开发与管理中发挥着重要作用。在旅游扶贫开发的规划阶段,一定要加大社区参与力度,保障居民的知情权和管理权,获得社区居民的大力支持与配合,才能推动旅游扶贫开发的顺利开展;在旅游扶贫开发的建设阶段,也要做好社区的利益分配工作,切实保障社区居民能够共享旅游开发的成果,真正达到带动贫困地区居民脱贫致富的基本目标。

二、开发特色旅游产品

在旅游扶贫开发中,除开发传统旅游产品之外,还可以针对贫困地区的旅游资源特征,有针对性地开发一些创新性的特色旅游产品,充分发挥旅游产品的扶贫功能,如志愿者旅游产品和红色旅游产品等。

(一)志愿者旅游产品

志愿者旅游是将志愿者活动融入旅游当中,在发达国家应用较为广泛。"志愿者旅游可以定义为一种特殊的旅游模式,通过那些不仅自愿提供资金,同时致力于世界自然环境保护的度假者们,为其提供可持续的替代性旅游,以此来帮助社区的发展、科学研究以及生态恢复。"[1]志愿者旅游的参与动机通常是基于利他主义的,这些旅游者与一般市场行为的旅游者有所不同,他们更关注在旅游活动的同时能够有自我价值的实现和再评价的机会,因此会做些力所能及的事情回报自然和社会,从而使身心得到愉悦和满足,在精神层面得到升华和自我完善。志愿者旅游所选旅游目的地多为贫困的边远地区。志愿者项目能够平衡地区贫富差距,帮助贫困人群摆脱贫穷。志愿者旅游的过程包括人力和物力的流动,主要是经济发达地区或城市的志愿者无偿支援劳力和物力,帮助落后地区或农村发展。

---

[1] 黄细嘉,陈志军. 旅游扶贫:江西的构想与实现途径[M]. 北京:人民出版社,2014:123.

志愿者旅游项目的主要类型有以下4种。

1. 贫困救助型

作为志愿者旅游的一种基本类型，贫困救助最大的特点就是志愿者前往贫困地区开展救助活动，如捐赠物资、义诊、赈灾、救助失学儿童、援建房屋等，在旅游出行的同时做善事、行善举，也可以称为善行旅游。

2. 扶贫发展型

此类型志愿者的目的地社区往往面临一些发展中的瓶颈问题，政府部门可以有针对性地组织旅游志愿者对贫困地区给予技术和资金方面的支持，进行扶贫发展的培训和市场指导，进而帮助贫困地区的居民走上脱贫致富的道路。

3. 教育培训型

教育型项目也是志愿者旅游的一种重要类型，这与很多开展志愿者旅游的非盈利性组织关注教育问题有关。教育型志愿者旅游对贫困地区开展的教育培训包括环保教育、语言教育、技能教育等方面。

4. 生态保护型

生态保护型志愿者旅游项目与很多非政府组织开展的生态旅游项目存在着重叠的部分。在中国，率先开展志愿者旅游项目的民间组织也大都是环保组织，如世界自然基金会、自然之友、北京林业大学科学探险与野外生存协会（The Scientific Exploration and Outdoor Life Society of Beijing Forestry University，简称山诺会）等。这些环保组织开展的生态旅游通常都是以保护自然环境和生态为最终目的，在旅游的过程中会格外关注贫困地区的生态状况，并通过宣传、教育、研究等措施引发社会对贫困地区的自然资源和生态环境的关注与保护。

(二)红色旅游拓展产品

我国不少贫困地区都曾是革命老区、革命根据地,尽管经济基础薄弱,但在革命年代都曾发挥过重要的历史作用,具有重要的历史地位,也拥有丰富的、珍贵的革命历史人文资源,因此在扶贫旅游开发方面适合开发红色旅游产品。通过发展红色旅游能够带动革命老区的基础设施建设,改善老区的招商环境,扩大就业机会,增加当地的财政收入。红色旅游的历史文化背景,决定了其较为明确的目标市场——由全国各国有和非国有单位及机构公务支出的政治学习游团体。通过红色旅游,达到革命传统教育、政治学习、休疗游乐、管理游学、素质拓展等目标。这一市场最主要的客户为全国各级党政机关、事业单位、国有企业、党团行政院校学员、大专院校及中小学教师等。

红色旅游产品拓展方向主要有以下几个:

1. 军事文化体验

(1)军事战例模拟

精选若干个军事经典故事或战例,运用高科技手段和仿真技术,设置多种实战装备野外体验和模拟操控项目,进行坦克、步战车、伞兵突击车、气垫船、冲锋舟实装驾驶体验和模拟舰船、战机、导弹等操作;实兵模拟对抗;心理战环境体验;航空航天失重、悬浮体验等。

(2)军事拓展训练

主要针对公民、国家公务员、企事业单位员工,尤其是在校学生进行系统规范的国防教育训练。设立"青少年训练营",开展"军营一日""军营一周"项目。军事拓展项目主要开展军事野营、军事主题夏令营、轻重武器射击表演、格斗、潜水、跳伞、越野车障碍培训、摩托车障碍培训等基本素质培训活动。

(3)军事娱乐体验

第一,结合陡峭的悬崖,开展攀岩、速降、溜索、高崖跳水等项目。

第二,结合起伏的小丘陵开展山地自行车、障碍越野赛、体能对抗等项目。

第三,在平地开展射箭、飞刀靶、投斧、标枪、拳击、击剑等项目。

第四,结合水体开展赛艇、摩托艇、滑水、皮划艇、航模、游泳、垂钓、铁人三项等项目。

2. 户外拓展训练

在红色旅游地,结合当地红色历史,将红色旅游与户外拓展训练项目结合起来,开发红色拓展旅游产品,如吃红军饭、走红军路、睡红军炕、做红军操、扛红军枪、唱红军歌、挑红军粮、过大山渡险滩等拓展性旅游项目。

第一,建设红军生活体验园(红军村)。体验园或体验村要在住宿、餐饮、建筑等方面做足地方特色,可以收集大量以红色革命、长征文化等为主题的瓷器、宣传画、雕塑及纪念章等,在装修风格上独树一帜,让游客充分体验到红色旅游的氛围。

第二,建红军食堂。推出红色菜肴及党、团员就餐优惠活动。以红色文化、红色旅游、红色产品、红色餐饮、红歌传唱为主打品牌,重点推出"红军套餐";餐盘、瓷杯、碗筷、勺子等配套餐具的风格也要符合红色革命的时代特征,可以印上一些如国旗、人民英雄、毛主席、斗争口号、革命语录等标志性图案。

第三,建设红军客栈。红军客栈要体现浓郁的客家建筑风格,客房墙壁、天花板、地板和床炕,以及床单、窗帘、隔帘等都可以还原革命时代的熟悉风格。在客房内的醒目位置配置一些印制精美的橱窗画,可以让游客看到当地的"革命故事""英雄人物""红色诗词""红色景点"等。再如每天用军号提示游客起床、熄灯、吃饭、睡觉。

第四,开展"当一天红军"旅游体验活动。通过穿红军军装、照军相、扛步枪、品红军菜肴或吃红军套餐、住红军客栈、唱红色歌曲、看反围剿戏剧、学红军纺织、耕种军粮等特色体验旅游活动,使游客深度体验红色革命文化。

三、构建四大重要机制

(一)政府采购机制

政策扶持是旅游扶贫开发的重要推手和有力保障。政府除在资金、项目、人才、培训等领域进行常规政策扶持外,还应把贫困地区的旅游产品纳入政府采购的范畴,并作为优先选择的对象。把贫困地区的旅游接待纳入政府采购的范畴,是直接推动贫困地区旅游业发展与贫困人口脱贫致富的一个重要途径。具体来说,应该采取以下举措:

第一,支持贫困地区乡村旅游业的发展,把符合一定接待标准的景区作为政府采购的定点单位,并进行等级管理与质量评估。政府采购的对象包括贫困地区的农家乐(渔家乐)餐饮接待、乡村旅馆、会务接待、红色旅游景区以及传统文化教育活动等。

第二,国家机关、事业单位和社会团体的外出学习、考察、交流和接待等事务可以委托贫困地区当地的旅行社进行安排。在《国务院关于加快发展旅游业的意见》(国发〔2009〕41号)中,就"允许旅行社参与政府采购和服务外包",旅行社在安排交通出行、住宿、餐饮和会务等活动方面显然更专业、高效,有利于节省成本,而且有利于带动贫困地区的旅游业健康、快速发展。

第三,旅游相关部门应协调发改委、税务、工商、审计等部门,对旅行社发票项目进行调整和规定,将旅行社正规发票作为公务部门和事业单位的报销凭证,规范政府采购机制,将正当的政府服务外包与公费旅游区别开来。

(二)贫困人口参与机制

旅游扶贫开发的重点扶持对象是贫困地区需要帮助的贫困人口,只要把这些目标扶持对象纳入旅游发展的轨道上,让贫困人口参与到旅游业相关领域的开发和建设中,才能落实旅游扶贫开发的功能。因此,如何关注贫困人口的利益,使社区贫困人口最大限度地通过旅游发展获得脱贫致富的机会与能力是旅游扶贫的核心问题。

1. 参与形式

社区贫困人口可从各个领域参与旅游的开发与建设,如旅游景区的管理、旅游企业的经营活动、旅游商品生产、旅游住宿接待、餐饮服务、物业管理、旅游设施修建与维护等各种参与途径。参与形式如图10-2所示。

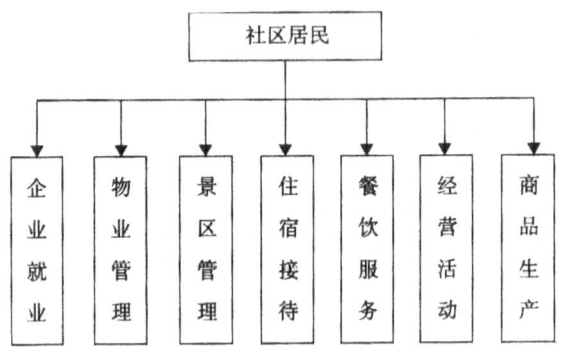

图 10-2　社区参与旅游形式图

2. 实施路径

如图10-3所示,政府主管部门可以制定各项政策和制度,切实确保社区贫困人口参与旅游扶贫开发的机会,广泛拓宽社区参与旅游发展的途径,拓宽贫困人口参与旅游区开发、接待的渠道,保障贫困人口获得培训和教育的权利,鼓励和引导贫困人口直接或间接参与旅游的开发与接待服务,并帮扶贫困人口从旅游开发中获取应得的利益,最终实现旅游扶贫开发的目标。

3. 保障机制

在旅游开发的利益相关者中,贫困地区的社区居民在投资资本、技术和市场竞争方面都缺乏竞争力,处于弱势地位。因此,在旅游扶贫过程中,必须发挥政府的主导作用,从制度上制定保证贫困社区居民参与旅游的赋权机制、咨询机制、利益分享机制和培训机制等，为贫困人口参与旅游开发和经营活动创造良好的政策环境，从制度和机制上保证旅游扶贫目标的实现。

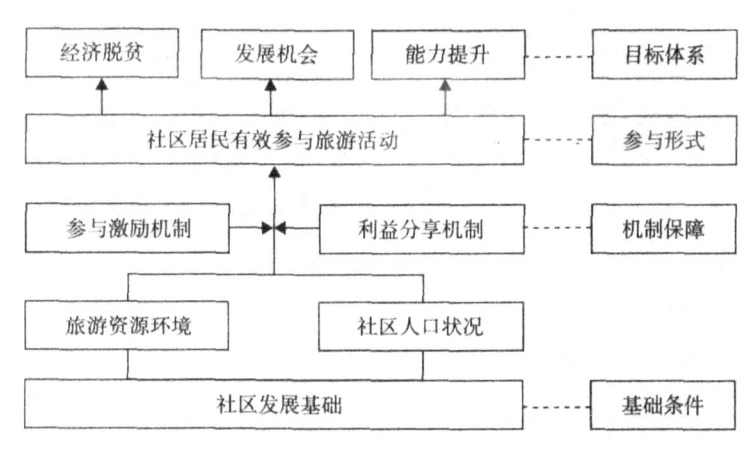

```
经济脱贫    发展机会    能力提升  ┄┄ 目标体系
    ↑          ↑          ↑
    └──────────┼──────────┘
        社区居民有效参与旅游活动       ┄┄ 参与形式
                ↑
    ┌───────────┴───────────┐
  参与激励机制 ⇄ 利益分享机制         ┄┄ 机制保障

  旅游资源环境    社区人口状况
        └──────────┬──────────┘
             社区发展基础               ┄┄ 基础条件
```

图 10-3　旅游扶贫开发的社区参与实施路径图[①]

（三）权益配置机制

在旅游扶贫开发中，贫困人口是一个弱势群体，他们不但拥有的资源颇为有限，对权益的理念也很薄弱，在旅游扶贫开发中缺乏维护自身权益的足够能力，更可能会受到不公平的待遇。因此，要使扶贫开发工作落实到位，还有赖于政府部门建立起倾向贫困人口的权益分配机制，帮助贫困人口从旅游扶贫开发中获取应得的收入，提高生活水平，实现脱贫致富。权益配置机制包括在旅游扶贫开发规划中要征询当地社区贫困人口的意见，避免非法征地和侵占资源；重视旅游扶贫开发的培训和教育机制，保障贫困人口拥有受教育的权利；在旅游开发效益的分配环节，切实保障贫困人口的合法权益和收入；另外，在旅游开发中对当地社区造成的生态、环境、生活等方面的影响，应当提供合理的利益补偿。

---

① 黄细嘉，陈志军．旅游扶贫：江西的构想与实现途径[M]．北京：人民出版社，2014:132．

（四）生态购买机制

大部分贫困地区隶属于各级遗产保护区、自然保护区、森林公园、地质公园、风景名胜区等保护体系范围。为保护生态环境，这些地区牺牲了自己的发展，造成眼前和现实的贫困。为保证贫困地区的发展，应建立"有偿开发利用、有偿使用"的制度和"谁开发谁保护、谁破坏谁恢复、谁利用谁补偿"的生态购买机制，一方面，对贫困地区为保护生态环境而做出的牺牲进行经济补偿；另一方面，通过对生态环境保护与管理的投入，积极增加区内居民的就业机会，吸引贫困人口参与环境的保护、管理与服务工作，实现就近、就便、就地就业，如图10-4所示。

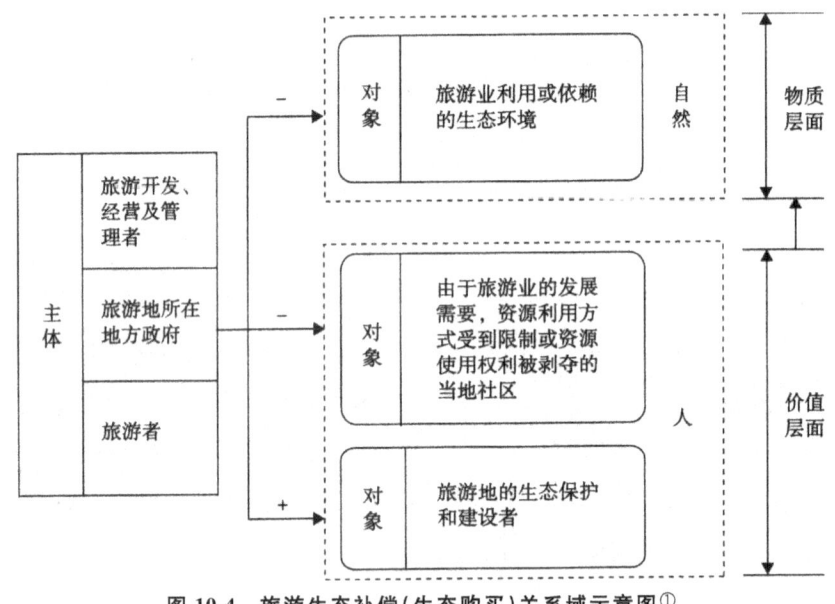

图10-4　旅游生态补偿（生态购买）关系域示意图[①]

四、实施五大特色工程

（一）旅游扶贫项目库工程

旅游扶贫开发和招商引资的一项重要基础性工作就是要建

[①] 张一群，杨桂华．对旅游生态补偿内涵的思考[J]．生态学杂志，2012(2)．

设完善的旅游扶贫项目库,通过项目库内的项目建设情况,及时、全面、准确地了解和掌握区域内旅游扶贫开发项目的整体进展情况,从而科学指导旅游扶贫项目的合理布局和有序进行,实现旅游扶贫项目的动态跟踪和常态化管理。

旅游扶贫项目由项目实施地的乡(镇)人民政府提出立项申请,经县(市、区)人民政府或旅游扶贫综合协调工作小组审查通过,报市扶贫部门采取竞争入围方式初审后,择优推荐上报省旅游局。入库旅游扶贫项目要立足当地资源,符合全省旅游扶贫发展规划布局,重点培育贫困地区特色旅游经济,尽量储备符合国家产业政策、有比较优势、扶贫效益好、质量较高的旅游扶贫项目。

旅游扶贫项目库的管理应注意以下几方面:

第一,根据规划投资额的不同,纳入不同层级的旅游扶贫项目库管理。

第二,对入库旅游扶贫项目统一管理、集中评审,并且要实地考察后择优审批立项。

第三,旅游扶贫项目库的各个项目要及时上报进展情况,定期进行数据统计,便于及时发现问题。

第四,使用专门的管理软件对旅游扶贫项目库实施网络化、信息化管理,及时了解项目库的动态变化,实施跟踪管理。

第五,对旅游扶贫项目库的建设与管理情况进行定期检查,确保扶贫项目的顺利开展。

第六,旅游部门根据旅游扶贫项目性质,建立旅游扶贫开发的招商网站,通过网站向社会广泛推介旅游扶贫开发和融资项目。

(二)旅游扶贫示范工程

在贫困地区实施旅游扶贫计划没有固定的套路可以遵循,更不能盲目跟风,造成同类型低端竞争,因此可以先实施旅游扶贫的示范工程,在有条件的地方先打造一批有影响力的旅游扶贫示范区(点),形成"以点连线,点线成面,点线面结合"的阶梯式发展局面,实现"一镇一特色、一村一景观"的旅游扶贫开发格局。例如,因地制宜地推动形成特色农业、红色旅游、民族风情、民俗文化、生态休闲、野外探险等各类主题旅游扶贫示范区(点),通过旅游扶贫示范区(点)的建设,为其他贫困地区的旅游扶贫提供发展路径和经验借鉴,在如何挖掘旅游主题特色方面提供启示,在旅游致富的机制创新方面提供思路,从而带动广大贫困地区的旅游扶贫发展。

(三)人力资源培训工程

旅游扶贫应重视对贫困人口的教育和培训,提高其就业能力,促进当地旅游企业的建设和发展,为贫困地区的旅游开发培养和输送旅游专业人才,具体可以从以下几个步骤着手,开展人力资源培训工程。

第一,培植旅游扶贫意识,开展观念扶贫,即从观念上转变贫困人口等待接济、依赖援助的传统思维,树立起依靠自身发展和提高能力实现脱贫致富的思维理念。

第二,培训旅游服务技能,对贫困社区居民根据其自身基本素质和能力条件,以就业为目的进行有针对性的旅游专业知识培训,使每一个具有劳动能力的贫困人口都能掌握一定的旅游专业技术,从而顺利从事旅游行业的某一领域。

第三,在对贫困人口的旅游服务培训中,还应根据各地不同的文化特色和传统习惯,结合当地的旅游发展主题,制定特色旅游服务标准体系,培训和推广实行特色旅游服务。

第四,建立合理的人才机制,一方面吸收紧缺的外部旅游专业人才参与本地的旅游开发,使旅游开发更加专业化;同时也注重培养本地的旅游专业人才,如更熟悉本地特色风景和风土民情的地接导游等,以更好地发挥本地人才优势,为贫困地区的旅游开发提供人力支持。

第十章　新常态下旅游扶贫的规划与建设

(四)智慧旅游扶持工程

在旅游扶贫开发中,还应顺应时代发展,利用"互联网+"的发展机遇,借助智慧旅游发展的信息技术,通过智慧旅游扶持工程,帮助贫困地区的旅游迎来新的腾飞。智慧旅游是借助智慧城市的技术支持整合旅游产业链,服务旅游市场主体的各类旅游活动。它利用云计算、物联网等新技术,通过互联网/移动互联网,借助便携的上网终端,主动感知旅游资源、旅游经济、旅游活动等方面的信息,达到及时发布、及时了解、及时安排和调整工作与计划,从而实现对各类旅游信息的智能感知和利用,实现旅游的集约化、智能化、统一化的管理。

贫困地区多为交通不发达地区,在发展旅游方面是空守着旅游资源无资开发、无人开发、无途径开发,可谓"心有余而力不足"。而地形劣势也让贫困地区的旅游资源处于"养在闺中无人识"的状态。以"电商平台+景区驿站+分销渠道+媒体推广"模式开展的智慧旅游能带动旅游贫困区的精准扶贫。有了智慧旅游的电商平台和网络营销,贫困地区就能以最少的成本进行最大力度的宣传,通过对当地旅游资源的宣传吸引外资和人才来进行旅游开发。与此同时,贫困地区的旅游景区可以依托智慧旅游平台和技术优势,搭建WiFi、闸机等,整合门票及酒店、餐饮等周边商家资源,主推深度游、定制游、达人伴游等个性化旅游产品,以及创意旅游产品,打造智慧景点圈,并与平台无缝对接。

此外,政府部门还可以通过搭建"互联网+旅游扶贫"平台,集中各领域优势资源,使网络信息、技术、人才、资金、渠道等各类资源都最大限度地参与到旅游产业发展过程中,释放更大的经济效益。通过"互联网+旅游扶贫"平台,加强参与主体相互间的扶贫沟通与紧密协作,将旅游电商、农业合作社、农家乐、民宿、旅行社、酒店、宾馆等有机融合,发展出多种创新型、交叉型、融合型旅游业态,带动旅游扶贫经济的蓬勃发展。

(五)创新扶贫机制工程

扶贫旅游开发的成功还在于建设创新扶贫机制工程,主要是打破以往扶贫工作的常规思路,避免因循守旧,在旅游开发的合作模式、政府服务、收益分配、金融贷款、补贴政策、市场营销、产业融合、社区发展等诸多方面都可以拓展思路、创新发展。例如,确立"全域旅游、景区带村、能人带户"的旅游扶贫思路,通过重点景区开发带动贫困地区的全域发展,并以景区开发带动农村经济,支持贫困户发展旅游农家乐(渔家乐)、观光农业、采摘体验、家庭手工业、旅游民宿、旅游纪念品等致富产业;加强对贫困户的小额金融担保贷款服务,支持贫困户以土地、山场、农宅等多种资产入股,并在农村合作社中务工,从景区收入中也获得一定数额的分红,从而获得资本、务工、分红三重收益,帮助扶贫对象迅速走上脱贫致富之路。

综上所述,在"十三五"新常态下,旅游扶贫的规划与开发应当探索建立政府采购机制、贫困社区参与机制、权益配置机制和生态购买(补偿)机制等重要政策机制,完善旅游扶贫开发的政策环境,切实保障旅游扶贫建设工作的顺利开展;并且具体实施一些旅游扶贫项目驱动工程、旅游扶贫示范工程、旅游人力资源培训工程、智慧旅游扶持工程,以及创新型扶贫机制工程等,在旅游扶贫建设工作中集思广益、创新思路、打开局面,采取有效措施,充分实现旅游开发的扶贫功能。

结　　论

新常态是新出现的经济术语，"新"就是"有异于旧质"；"常态"就是时常发生的状态。习近平主席第一次提及"新常态"是在2014年5月考察河南的行程中，他说："中国发展仍处于重要战略机遇期，我们要增强信心，从当前我国经济发展的阶段性特征出发，适应新常态，保持战略上的平常心态。"后来，"新常态"的概念得到进一步予以明确，即要尊重经济发展规律，从经济高速增长转为中高速增长，从以工业为主的经济结构转为以服务业和高附加值产业为主的结构，从以"三高"为特征的粗放发展转为质量和效益的不断提高，从政府主导型的经济制度环境转为现代法治市场经济环境，来推动全面深化改革，推动经济转型，推动创新发展。

新常态为我国经济的转型升级提供了必要和可能，而经济的转型升级又为旅游业的发展提供了良好的背景环境。在当前，随着国内经济社会的发展以及人民生活水平的不断提高，旅游正在成为国民休闲的"新常态"，旅游业也逐渐从传统旅游业向旅游新常态发展。这具体表现为以下3个方面：一是旅游逐渐从"事业"到"产业"转变，即旅游业越来越朝着产业化的方向不断发展和完善；二是从"旅游小国"到"旅游大国"的转变，即我国日益成为世界上数量最大、增速最快、潜力最强的国内旅游市场；三是从"单一观光型产业"到"复合消费型产业"转变，即我国旅游业越来越注重优化产品结构，将单一观光型产品转变为观光、休闲、专项旅游产品相结合的复合型多元化产品体系。

在旅游业的"新常态"下，旅游规划与开发建设工作的重要领域体现在以下5个方面：一是生态旅游规划的持续深入发展；二是智慧旅游的发展规划与建设推动；三是文化创意旅游的规划与产业开发；四是全域旅游的规划与建设全面开展；五是在乡村旅游规划中要更加注重旅游精准扶贫工作的展开。本书在这五大领域均做了详细论述和探索研究。

当前，我国正处于"十三五"规划（2016—2020）的重要发展时期。因此，在积极发展新常态旅游时，还需要以这一规划为指导，即要以新常态思维构建"十三五"旅游发展规划。本书即是在此方面的一个重要尝试，以期推动旅游发展真正进入新常态，继而促进我国旅游经济的进一步发展。当然，本书所提出的观点可能还不够完善或有失偏颇，希望与其他学者共同进行更为深入的探讨，以切实推动"十三五"新常态下旅游的健康、快速发展。

参考文献

[1]北京巅峰智业旅游文化创意股份有限公司课题组.图解全域旅游理论与实践[M].北京:旅游教育出版社,2016.

[2]张明,等.新常态下旅游开发中的文化创新:模式与实践[M].成都:西南财经大学出版社,2016.

[3]何景明.旅游扶贫的理论及其实践发展——来自贵州的案例[M].北京:经济科学出版社,2016.

[4]史寿山.全域旅游:增城旅游发展的实践与思考[M].广州:暨南大学出版社,2016.

[5]邓小海.旅游精准扶贫理论与实践[M].北京:知识产权出版社,2016.

[6]邓爱民,等.全域旅游理论·方法·实践[M].北京:中国旅游出版社,2016.

[7]牟红.旅游规划理论与方法[M].北京:北京大学出版社,2015.

[8]李辉,舒畅.旅游规划与开发[M].北京:中国财富出版社,2015.

[9]计金标.北京建设世界一流旅游城市(2013)——理念创新与模式探索[M].北京:经济管理出版社,2015.

[10]丁勇义,李粤瑾.旅游学概论[M].北京:清华大学出版社,2015.

[11]杜文才,常颖.旅游电子商务(第2版)[M].北京:清华大学出版社,2015.

[12]黄先开,张凌云.智慧旅游:旅游信息技术应用研究文集[M].北京:旅游教育出版社,2014.

[13]陶慧,冯晓霞.旅游规划与开发——理论、实物与案例

[M].北京:中国经济出版社,2014.

[14]张玉蓉,等.创意旅游:理论与实践[M].成都:西南财经大学出版社,2014.

[15]黄细嘉,陈志军.旅游扶贫:江西的构想与实现途径[M].北京:人民出版社,2014.

[16]李亚男,杜浩.文化创意产业营销与传播[M].保定:河北大学出版社,2014.

[17]杨畅.产业园区转型发展战略研究[M].上海:上海人民出版社,2014.

[18]杨卫武,等.旅游演艺的理论与实践[M].北京:中国旅游出版社,2013.

[19]苗雅杰,王钊.旅游规划与开发[M].北京:中国财富出版社,2013.

[20]姚志国,鹿晓龙.智慧旅游——旅游信息化大趋势[M].北京:旅游教育出版社,2013.

[21]李云鹏.智慧旅游规划与行业实践[M].北京:旅游教育出版社,2014.

[22]张玉蓉,郑涛.创意旅游:理论与实践[M]成都:西南财经大学出版社,2013.

[23]白翠玲,秦安臣.旅游规划与开发[M].杭州:浙江大学出版社,2013.

[24]孔辉,曹景洲.旅游计调概论[M].北京:中国旅游出版社,2013.

[25]万剑敏.旅游景区规划与设计[M].北京:旅游教育出版社,2012.

[26]刘名俭.旅游路径发展方式转变——路径研究[M].北京:中国环境科学出版社,2012.

[27]郑琦.创意旅游——产业创新与规划研究[M].上海:上海社会科学院出版社,2012.

[28]张凌云,刘威.旅游规划理论与实践[M].北京:清华大

学出版社,2012.

[29]马耀峰.旅游规划[M].北京:中国人民大学出版社,2011.

[30]王庆生.旅游规划与发展[M].北京:中国铁道出版社,2011.

[31]全华.旅游规划原理、方法与实务[M].上海:格致出版社;上海人民出版社,2011.

[32]冯雪钢,吴文智,于秋阳.旅游规划[M].上海:华东师范大学出版社,2011.

[33]王兆峰.民族地区旅游扶贫研究[M].北京:中国社会科学出版社,2011.

[34]魏敏,等.旅游规划理论·实践·方法[M].大连:东北财经大学出版社,2010.

[35]陈秋华.陈贵松.生态旅游[M].北京:中国农业出版社,2009.

[36]向旭,杨晓霞,赵小鲁.旅游规划原理与方法[M].重庆:西南师范大学出版社,2009.

[37]张建萍.生态旅游[M].北京:中国旅游出版社,2008.

[38]何雨,等.旅游规划概论[M].北京:旅游教育出版社,2008.

[39]严力蛟.生态旅游学[M].北京:中国环境科学出版社,2007.

[40]王衍用,殷平.旅游规划与开发[M].北京:北京大学出版社,2007.

[41]马勇,李玺.旅游规划与开发[M].北京:高等教育出版社,2006.

[42]田里.旅游经济学(第二版)[M].北京:高等教育出版社,2006.

[43]徐学书.旅游资源保护与开发[M].北京:北京大学出版社,2005.

[44]刘成.文化创意园区旅游运营模式研究[D].成都:成都理工大学,2012.

[45]谢桂敏.我国低碳旅游发展模式及运行体系研究——以

河北野三坡为例[D].北京:北京交通大学,2011.

[46]刘艳.科技旅游的理论与实践阐释[D].沈阳:东北大学,2005.

[47]马勇,王佩佩.全域旅游规划的六大关注焦点[N].中国旅游报,2016-04-13.

[48]李晓雪,赵亮.浅析共享经济视角下全域旅游的发展趋势[J].当代经济,2016(31).

[49]常海鹏.全域旅游发展理念刍议[J].商场现代化,2016(9).

[50]谭华云."十三五"旅游消费理念和方式的趋势研究[J].南宁职业技术学院学报,2015(2).

[51]王兴斌.以新常态思维谋划"十三五"旅游发展思路[J].旅游学刊,2015(3).

[52]刘锋.旅游规划要讲科学有艺术[J].旅游学刊,2013(9).

[53]段广,张述林.旅游规划理念演变脉络及其规律研究[J].绿色科技,2012(3).

[54]张亚娟,等.浅析生态补偿机制在旅游业中的应用[J].中国人口·资源与环境,2010(S2).

[55]童晓娇.浅析旅游黄金周时段的冲动性消费[J].世纪桥,2007(5).

[56]丁焕峰.国内旅游扶贫研究述评[J].旅游学刊,2004(3).

[57]郭清霞.旅游扶贫开发中存在的问题及对策[J].经济地理,2003(4).